アメリカの成人教育

求められた
「成人教育者像」
とは何か

堀本 麻由子

晃洋書房

i

目　　次

序　章　アメリカにおける成人教育と職業教育 ………………………… 1

1．本書の目的と方法　　(1)

2．アメリカの成人教育研究の現状　　(3)

　⑴　アメリカにおける成人教育の成立と専門的職業に関する研究

　⑵　日本におけるアメリカの成人教育に関する諸研究

3．本書の構成　　　(8)

第1章　アメリカの成人教育成立と職業教育団体 …………………… 19

1．産業社会成立と職業生活にかかわる成人教育　　(20)
　　　　──19世紀末～1920年代──

2．成人教育活動を担う諸機関の展開　　(22)
　　　　──1921～1950年代──

　⑴　ビジネスと産業

　⑵　大学・カレッジ

　⑶　公立学校

　⑷　労働者教育

　⑸　コミュニティ・カレッジ

3．成人教育の全国組織の登場と発展　　(30)
　　　　──1926～1951年──

　⑴　アメリカ成人教育協会（American Association for Adult Education: AAAE）

　⑵　全米教育協会成人教育部（National Education Association, Department of Adult Education: NEA 成人教育部）

4．進歩主義成人教育と専門主義　　(34)
　　　　──1910～1950年代初期──

おわりに　　(37)

第2章　アメリカの専門的職業の拡大と成人教育の関係 ………… 43

1．20世紀前半アメリカ社会の専門的職業拡大の様相　　(43)

⑴　専門的職業の定義と従事者数

⑵　専門的職業をめぐる議論

⑶　教育分野における専門的職業の状況

2．成人教育分野における専門的職業と専門職化の議論の変遷　　(53)

⑴　専門的職業に関する議論

⑵　専門職化（professionalization）に関する議論

3．1950年代の合衆国成人教育協会と専門的職業　　(57)

⑴　合衆国成人教育協会の専門職会員制度の導入

⑵　合衆国成人教育協会における専門的職業との関係をめぐる議論

お わ り に　　(62)

第3章　合衆国成人教育協会の設立 ……………………………… 69

1．合衆国成人教育協会 (1951-1982) の設立過程　　(69)

2．合衆国成人教育協会設立期の事業目的と教育内容　　(71)

⑴　ノールズの事務局長就任

⑵　合衆国成人教育協会の活動目標

⑶　会　員

⑷　事業内容と専門職業人の関わり

⑸　専門職会員制度の新設と事業内容――Adult Leadership と専門職化に関する調査研究

3．合衆国成人教育協会と成人教育の形成過程　　(83)

お わ り に　　(85)

第4章　機関誌 Adult Leadership にみる成人教育像 …………… 89

1．合衆国成人教育協会における Adult Leadership の位置づけ　　(90)

⑴　合衆国成人教育協会の出版事業

⑵　Adult Leadership 創刊の背景――ノールズの記述から

2．Adult Leadership の創刊目的とノールズの関わり　　(95)

⑴　創刊の背景と目的

⑵　Adult Leadership における「リーダーシップ」の意味

⑶　*Adult Leadership* へのノールズの関わり

　3．読者投稿欄にみる成人教育像　　(105)
　　　　──読者とのコミュニケーション方法と投稿内容の分析──

　4．成人教育の性格と成人教育者の実像　　(113)
　お わ り に　　(117)

第5章　1950年代の合衆国成人教育協会と成人教育の方向性 ····· 121

　1．合衆国成人教育協会の方向性検討調査プロジェクトの概要　　(122)

　2．方向性探索プロセスの予備調査　　(127)
　　　　──「社会概念と方向性探索」委員会報告書──

　3．「方向性探索コンサルティング」委員会報告にみる
　　　　　　　「成人教育のリーダーシップ」の位置づけと特質　　(129)
　　　⑴　成人教育分野の学問領域としての成立
　　　⑵　成人教育のリーダーシップ──関心・関与への着目
　　　⑶　成人教育のリーダーシップの位置づけと特質

　4．「成人教育における全国組織の役割」報告書の検討　　(136)
　　　　──成人教育と専門的職業の関係──
　　　⑴　調査報告書の概要と目的
　　　⑵　「成人教育（adult education）」の定義の困難性
　　　⑶　成人教育の専門的職業としての現状
　　　⑷　成人教育者の専門職化に関する議論
　　　⑸　本報告書における成人教育と専門的職業の関係

　5．合衆国成人教育協会と成人教育の方向性　　(148)
　お わ り に　　(151)

第6章　ノールズの成人教育観 ·· 155
──合衆国成人教育協会の事務局長として──

　1．ノールズとフールの成人教育観の背景　　(156)
　　　　──共同研究者としての取り組み──

　2．フールの成人教育観と専門職業人教育　　(157)

⑴　シリル・フールの略歴

⑵　1950年代におけるフールの成人教育観と専門職業人教育

⑶　成人教育におけるリーダーシップの特質

⑷　フールの専門職業人教育観

3．1950年代のノールズの成人教育観　　(163)
──事務局長としての事業との関わり──

⑴　ノールズの略歴──1960年代以前を中心として

⑵　ノールズの成人教育観の特質

⑶　ノールズの成人教育観──成人の学習の自由を援助すること

4．ノールズの成人教育史研究にみる成人教育観　　(172)
──専門的職業との関わり──

⑴　ノールズの成人教育史研究の目的と概要

⑵　ノールズの成人教育観の職業的特質

⑶　ノールズの成人教育観における専門的職業の位置づけ

5．ノールズの成人教育観の生成　　(180)
──事務局長時代の実践・研究との関わり──

おわりに　　(182)

終　章　職業教育を中心とした成人教育の成立 ……………………… 191

1．アメリカの成人教育の特質　　(191)

2．アメリカにおける成人教育の意図とその帰結　　(197)

おわりに　　(199)

あ と が き　　(201)

資料（引用原文）　　(203)

文 献 目 録　　(229)

索　　　引　　(241)

序　章

アメリカにおける成人教育と職業教育

1．本書の目的と方法

　アメリカ合衆国（以下ではアメリカと略す[1]）の成人教育は職業教育との関係におい
て発達したことが，しばしば指摘されてきた[2]．アメリカにおける成人教育論
の典型として現在なお広く引用される1970年代のマルカム・ノールズ（Malcolm
Shepherd Knowles, 1913-1997）によるアンドラゴジー（andragogy）論[3]も，その成
果として位置づけられている．主に学校教育において見られる教授方法である
ペダゴジーに代わり，職業生活を営む成人のための教育学を「成人の学習を援
助する技術と科学」（Knowles, 1970）として体系化したのがノールズであった[4]．
ノールズの成人教育とは，成人の様々な仕事や生活のライフサイクルに即した
一人ひとりの学習の特徴を援助すること，すなわち「成人の学習の自由を援助
する営み」である．
　しかし，職業教育に関係づけられたアメリカの成人教育論がどのような社会
状況において，いかなる理論的な背景を有して成立し，一般の人々に広く受け
入れられていったのかについての実証的な論稿は少ない．そこで，本書は次の
点の解明を目的とする．
　第一に，アメリカにおける成人教育の推進において重要な役割を果たし続け
てきた合衆国成人教育協会（Adult Education Association of the U. S. A.: AEA）[5]の
事業を分析することで，職業教育との関係がどのような必要から生まれたもの
であるのか，それは具体的にどのような事業や活動として，具体化していった
のかを明らかにする．
　第二として，合衆国成人教育協会の事業に参加していた成人たちの姿を明ら

かにすることである．なぜ，職業教育を求めたのか，どのような職業能力の獲得を目指したのか，その背景にはどのような社会的な要請があったのかを明らかにする．20世紀のアメリカ社会の激動に呼応する産業界からの要請に対して，人々はどのように応えようとしたのかを検討することで，学習者及び教育者双方の利益を擁護しようとした合衆国成人教育協会の事業の教育的な意図が，深く理解できるものと考えるからである．

　第三に，同協会の運営における鍵を握っていた人物が，事務局長を務めたノールズであることに注目し，その教育思想が事業の方向性を形作っていたのではないかとの仮説のもと，ノールズの言説を同協会の活動方針や刊行物等から析出し，理論的な背景を明らかにしたい．このことは，これまでの日本におけるノールズ研究に対しても新たな知見を加えることができると考える．

　本論に入る前に，アメリカにおける成人への教育について概観しておきたい．アメリカでは，20世紀初期，専門的職業と言えば，医師，法律家，聖職者を中心としていた．しかし，科学と技術の急激な発展による産業の変化に伴い，専門的職業が，様々な領域へと拡大した．並行して各領域の専門職団体が形成され，その職能を維持するために成人への教育が始められ，それは，1926年のアメリカ成人教育協会（American Association for Adult Education: AAAE）の設立につながっている．この時期から，「成人教育」という言葉が使用され，出版活動，情報提供が開始されているが，この動きは，アメリカにおける成人教育の萌芽期としてとらえられ，理論および具体的方法は模索段階であった．

　第二次世界大戦を経た1950年代，好景気による国民所得の拡大，また復員軍人の大学進学率が上昇し，専門的職業への就業希望者が増大した[6]．さらに，産業構造の変化が進み，エンジニア等の専門職業人口が増加する．同時に，平均寿命の伸長と生産年齢の延長によって，成人を対象とする継続的な教育や訓練の必要性が社会的な課題として認識された[7]．同時期，1951年に設立されたのが合衆国成人教育協会であり，成人教育に関する組織的，専門的な研究，そのための調査活動，定期刊行物の発行，教育指導者の育成が検討された．合衆国成人教育協会のこうした活動は，職業教育と結び付けられる形でのアメリカ成人教育の理論的な整備をもたらしたと考えている．

　研究方法は，文献研究による．主たる資料として，1950年代の合衆国成人教

育協会の事業記録や機関誌，調査研究報告などの一次資料を分析の対象とする．加えてノールズの実践と研究に関する文献，記録を検討する．

以上により，アメリカにおける成人教育の特質をその歴史的及び理論的な観点から明示することを本書の目的とする．この点を明確にすることで，現在，日本においても繰り返し成人への学びなおしやリスキリング教育が提唱されている中で，社会教育や生涯学習の場においてその要請への応答が十分にできないという課題を分析し，解決するための示唆も得られるのではないかと考える．

なお，本書においては，原則として「profession」を「専門的職業」，「professional」を「専門職業人」として訳語を与えている．「専門的職業」とは，その方面に関する高度な知識，技能を必要とする職業を意味し，この職業に携わる者を「専門職業人」とする．

また，「adult educators」と「educators of adults」の訳語を，「成人教育者」で統一する．1950年代のアメリカの成人教育研究においては，「成人を対象とする教育者」について，たとえばノールズは「an adult educator」[8]，シリル・フール（Cyril Orvin Houle, 1913-1998）は「educators of adults」を使用し，論者によって異なっていた[9]．しかし，日本の社会教育研究においては，「adult educators」と「educators of adults」を区別せず，「成人教育者」と表してきた[10]．そのため本書では「成人教育者」の訳語を与える．ただし，文脈上，区別をした方がよい場合は，「成人教育者（原文の英語）」として示す．

2．アメリカの成人教育研究の現状

本書が立脚する先行研究について，アメリカにおける成人教育論の成立と専門的職業に関する研究，さらに日本におけるアメリカの成人教育に関する諸研究において何が明らかにされているかを概観し，本書の位置づけを明らかにしておきたい．

⑴ アメリカにおける成人教育の成立と専門的職業に関する研究
アメリカの成人教育史研究には，総合的な文献として3点が存在する[11]．一つは，C. ハートリー・グラッタン（Clinton Hartley Grattan, 1902-1980）の *In Quest*

of Knowledge（1955）で，教養教育に焦点をあてたものであり，二つには，ノールズの *The Adult Education Movement in the United States*（1962）で，制度・機関の発展に焦点をあてた内容であった．2 点に加えて，ハロルド・スタブルフィールド（Harold W. Stubblefield, 1934- ）とパトリック・キーン（Patrick Keane, 1932- ）による *Adult Education in the American Experience*（1994）が出版された．スタブルフィールドとキーンの通史研究は，多文化主義，人間平等主義，ジェンダーなど，マイノリティを考察の対象にしたことにその独自性があった．しかし，21世紀の現代においてアメリカにおける成人教育史研究は，各研究者の多様な関心にもとづく研究が多く，成人教育の歴史的な役割，検討を試みた研究は少ない．

　成人教育と専門的職業に関する研究においては，1920年代から専門的職業や専門職化（professionalization）に関する研究が継続的に試みられた．そこでは，① 19世紀末からの専門的職業の拡大が，第二次世界大戦後に加速した，② 急激な工業化と生活水準の向上，平均寿命の伸長による生産年齢の延長等で，継続的な教育や訓練が必要とされる職業（occupation）が専門職化した，③ 1945年から1960年の長期かつ安定的な好景気は，農業，製造業などの産業構造に変化を与え，1950年代は科学者やエンジニアなどの専門職業人の不足が課題となった，という点が指摘されている．

　1920年代以降については，専門的職業と成人教育の関係を検討する過程があった．たとえば，専門職団体の増加とともに学校教師，図書館司書，ソーシャルワーカーなど，専門的職業の役割が認識され，専門主義（specialism）に警鐘をならしたのはエデュアード・リンデマン（Eduard Christian Lindeman, 1885 -1953, 1926）である．リンデマンは，専門主義（specialism）に対する注意を喚起しつつも，専門職業人の増加による専門主義社会を見据えた成人教育概念を構想した．また，ジョン・デューイ（John Dewey, 1859-1952）と1920年代半ばの進歩主義を反映するリンデマンの成人教育観に影響を受けたノールズは，成人教育運動の中で YMCA，YWCA，大学拡張事業，夜間高校，労働組合，産業界，地方行政などでそれぞれの職に就き，成人教育の役割を担う人々を「専門的成人教育労働者（professional adult education workers）」と呼んだ．ノールズは，成人教育労働者の実践の中に，「成人を対象とする教育」の専門性を見出してい

た．そして1950年代にノールズが事務局長を務めた合衆国成人教育協会による成人教育運動の中核が，専門的職業分野における成人教育者の実践ニーズの把握と対応であり，増加した専門職団体を成人教育の視点から統合していく試みであった．

ノールズのアンドラゴジー論（1970，1980）以降，成人教育の専門職業人養成研究は，継続専門職教育（continuing professional education）に関するロナルド・セルベロ（Ronald M. Cervero）の研究[22]，シャラン・メリアム（Sharan B. Merriam）による成人学習の理論的研究[23]，あるいはポスト・アンドラゴジー論として，ジャック・メジロー（Jack Mezirow, 1923-2014）の変容学習論，メジローに影響を受けたパトリシア・クラントン（Patricia Cranton, 1949-2016）による変容学習論にもとづく専門職養成論へ展開することとなった．

以上，アメリカの成人教育の歴史において，成人教育と専門的職業をめぐる議論は，1920年代から現代にいたるまで重要な論点であった[24]．その中で，合衆国成人教育協会の成人教育への取り組みは，第二次世界大戦後の専門的職業の急速な拡大期に，戦前のリンデマンの成人教育観を具体化し，発展させた取り組みとしてとらえられており，ノールズとの関係を視野に入れた成人教育論としての独自の発展を遂げたという観点からの研究は見られない[25]．

(2) 日本におけるアメリカの成人教育に関する諸研究

志々田まなみは「アメリカ合衆国における Adult education 概念の形成過程」（2002），「アメリカ成人教育協会の組織形成の理念—— M. A. カートライトの構想を中心に」（2004）において，アメリカ成人教育協会の研究を行っている[26]．そこでは，アメリカ成人教育協会の事業や主要な役割を担った人物に焦点をあて，成人教育概念の形成過程，事業活動に関する教養主義の影響が明らかにされている．志々田のアメリカ成人教育学会に関する研究は，アメリカ成人教育協会と成人教育概念の生成過程との関係を明らかにしたものであり，職業教育との関係に焦点があてられているわけではない．

また，アメリカの成人教育成立史研究として，岸本幸次郎は『アメリカの社会教育——歴史的展開と現代の動向』（1975）においてノールズの翻訳と論点整理を行い[27]，小池源吾と藤村好美は『アメリカ成人教育史』（2007）において，ス

タブルフィールドとキーンの翻訳と論点整理を行った[28]．成人教育成立過程の主
要人物に焦点をあてた研究には，堀薫夫によるリンデマン『成人教育の意味』
(1996)[29] の翻訳があり，堀は，リンデマンの成人教育観をアメリカ・アンドラゴ
ジー論のルーツとして位置づけた．また，成人の特性において，ノールズがそ
の心理的特性に着目したことに対し，リンデマンは社会性と歴史性に着目し，
社会的行為への志向をもっていたとして，ノールズとの違いを指摘した．藤村
好美は，「社会教育の成人教育に関する一考察」(2005) においてリンデマンの
社会変革思想に着目し，マイルズ・ホートン（Myles Falls Horton, 1905-1990）の
民衆教育思想との系譜について論じている[30]．

　一方，20世紀前半の個別の主題に関する史的過程の研究もみられるが，職業
教育と成人教育の関係に関する研究は十分に進展してこなかった．たとえば，
安藤真聡「モーティマー・J・アドラーの成人教育論」(2007) は，グレイト・
ブックス運動（The Great Books Movement）と成人教育論（adult liberal education）
の形成過程の関係を取り上げ，アドラー（Mortimer Jerome Adler, 1902-2001）に
よる非職業的なアダルト・リベラル・エデュケイションの成立過程を明らかに
した[31]．また，大学拡張部の生成過程に関する研究に，五島敦子「第二次世界大
戦後アメリカの大学における成人学生の受容過程」(2014)[32] があり，高等教育に
おける大学拡張部の教育的意義を明らかにしている．

　1970年以降の成人学習理論の視点からの研究は複数存在する．たとえばノー
ルズのアンドラゴジー（andragogy）論[33]については，マルカム・ノールズ／堀薫
夫・三輪建二監訳『成人教育の現代的実践——ペダゴジーからアンドラゴジー
へ』(2002)，マルカム・ノールズ／堀薫夫・三輪建二監訳『成人学習者とは何
か——見過ごされてきた人たち』(2013) が翻訳され，論点整理が行われた[34]．さ
らにノールズの自己主導型学習論[35]に着目した，井上豊久「M. S. ノールズの
SDL の研究」(1999) は，ノールズの自己決定学習理論の詳細を検討した．ま
た渡邊洋子・京都大学 SDL 研究会訳『学習者と教育者のための自己主導型学
習ガイド』(2005) では，翻訳と論点整理が行われた[36]．

　メリアム他による成人学習理論に関する研究では，立田慶裕・三輪建二監訳
『成人期の学習——理論と実践』(2005)，立田慶裕他訳『成人学習理論の新し
い動向』(2010) においてアメリカにおける成人学習論研究の動向に関する翻訳

と論点整理が行われた[37].

　メジローによる変容学習論については，常葉 - 布施美穂「変容学習論――J. メジローの理論をめぐって」(2004)，金澤睦・三輪建二監訳『おとなの学びと変容――変容的学習とは何か』(2012) の論点整理と翻訳研究[38]，続く入江直子他訳『おとなの学びを拓く―自己決定と意識変容を目指して』(2003) と，入江直子他訳『おとなの学びを創る――専門職の省察的実践を目指して』(2004) の変容学習にもとづく専門職養成論[39]が，翻訳によって紹介されている．

　その上で，アンドラゴジーの理論的発展として成人教育と企業内教育の関係を検討した堀薫夫「アンドラゴジーと人的能力開発論」(2004)，成人教育とエイジングの関係について論じた堀薫夫「アンドラゴジーにエイジングの視点を組み込む教育老年学」(2022) に関する研究[40]，渋江かさね『成人教育者の能力開発――C. クラントンの理論と実践』(2012) においては，専門職業人としての成人教育者の力量形成を主題として，成人教育者の能力開発を論じている．1990年代から2020年代の今日にいたるまでアメリカの成人の発達と学習論の視点から，翻訳や論点整理を中心とする研究蓄積において，アメリカの成人学習理論の意義が継続的に検討されてきた．

　加えて，1970年代末からノールズのアンドラゴジー論については，池田秀男「社会教育の理論構造―― M. ノールズのアンドラゴジィ・モデルの研究」(1979)，あるいは，木全力夫「M. S. ノールズのアンドラゴジー構想からみた共同学習論の課題」(1992) など，アンドラゴジー論と社会教育論に関する比較研究にもとづくアンドラゴジー論の整理が行われた[41]．また，アンドラゴジー論の成人教育論における位置づけや意義に関する，郭恵芳「マルカム・ノールズの成人教育論の生成過程についての一考察」(1999)，赤尾勝己「アンドラゴジーの展開」(2004)，永井健夫「成人学習論としての省察的学習論の意義について」(2004) などの研究[42]があるものの，解説的な内容や，ノールズのアンドラゴジー論 (Knowles, 1970, 1980) に関するアメリカでの論争や批判の紹介にとどまっており，1950年代のノールズの具体的な実践と研究にもとづく実証的な研究ではない．さらに，アメリカの成人教育論成立についての専門的職業との関係からの研究も未着手である．

　2000年以降，専門職業人の養成研究を主題とするドナルド・ショーン (Donald Alan Schön, 1930-1997, 1973, 1987) の省察的実践論に関する, たとえば永井健夫「省察的実践論の可能性」(2004), 柳沢昌一・三輪建二監訳『省察的実践とは何か――プロフェッショナルの行為と思考』(2007), 柳沢昌一・村田晶子監訳『省察的実践者の教育――プロフェッショナル・スクールの実践と理論』(2017) などの理論研究や翻訳研究[43]がみられるが, それらは1970年以降の成人学習者の省察的実践 (reflective practice) を主題とする学習理論, 学習支援論に関する研究としてなされたものである.

　以上, 日本におけるアメリカの成人教育研究は, 主として社会変革, 市民的活動への関心にもとづくものが多数であり, 1970年代以降の成人の発達と学習論にもとづく社会教育専門職員養成の視点からの研究であった. アメリカの成人学習論に関する研究蓄積が進む一方で, 成人教育の成立過程を職業教育との関係からとらえた研究が不十分である, というのが本書の主題の解明に着手した理由である.

3．本書の構成

　本書の構成は以下の通りである.
　第1章では, アメリカの成人教育成立と職業教育団体, について述べる.
　1950年以前の成人教育分野の職業教育, および全国組織の動向を把握することで, 1950年以前の成人教育と専門的職業の関係についての認識を確認する.
　アメリカで「成人教育」という用語が認識され始めたのは, 1910年代であり, 成人教育の体系的研究は, 1920年代に始まった. アメリカにおいて製造業を中心とした産業の発展に伴い, 職業教育 (occupational education) の必要性が問われたのは20世紀初頭であった.
　そこで本章では, ① 19世紀末〜1920年代の産業発展と職業生活にかかわる成人教育, ② 1921〜1950年代の成人への教育活動を担う諸機関の展開, ③ 1926〜1951年における成人教育の全国組織の登場と発展, ④ 1910〜1950年代初期の進歩主義成人教育と専門主義, の順で分析を進める.
　つづく第2章は, アメリカの専門的職業の拡大と成人教育の関係, について述べる.

ここではアメリカ社会に成人教育が定着した1950年代，専門的職業の拡大と成人教育の関係に関する議論の過程を考察する．そのために2章では，第3章から4章で分析する合衆国成人教育協会の事業活動の社会的背景と専門的職業に関する議論の経緯を検討する．

第二次世界大戦以降の好景気は，急激な工業化と生活水準の向上，平均寿命が延びたことによる生産年齢の延長など，継続的な教育や訓練が必要とされる職業（occupation）が専門職化（professionalization）し，専門的職業の種類は増加する要因となった．1950年代は，専門職業人の増加とともに，新しい専門的職業に関する一般的な認識の高まりがみられた時代であった．

そこで本章では，1において，20世紀前半を中心とした専門的職業の拡大に関する状況について整理する．2では，成人教育分野における専門的職業と専門職化の議論の展開に関する研究動向を概観し，3では，1950年代の専門的職業の拡大と成人教育に関する検討過程の背景と経緯を考察する．

次に，第3章から第5章においては，本書で設定した三つの課題に応答するため，1950年代の合衆国成人教育協会の事業活動の内実を明らかにする．特に，合衆国成人教育協会による専門職業人に対する具体的な実践と研究の検討過程に着目し，専門的職業概念の整理と専門職業人の教育活動に関する取り組み，そしてノールズの事務局長としての事業との関わりを明らかにすることで，成人教育論の成立過程との関連を解明する．

第3章は，合衆国成人教育協会の設立過程をとりあげる．アメリカの成人教育定着期における協会の発足とその展開の意義について，その事業目的と教育内容から論証する．特に，合衆国成人教育協会の設立期（1951-1959年）の専門的職業と専門職業人への具体的な事業の目的と教育内容から，その意義を検討する．

1では，1951年に設立された合衆国成人教育協会の設立過程を，主としてノールズによる *The Adult Education Movement in the United States*（1962）[44]とスタブルフィールドとキーンによる *Adult Education in the American Experience*（1994）[45]のアメリカ成人教育史の文献から整理する．ついで，2では，合衆国成人教育協会の組織運営，会員制度の新設と専門的職業との関係について，合衆国成人教育協会の機関誌 *Adult Leadership* における事務局長ノール

ズの論稿[46]，さらに前述のノールズのアメリカ成人教育史の記述[47]から検討する．そして3においてアメリカの成人教育定着期における合衆国成人教育協会の設立過程の意義を，その事業内容と教育内容から解明する．

第4章では，機関誌 *Adult Leadership* における成人教育像について明らかにする．

合衆国成人教育協会の機関誌である *Adult Leadership*（Vol. 1-25, May 1952-June 1977：以下，AL誌と表記）に着目し，同誌の初期（1952年5月号〜1958年12月号）の編集方針，誌面を通じての編集活動のあり方と読者の投稿内容から，具体的な成人教育像を明らかにする．AL誌は，全会員と非会員を配布対象とし，成人教育運動の拡がりを主たる目的として創刊された．その配布数は，1955年11月号では1万9000部となり，様々な職業および社会活動における成人教育者やリーダーへの影響が大きかった．そのため合衆国成人教育協会の事業活動を検討する上で，重要な一次資料であり，成人教育における専門的職業概念を考察し，成人教育と専門的職業の関係を理解し，位置づけるための基礎的資料となる．またノールズが，1952年5月同誌創刊時のプロジェクト・ディレクター（編集委員）としてかかわっていたことから，ノールズの初期の成人教育観と編集活動の関わりを検討するためにも注目したい．

1では，合衆国成人教育協会の事業全体における AL誌の位置づけを整理し，2は，AL誌創刊目的とノールズの関わりをまとめ，3では，読者投稿欄（1952-1958年）における読者とのコミュニケーション方法とその特質を専門的職業との関係から検討する．4では，成人教育の固有の性格を読者との共同編集活動から分析し，同誌にみる成人教育像，すなわち成人教育の性格と成人教育者の実像を明らかにする．

第5章では，1950年代の合衆国成人教育協会における成人教育の方向性，を検討する．

1950年代の合衆国成人教育協会にとって，アメリカ社会における成人教育の役割と成人教育の専門性は，追究すべき重要な課題であった[48]．そのため，合衆国成人教育協会は，成人教育運動を展開し，調査研究プロジェクト「成人教育の方向性探索プロセス（Direction Finding Process）」によって，成人教育の方向性を見出そうとした．1954年から1959年に実施された調査研究プロジェクトに[49]

関連する三つの報告書とは，「社会概念と方向性探索委員会報告書（A Report from the Committee on Social Philosophy and Direction-Finding）」（1957年1月），「合衆国成人教育協会方向性探索コンサルティング委員会報告書（A Working Paper Prepared by the AEA Consulting Committee on Direction Finding）」（1957年6月と9月），「成人教育における全国組織の役割：合衆国成人教育協会理事会向け報告書（The Role of a National Organization in Adult Education, A Report to the Executive Committee of the Adult Education Association）」（1959年），であった．

　そこで本章では，上述の三つの報告書から合衆国成人教育協会内の成人教育の方向性に関する議論過程を明らかにし，成人教育論の成立過程との関連を考察する．1では，1950年代の調査研究プロジェクトの背景と概要を整理する．2では，1956年から1957年にかけて実施した郵送アンケートによる調査報告書「社会概念と方向性探索委員会」[50]から，その調査目的と結果の位置づけについて，3では「方向性探索コンサルティング委員会」調査報告[51]から，成人教育のリーダーシップの位置づけとその特質を確認する．4では，コロンビア大学応用社会調査研究所による調査報告書「成人教育における全国組織の役割」[52]を，成人教育と専門的職業の関係の視点から分析する．5では，三つの調査報告書の検討結果から合衆国成人教育協会の成人教育の方向性を明らかにし，成人教育論の成立過程との関連を解明する．

　第3章から5章の分析結果を踏まえ，第6章では，主に第三の課題に応答する．1950年代の合衆国成人教育協会の事務局長として事業に関わることで形成されたノールズの成人教育観と，成人教育論の成立過程との関連を考察する．

　分析の対象として，合衆国成人教育協会のもう一つの機関誌である *Adult Education* に掲載されたノールズの論文（1955, 1957），および，彼の指導教授であったフール（Cyril Orvin Houle: 1913-1998）の成人教育者養成に関する論文（1956, 1957），そして1959年に博士論文として提出され，後に出版されたノールズの成人教育史に関する著書 *The Adult Education Movement in the United States* [53]（1962）を取り上げる．

　1では，ノールズとフールの共同研究者としての取り組みの背景を整理する．2では，フールの略歴と1950年代に *Adult Education* に投稿された論文を中心に，フールの成人教育観を考察し，専門職業人教育についてまとめる．[54] 3で

は，1950年代の成人教育概念に関するノールズの論文から，ノールズの成人教育観と事務局長としての事業活動との関係を検討する．さらに4では，ノールズの成人教育史研究における成人教育観と専門的職業の関係を考察し，5において，事務局長時代の実践，研究と，ノールズの成人教育観との関連を明らかにすることで，職業教育に関連付けられた成人教育論の成立過程を論証する．

　最後に，結論として各章の考察をふまえた本書の成果と課題について述べる．

注

1 ）本書では，アメリカ合衆国（英語：United States of America）を，「アメリカ」と表記する．日本の社会教育研究，たとえば，Malcolm S. Knowles, *The Adult Education Movement in the United States*, New York: Holt, Rinehart and Winston, Inc., 1962. 邦訳，マルカム・S. ノールズ／岸本幸次郎訳『アメリカの社会教育──歴史的展開と現代の動向』財団法人全日本社会教育連合会，1975年，また，Harold W. Stubblefield and Patrick Keane, *Adult Education in the American Experience: from the Colonial Period to the Present* San Francisco: Jossey-Bass Publishers, 1994. 邦訳，ハロルド・W. スタブルフィールド，パトリック・キーン著／小池源吾・藤村好美監訳『アメリカ成人教育史』明石書店，2007年，において，「アメリカ」が用いられている．さらには，松原信継『アメリカにおける教育官僚制の発展と克服に関する研究──歴史的・制度的観点から』風間書房，2012年，佐久間亜紀『アメリカ教師教育史──教職の女性化と専門職化の相克』東京大学出版会，2017年，がある．

2 ）Peter Jarvis, *Adult Education and Lifelong Learning: Theory and Practice*, 4th ed., New York: Routledge, 2010, pp. 43-48. を参照．

3 ）アメリカにおいてアンドラゴジーの概念を最初に紹介したのは，リンデマン（Eduard C. Lindeman）であったと言われている（堀薫夫「エデュアード・リンデマンの成人教育学──アメリカ・アンドラゴジー論のルーツをさぐる」『日本社会教育学会紀要』No. 27, 1991年，15-24頁）．しかし，その後，アメリカにおいてアンドラゴジーを使用し，成人教育の理論的体系化を行ったのがノールズであった．池田秀男「社会教育の理論構造── M. ノールズのアンドラゴジィ・モデルの研究」『日本社会教育学会紀要』No. 15, 1979年，56-63頁，あるいは，木全力夫「M. S. ノールズのアンドラゴジー構想からみた共同学習論の課題」『日本社会教育学会紀要』No. 28, 1992年，6-10頁，参照．また，アンドラゴジー概念とは，ヨーロッパの成人教育者たちが，ペダゴジー（pedagogy）と対比させて議論するために，理論的モデルの名づけのため，「アンドラゴジー」として考案された．「アンドラゴジー」はギリシャ語の「大人」を意味する aner（andr

-が原義）にもとづいたものである（マルカム・ノールズ／堀薫夫・三輪建二監訳『成人教育の現代的実践──ペダゴジーからアンドラゴジーへ』鳳書房，2002年，37-38頁）．ノールズは1960年代にユーゴスラビアの成人教育者から「アンドラゴジー」を教わり，1968年の *Adult Leadership* 誌上において，この語を用いた．ヨーロッパ（西ドイツ）においても，F. ヘゲラーによって1957年以降，成人教育概念（アンドラゴギーク）の検討がなされている（井上豊久「F. ペゲラーのアンドラゴギークの研究」『日本社会教育学会紀要』No. 26, 1990年，32-43頁）．しかし，アメリカと西ドイツでは当時，学問的交流はなく，両国で独自に展開することとなった．

4） Malcolm S. Knowles, *The Modern Practice of Adult Education: Andragogy versus Pedagogy*, New York: Association Press, 1970, p. 38. 池田秀男，前掲書，58頁，を参照．

5） 本書では，「Adult Education Association of the U. S. A.」に「合衆国成人教育協会」の訳語を与える．「合衆国成人教育協会」の訳出理由は，次の二点の先行研究に準じたものである．マルカム・S. ノールズ著／岸本幸次郎訳，前掲書，ハロルド・W. スタブルフィールド，パトリック・キーン著／小池源吾・藤村好美監訳，前掲書．

6） Harold W. Stubblefield and Patrick Keane, *op. cit.*, p. 246. 邦訳，ハロルド・W. スタブルフィールド，パトリック・キーン／小池源吾，藤村好美監訳，前掲書，281頁．

7） 以下，**巻末資料1**（Lloyd E. Blauch, *Education for the professions*, Department of Health, Education, and Welfare, Washington, D. C., 1958, p. 1）を筆者が翻訳し，参照した．

8） 1970年代に，ノールズは，Malcolm S. Knowles, *The Modern Practice of Adult Education: Andragogy versus Pedagogy*, 5th ed., New York: Association Press, 1974, p. 33. において，ノールズが意図する「成人教育者（an adult educator）」とは，単に「成人を教える人（one who educates adults）」とは異なるとした．

9） たとえば，リンデマンは，「adult educators」を用いている．例文として，「Adult educators may well take as their guide in the realm of appreciation the words of Whitehead: "What we want is to draw out habits of aesthetic apprehension... The habit of art is the habit of enjoying vivid values」（Eduard C. Lindeman, *The Meaning of Adult Education*, New York: New Republic, Inc, 1926, p. 16）を参照のこと．

10） 倉持伸江「成人教育者」社会教育・生涯学習辞典編集委員会編著『社会教育・生涯学習辞典』朝倉書店，2012年，349頁．

11） ハロルド・W. スタブルフィールド，パトリック・キーン／小池源吾・藤村好美監訳，前掲書，ⅰ頁．翻訳書に掲載されたスタブルフィールドによる「日本語版に寄せて」を参照．

12) Malcolm S. Knowles, *op. cit.*, *The Adult Education Movement in the United States*. 邦訳，マルカム・S. ノールズ／岸本幸次郎訳，前掲書.

13) 邦訳は，ハロルド・W. スタブルフィールド，パトリック・キーン，前掲書.

14) たとえば，成人と成人期，知識普及，高等教育，基礎教育，識字，労働に関連した学習，社会的正義やアドヴォカシーなどの個別テーマの歴史過程に関する研究であった. Amy D. Rose, "History of Adult and Continuing Education," In Tonette S. Rocco, M Cecil Smith, Robert C. Mizzi, Lisa R. Merriweather, and Joshua D. Hawley, *The Handbook of Adult and Continuing Education 2020 Edition*, Virginia: Stylus Publishing, inc. 2020, p. 23. 参照.

15) Harold W. Stubblefield and Patrick Keane, *op. cit.*, p. xii. あるいは，Amy D. Rose, *op. cit.*, p. 23.

16) Sharan B. Merriam, *The Profession and Practice of Adult Education: an Introduction*, San Francisco: Jossey-Bass Inc., 1997, p. 220.

17) 岡田泰男・永田啓恭編『概説アメリカ経済史』有斐閣〔有斐閣選書〕，1983年，149-153頁. あるいは，中野耕太郎『20世紀アメリカの夢 世紀転換期から1970年代 シリーズアメリカ合衆国史③』岩波書店〔岩波新書〕，2020年，194頁，を参照.

18) Donald A. Schön, *The Reflective Practitioner: How Professionals Think in Action*, New York: Basic Books Inc., 1983, p. 10.

19) たとえば，ノールズは，アメリカの成人継続教育史を成人教育分野と専門職業組織の発展過程の中に見出した（Amy D. Rose, *op. cit.*, p. 23）.

20) リンデマンの著書である *The Meaning of Adult Education*（1926）は，ジョン・デューイ（John Dewey）の1920年代半ばの進歩主義思想を反映したものであった（Sharan Merriam, "Philosophical perspectives on adult education: a critical review of the literature," *Adult Education*, Vol. XXVII, No. 4, 1977, p. 199）. また堀薫夫（前掲書，17頁）は，リンデマンの成人教育論は，デューイの教育哲学を成人教育の原理として組み替えたものととらえた.

21) Malcolm S. Knowles, *Informal Adult Education: A Guide for Administrators, Leaders, and Teachers*, New York: Association Press, 1950.

22) Ronald M. Cervero, *Effective Continuing Education for Professionals*, San Francisco: Jossey-Bass Publishers, 1988.

23) Sharan B. Merriam, *op. cit.*

24) *Ibid.*, p. 220.

25) ジョージ・ヘンリーは，ノールズの1950年から1995年に出版された著書の分析を通して，ノールズの理論枠組みを明らかにしたが，ノールズの1951年から1959年までの合衆国成人教育協会での事業活動における実践と研究については分析の対象としていない.

George W. Henry, *Malcolm Shepherd Knowles: A History of His Thought*, New York: Nova Science Publishers, 2011, pp. 3-4, p. 32. を参照.

26) たとえば, 志々田まなみ「アメリカ合衆国における Adult education 概念の形成過程」『日本社会教育学会紀要』No. 38, 2002年, 79-88頁, または, 志々田まなみ「アメリカ成人教育協会の組織形成の理念―― M. A. カートライトの構想を中心に」『日本社会教育学会紀要』No. 40, 2004年, 61-70頁, などがある.

27) マルカム・ノールズ／岸本幸次郎訳, 前掲書.

28) ハロルド W. スタブルフィールド, パトリック・キーン／小池源吾, 藤村好美監訳, 前掲書.

29) 堀薫夫, 前掲書. Eduard C. Lindeman, *The Meaning of Adult Education*, New York: New Republic, Inc., 1926. [エテュアード・リンデマン／堀薫夫訳『成人教育の意味』学文社, 1996年], を参照.

30) たとえば, 藤村好美「社会変革の成人教育に関する一考察――その萌芽としてのリンデマンの "Social Education" 論を中心に」『日本社会教育学会紀要』No. 41, 2005年, 51-60頁. など.

31) 安藤真聡「モーティマー・J・アドラーの成人教育論」『日本社会教育学会紀要』No. 43, 2007年, 11-20頁.

32) 五島敦子「第二次大戦後アメリカの大学における成人学生の受容過程」『社会教育学研究』No. 50(1), 2014年, 31-39頁. など.

33) 成人教育学, もしくは成人の特性を活かした教育学を意味する. 堀薫夫「アンドラゴジー (andragogy)」社会教育・生涯学習辞典編集委員会『社会教育・生涯学習辞典』朝倉書店, 2012年, 14頁. を参照した.

34) Malcolm S. Knowles, *The Modern Practice of Adult Education: from Andragogy to Pedagogy*, New York: Association Press, 1980. [マルカム・ノールズ／堀薫夫・三輪建二監訳, 前掲書], Malcolm S. Knowles, *The Adult Learner: A Neglected Species*, Gulf Publishing Company, 1990. [マルカム・ノールズ／堀薫夫・三輪建二監訳『成人学習者とは何か――見過ごされてきた人たち』鳳書房, 2013年] がアンドラゴジー論に関する日本での翻訳書である. なお, 1970年に出版されたノールズのアンドラゴジー論に関する最初の著書は, 『成人教育の現代的実践――ペダゴジー vs アンドラゴジー』であるが, 子どもとおとなの教育が対立するものとして描いたことで, 多くの批判を受けた (Peter Jarvis, "Malcolm Knowles (1913-97): an appreciation," *International Journal of Lifelong Education*, 17: 2, 1998, pp. 70-71). そのため, 1980年に, 上述の Malcolm S. Knowles, *The Modern Practice of Adult Education: from Andragogy to Pedagogy*, New York: Association Press, 1980が, 改訂版として出版された. 日本では1980年の改訂版が翻訳されている.

35) たとえば，井上豊久の理論研究（「M. S. ノールズの SDL の研究」『福岡教育大学紀要』第48号，第 4 分冊，1999年，9-21頁，渡邊洋子・京都大学 SDL 研究会（2005）による翻訳研究（マルカム・ノールズ『学習者と教育者のための自己主導型学習ガイド』明石書店，2005年）がある．

36) マルカム・ノールズ／渡邊洋子・京都大学 SDL 研究会訳『学習者と教育者のための自己主導型学習ガイド』明石書店，2005年．

37) シャラン・メリアム＆ローズマリー・カファレラ／立田慶裕・三輪建二監訳（2005）『成人期の学習——理論と実践』鳳書房，2005年．［Sharan B. Merriam and Rosemary S. Caffarella, *Learning in Adulthood: A Comprehensive Guide*, 2nd ed., San Francisco: John Wiley & Sons, Inc., 2005.］，シャラン・メリアム／立田慶裕他訳『成人学習理論の新しい動向——脳や身体による学習からグローバリゼーションまで』福村出版，2010 年．［Merriam, Sharan B., *Third Update on Adult Learning Theory: New Directions for Adult and Continuing Education*, No. 119, San Francisco: Jossey-Bass, 2008.］

38) 常葉 - 布施美穂「変容学習論—— J. メジローの理論をめぐって」赤尾勝己編『生涯学習論を学ぶ人のために』世界思想社，2004年，また，ジャック・メジロー／金澤睦・三輪建二監訳『おとなの学びと変容——変容的学習とは何か』鳳書房，2012年など．

39) Patricia A. Cranton, *Working with Adult Learners,* Toronto: Wall & Emerson, 1992.［パトリシア・クラントン／入江直子他訳『おとなの学びを拓く——自己決定と意識変容を目指して』鳳書房，2003 年］，Patricia A. Cranton, *Professional Development as Transformative Learning: New Perspectives for Teachers of Adults,* San Francisco: Jossey-Bass, 1996.［パトリシア・クラントン／入江直子他訳『おとなの学びを創る——専門職の省察的実践を目指して』鳳書房，2004年］．

40) 堀薫夫「アンドラゴジーと人的能力開発論」日本社会教育学会編『日本の社会教育第48集 成人の学習』東洋館出版社，2004年，19-31頁，また 堀薫夫『教育老年学』放送大学教育振興会，2022年，93-94頁，がある．

41) 池田秀男，前掲書，56-63頁．木全力夫，前掲書，6-10頁．永井健夫「解放の理論としてのアンドラゴジーの展開——アメリカのアンドラゴジー論における Mezirow の位置」『日本社会教育学会紀要』No. 31, 1995年，125-132頁，など．

42) たとえば，郭恵芳「マルカム・ノールズの成人教育論の生成過程についての一考察」お茶の水女子大学社会教育研究会編『人間の発達と社会教育学の課題』学文社，1999年．赤尾勝己「アンドラゴジーの展開」日本社会教育学会編『講座 現代社会教育の理論Ⅲ 成人の学習と生涯学習の組織化』東洋館出版社，2004年，永井健夫「成人学習論としての省察的学習論の意義について」日本社会教育学会編『日本の社会教育 第48集 成人の学習』東洋館出版社，2004年，32頁，など．

43）　たとえば，同上，32-44頁．永井健夫「省察的実践論の可能性」日本社会教育学会編『成人の学習と生涯学習の組織化』東洋館出版社，2004年，93-106頁．ドナルド・A.ショーン／柳沢昌一・三輪建二監訳『省察的実践とは何か――プロフェッショナルの行為と思考』鳳書房，2007年．ドナルド・A. ショーン／柳沢昌一・村田晶子監訳『省察的実践者の教育――プロフェッショナル・スクールの実践と理論』鳳書房，2017年など．

44）　Malcolm. S. Knowles, *op. cit., The Adult Education Movement in the United States.*

45）　Harold. W. Stubblefield and Patrick Keane, *op, cit.*

46）　Malcolm S. Knowles, "How the adult Education Association Works," *Adult Leadership,* Vol. 2(11), April 1954, p. 5.

47）　Malcolm S. Knowles, *op. cit., The Adult Education Movement in the United States.*

48）　Wilber C. Hallenbeck, "Training Adult Educators," in Ely, M., *Handbook of Adult Education in the United States,* Institute of Adult Education, 1948, pp. 243-252.

49）　Direction Finding Process（成人教育の方向性探索プロセス）．

50）　Olive Mckay and Orlie A. H. Pell, "Issues confronting AEA: a report from the Committee on Social Philosophy and Direction-Finding," *Adult Education,* Vol. 7(2), 1957, pp. 99-103.

51）　*Adult Education* 誌上で2回に分けて報告されている．1回目はシリル・フールの指導の下，ノールズが以下を執筆した．Malcolm S. Knowles, "An Overview and History of the Field: Working Paper Prepared by the AEA Consultative Committee on Direction-Finding," *Adult Education,* Vol. 7(4), 1957, pp. 219-230. 2回目は，Malcolm S. Knowles, "Direction-Finding Processes in the AEA," *Adult Education.* Vol. 8(1), 1957, pp. 37-54，であった．

52）　Edmund deS. Brunner et al., "The Role of a National Organization in Adult Education," *A Report to the Executive Committee of the Adult Education Association,* Chicago, Adult Education Association, 1959.

53）　1962年に出版された *The Adult Education Movement in the United States* は，1960年にフールの指導下でシカゴ大学に提出された博士学位論文を基に執筆されたものであった．

54）　Cyril O. Houle, "Professional Education for Educators of Adults," *Adult Education,* Vol. 6(3), 1956, pp. 131-150. Cyril O. Houle, "Education for Adult Leadership," *Adult Education,* Vol. 8(1). 1957, pp. 3-17.

55）　Malcolm S. Knowles, "Adult Education in the United States," *Adult Education,*

Vol. 5(2), 1955, pp. 67-76. Malcolm S. Knowles, "Philosophical Issues That Confront Adult Educators," *Adult Education,* Vol. 7(4). 1957, pp. 234-280. Malcolm S. Knowles, "Direction-Finding Processes in the AEA," pp. 37-38.

第1章

アメリカの成人教育成立と職業教育団体

　本章では，1950年以前の成人教育分野の職業教育，および全国組織の動向を把握することで，成人教育と専門的職業の関係についての認識を考察する．

　アメリカで「成人教育」という用語が認識されるようになったのは，1910年代であり，成人教育の体系的研究は，1920年代に始まった[1]．20世紀初頭のアメリカの製造業を中心とした産業の発展にもとづき，職業教育（occupational education）の必要性が問われたのも1910〜1920年代であった．

　職業，あるいは専門的職業にかかわる成人教育機能をもつ機関が数多く形成され，全国的組織であるアメリカ成人教育協会（American Association for Adult Education: AAAE）が設立されたのは1926年，そして，成人教育概念を構想した成人教育者エデュアード・リンデマン（Eduard C. Lindeman, 1985-1953）が，*The Meaning of Adult Education*[2] を出版したのが1926年であった．この時期は，アメリカの成人教育における制度的・組織的な活動の萌芽期であった．

　1990年までアメリカ成人教育史の研究は，総合的な文献としては二点のみであった[3]．一つは，C. ハートリー・グラッタン（Clinton Hartley Grattan, 1902-1980）の *In Quest of Knowledge*（1955）で教養教育に焦点をあてたものであり，二つには，マルカム・ノールズ（Malcolm S. Knowles, 1913-1997）の *The Adult Education Movement in the United States*（1962）で，制度・機関の発展に焦点があてられた内容であった[4]．1994年にスタブルフィールドとキーン（Stubblefield & Keane）による *Adult Education in the American Experience* が出版され，成人教育が社会的，経済的，政治的側面から検討されたが[5]，21世紀の現代においてもアメリカでは成人教育史研究は限定的である[6]．

　本章では，上述のノールズの *The Adult Education Movement in the United States*，アメリカ成人教育における初の概念史とされるエリアスとメリア

ム（Elias & Merriam）による *Philosophical Foundation of Adult Education*[7]（1980），そして上述のスタブルフィールドとキーンによる *Adult Education in the American Experience* を中心に，職業にかかわる教育の変遷を整理する．

　また，時代区分については，ノールズの歴史区分を参考にした[8]．ノールズの歴史区分は，成人教育の発達に影響を与えた主要な社会的諸勢力の変化の時期に対応した区分であり，職業にかかわる成人教育の歴史過程を検討する上で，区分として適切であると考えたためである．

　そこで1910～50年代以前の成人教育と職業教育団体の系譜を明らかにするために，1では，19世紀末から1920年代の産業の高度成長と職業生活にかかわる成人教育[9]，2では，1921～1950年代の成人教育活動を担う諸機関の展開，3では，1926～1951年成人教育の全国組織の登場と発展，4では，1910～1950年代初期の進歩主義成人教育と専門主義について，論じる．

1．産業社会成立と職業生活にかかわる成人教育
——19世紀末～1920年代——

　アメリカの成人教育事業は，多数の個人的ニーズや関心，あるいは各種機関の目的やその社会的ニーズに反応しつつ展開してきた．イギリスの大学拡張，デンマークのフォルケホイスコーレなどとは異なり，一つの機関や，一部の利用者，一つの教義などによって支配されていないことが長所であった[10]．その一方で，アメリカの成人教育が，特定の形式を持たないことは大きな弱点でもあった．つまり，成人教育運動が，明確に説明できないことが，アメリカの成人教育分野の発展を妨げていた[11]．

　19世紀後半から1910年代までの期間は，南北戦争後から第一次世界大戦までの政治的混乱期であったが，成人教育機関と成人の学習機会が増大した時期でもあった[12]．19世紀末に専門的職業数が増加し始め，1910年代までには，数千の成人教育機関が存在した[13]．新しい成人教育機関として，通信学校，夏期学校，大学拡張，寄宿制労働者カレッジ，夜間学校，短期大学，セツルメント，社会奉仕機関，公園およびレクリエーション・センター，さらに多数の組織としての有志団体が登場した．その中での成人教育内容の特質として，一般教養的な

知識の習得ではなく，特定テーマ（分野）の習得に移行した時期でもあった[14]．たとえば，職業教育，市民教育，アメリカナイゼーション教育，女性教育，市民的・社会改革，公共的課題，余暇活動，健康教育などがあげられる[15]．

　また，1880年代以降に顕著となる巨大企業の登場による専門職業人の増加が，成人教育に大きな影響を与えた．それは1890年代までに生じたアメリカの社会構造の急激な変容によるものであり，生産性や配当を高め，在庫管理を改善するために合理的な手法が導入され，産業労働の場は大きく変貌した時期であった．生産システムにおいて知識が，きわめて重要になり，職人に代わって技術者が登場した[16]．さらに専門化が進み，技術や学習の領域が細分化されるようになった．その結果，かつては労働者が持っていた知識を経営者が管理することとなった[17]．

　この産業労働の場の変貌に応じるには，既存の学校教育だけでは不備であった．そのため若者向けの工場の仕事に就くための準備教育として，職業教育が要請されることとなった[18]．1917年にスミス・ヒューズ職業教育法（Smith-Hughes Act of 1917）[19]が制定され，職業教育が学校のカリキュラムの中で確立した．スミス・ヒューズ職業教育法は，公立学校の農業，家政，工業，商業等の職業教育を促進するために，連邦基金に州の基金を加えて利用できるように定めたものである．連邦の資金援助を受けたことで，職業科目を拡大したカリキュラムが中等学校で実施されるようになり，大都市では職業高校が設立された．これらの職業教育プログラムは，商業や工業の仕事に従事する若者への教育に焦点をあてたものであったが，同時に，すでに経験ある労働者で，技術を高めたいと望むものに対しても広く開かれた[20]．

　一方，伝統的な専門的職業である医師，法律家，聖職者など以外の職業が，新しい専門的職業として認識されるようになった．たとえば，図書館司書があげられる．それまでは大都市を除いて，図書館職員はボランティアで，読書家，かつ子どもがすでに成長し，図書の整理にパートタイムで参加できる女性が配置されていた．しかし，州の資金援助やアンドリュー・カーネギー財団の寄付によって，図書館数やその規模が拡大し，司書の職務を常勤で永続的なものとみなすようになり，専門職協会が形成された[21]．その後，アメリカ図書館協会は，図書館業務に特殊な知識や業務が必要になったことで職員養成を担うことと

なった.

　また図書館司書に限らず，専門的職業の役割が多様に分化し，職業の知識とスキルの水準向上に広く関心が注がれるようになった．この時期に設立された専門職協会と設立年は，たとえばアメリカ医師会（American Medical Association, 1847年），全米教育協会（National Education Association, 1857年），アメリカ建築家協会（American Institute of Architects, 1857年），アメリカ歯科協会（American Dental Association, 1859年），アメリカ公衆衛生協会（American Public Health Association, 1872年），全国社会福祉協議会（National Conference of Social Work, 1873年），アメリカ図書館協会（American Library Association, 1876年），アメリカ法曹協会（American Bar Association, 1878年），アメリカ心理学協会（American Psychological Association, 1892年），アメリカ看護協会（American Nurses Association, 1896年），アメリカ家政協会（American Home Economics Association, 1908年），アメリカ弁論協会（Speech Association of America, 1915年）であった.[22] これらの専門職協会が実施する成人向けの教育内容は，一つには，出版，会議，短期コース，その他の手段によって，会員に現職研修（学習）の機会を提供すること，二つには，出版，講師派遣，マス・メディア，そのほかの手段によって，他の職業グループや一般の人々に対して，関心分野に関する教育的な刺激を与えたり，資料を提供したりすること，の二点であった.

　以上のように，19世紀後期から1910年代は，成人への教育活動を事業として含む新しい専門職協会が多数出現し，産業の高度化，職業が専門職化していくなかで，成人に対する教育的営みの萌芽が個別の職業ごとにみられた期間であった．その結果，成人教育活動が認識され始めた時代でもあった.

2．成人教育活動を担う諸機関の展開
——1921～1950年代——

　1921年から1951年までのアメリカ社会は，人口，科学技術，経済的条件，国際関係，社会制度，交通，通信，哲学・宗教思想，政治というあらゆる面で急速な変化を示した一方で，二度の世界大戦や大恐慌を経験し，危機の時代でもあった．また，成人教育において最も著しい発展と革新を遂げた時代であった.[23]

アメリカは，第一次世界大戦の影響とその後のかつてない繁栄を経験し，次の10年間は，大恐慌の影響を受けた．さらに，第二次世界大戦後の科学技術の進展と経済的発展を経験することとなった．急激な繁栄と危機の連続による政治経済的変化の過程において，「生活の都市化」が，労働力に対しより高いスキルを求めるようになった．そのため，高度なスキルを求める職業（専門的職業）への急激なシフトが生じた[24]．この時期に，生産性が向上し，製造業における人と時間あたりの生産高が，約二倍となった．また1955年には，強力な労働組合である AFL-CIO（American Federation of Labor and Congress of Industrial Organizations）が結成された．

一方で，生活の都市化は，都市と農村の生活の差を消滅させ，成人教育にも次のような影響を与えた．たとえば，一般的に生活水準が高くなったこと，地理的にも社会的にも人の移動が大きくなったことや，健康状態が改善されたこと，余暇が人々に受け入れられるようになったこと，福祉サービスの広がりとともに相互の連携が可能になったこと，民族や宗教上の差別が減ったことがあげられる[25]．またアインシュタインの相対性理論によって，自然科学と人文科学の中に緊張感が生まれ，社会科学の資料収集や測定の方法がより客観的，より精密になるとともに科学的であることが求められた．そして科学的知見を生活の現実問題に応用することに，人々はより多くの関心を抱くようになった[26]．

それでは1910年〜1950年代の大きな社会変動期において，職業と専門的職業に関連する成人教育はどのように発展してきたのだろうか．以下，職業と専門的職業にかかわる五つの制度・組織分野を中心にそれらの教育活動を考察する．

(1) ビジネスと産業

1920年代の労働者の継続教育に関する企業の役割について，従来とは異なるより広い概念が生まれ始めた．マン（Charles R. Man）は，1928年6月の「人間関係と産業条件の研究と改善のための会議」（1929）において，当時のアメリカの産業，および専門的職業の生活に関する最も重要な事実は，企業が教育的な機能をもつ機関として，着実に変化してきたことをあげた[27]．1930年代には世界恐慌によって，いったん教育的活動が低下したものの，その後，第二次世界大戦とその後の産業発展が，企業における教育の拡大を引き起こした．その理由

としては，自動化と機械化の進展の結果，非常に高度な熟練技術が要求される
ようになったこと，幅広い教育を受けて，柔軟性のある経営計画が立てられる
ような能力を持つ労働者が不足してきたこと，科学技術の変化が加速度的に増
大したことなどがあげられる．

　さらにノールズは，大きな変化として，バーナード（Chester I. Barnard）の
「経営者が労働者を単に生産の手段として見るのではなく，人間として見るよ
うになったこと[28]」を引用し，次の五つの影響が，産業教育に発展をもたらした
とした．① 雇用者に教育的機会を与えている企業数の増加，② 産業教育のた
めの専門的指導（professional leadership）のあり方が，より専門分化したこと，
③ 産業教育の内容がより広くかつ深くなったこと，④ 企業が教育専門施設を
設置し始めたこと，⑤ 企業がフォーマルな教育機関（大学，カレッジ）と密接な
関係をもつようになったこと，の五点であった[29]．この時期に，企業で働く人の
ための教育活動が多様に展開しはじめたことを示している．

　スタブルフィールドとキーンは，1920年までに職場での教育は輪郭が整った
とし，職場で実施されている教育活動について具体的なプログラム内容を基に
まとめ[30]，職場における教育原理やカリキュラム，教育方法，教育を実施するた
めのシステム，運営組織などを示した．そこでは，工場労働には訓練が必要で
あり，訓練は従業員だけでなく，雇用者や社会全体にもニーズがあるとした．
訓練プログラムの内容として，再教育，昇進，配点のための訓練，中高齢の労
働者のための能力改善訓練，特に重要なものとして，若年労働者のための就業
前訓練としての準備教育の必要性をあげた．さらにこの時期に，企業は，専門
的技術の習熟と高度な知的能力の育成の両方を必要とした．当時の大手家電
メーカー，ウェスティングハウス・エレクトロニック・アンド・マニュファク
チャリング社（Westinghouse Electronic and Manufacturing Company）の研究（J. V.
L. Morris, 1921）[31] によると，技師，専門的な技術者，機械工はそれぞれ個別に機
械の操作にかかわっていた．そのため，教育部門は，生産にかかわる技術と知
識の分化に対応させるための訓練を提供した．

　加えて，企業は，社内や社外のプログラムによって，従業員に対する研修を
実施した．たとえば企業内プログラムには，新人研修，監督者研修，職場研修
（OJT）があった．1910年代には，企業が，職業学校を設立する例[32]もみられる．

さらに1924年には保険業務に関する教育プログラムとして通信教育が盛んにな
り，通信教育は，職業教育としてこの時期に最も活用された[33]．

　第一次世界大戦後には，業務の一部として研修（training）が行われるように
なり，管理職の全国組織である全米雇用管理者協会が，1918年に設立されてい
る．全米雇用管理者協会は訓練に関心をもち，後に，アメリカ経営管理協会
（1923年に National Management Association と改名）となった．

　この時期，ユニークな教育プログラムも開発されている[34]．一つは，戦時期の
体験を教育プログラムに応用し，個別指導，習熟度別指導，モジュール方式の
コース，成果の重視，職務分析にもとづくカリキュラム作りなどに取り組むプ
ログラムであった[35]．また，職務を構成要素に分割する職務分析を行ったチャー
ルズ・アレン（Charles R. Allen, 1923-2002）が，職長訓練の方法を開発している．
なかでも「リハーサル・カンファレンス」という教育方法は，参加者が討論を
深める力量を持っている場合に，活用された参加型学習方法だった．また，管
理職を訓練するために開発された「職長クラブ運動」もこの時期に開発された．
職長クラブ運動は，戦時中にオハイオ・クラブ運動主催の職長のためのクラス
として始まったもので，その後，急速に国内に広まった．1925年には全米職長
協会（National Association Foreman）が組織され，1918～1930年の間に協会は訓
練規則とその原理を開発した．職長訓練に用いられた教育方法は，進歩主義教
育や新興の社会心理学から編み出された民主的な教育で，小集団学習やグルー
プ討論，リーダーの役割を重視する特質を備えていた．

　上述のように第一次大戦以降は，産業において高度な技術への要求にもとづ
く職務の専門化，分化，そして経営に関する訓練ニーズが高まり，それらにあ
わせた教育方法が新たに展開された時期であった．そしてビジネスと産業の全
国的組織の事業活動の中に成人教育の機能と役割が見出された時期でもあった．

(2)　大学・カレッジ

　大学拡張の戦前の試みは，すべての州の住民に対して開かれ，一般大学拡張
と協同拡張事業に分かれていた[36]．協同拡張事業は，連邦政府，州政府，地方自
治体による協同の取り組みで，各州の国有地付与大学の事業の一環として運営
され，税金を投入し，郡の普及員で教育を担当する常勤スタッフが，農民，主

婦, 青年を対象に教育事業を行い, 農民の教育要求に応えた事業であった.[37]

　一方, 大学拡張は, 農村, 都市の双方に暮らす人を対象とした事業であった. 第一次世界大戦後, 最初の一般大学拡張は, 主として拡張クラスや通信課程などから成り立っており, その内容はディスカッション, 連続講義, そして巡回図書館などであった. しかし1956年までには短期コース, ラジオ・テレビ番組, 地域コミュニティ開発事業, 卒業生 (アルムナイ) 教育などの伝統的な形態のほか, クラブや協会などがあった.[38] 1952年に大学拡張事業が扱った科目の主題領域は, 提供されている科目の半数以上が学術的なものであったが, ディスカッション形式の授業のうちで約30％は経営管理分野, 16％は「公益や福祉」の問題を扱ったもの, 12％は, 行政サービス改善に関するもの, 10％は専門的職業教育の問題, 9％は技術工学の問題を扱ったものであった.[39] フール (Cyril O. Houle, 1913-1998, 1959) によれば, 一般大学拡張は, 授業料収入に依存していて, 大学組織内の自律性をほとんどもっていなかった. 対象は幅広く, そこでの教育は正規教育を流用し, 伝統的な高等教育の方法を用い, しかも担当は, 学外から招へいした非常勤講師任せであったと指摘している.[40] 一般大学拡張の発展は大学によって格差が著しく, 大学自治に任されていた. そのため, 州立大学, 私立大学での一般大学拡張事業の発展に伴い, 全米大学拡張協会が強い指導力を発揮した. その結果, 労働者教育協会の支援を行う場合も, その他の団体に対するものと同様の指針を堅持するつもりだとし, 大学の主導権を強調したため, 結果として, 労働者教育との緊張関係が続くこととなった.[41]

　また, 都市部の大学が開設したイブニング・カレッジも成人の教育機会を提供していた.[42] 11か所のイブニング・カレッジが1925年までに認可を受け, その多くは個人からの寄付, 教会設立のカレッジや大学の支援によって成り立っていた.[43] イブニング・カレッジは, 労働の場に近いところでカレッジレベルの教育を提供し, 専門的な訓練を受けた労働者を求めるビジネスと産業界のニーズを満たすこととなった.[44]

⑶　公立学校

　1920年代以降, 成人教育プログラムを提供している公立学校数は増加し, 参加登録者数も増加し続けた. 1958年合衆国教育局 (U. S. Office of Education) の

総合的調査によれば，1946～47年には268万人の参加から，1956～57年には，437万人の参加となった[45]．全米教育協会（National Education Association: NEA）は，成人教育連絡調整委員会（Commission on Coordination in Adult Education）を設置した1926年初頭から1930年代を通じて，公立学校と協力し，公的支援や民間の支援を得ながら，全国，州，地方のそれぞれのレベルで成人教育を発展させた[46]．第一次世界大戦以降は，公立学校成人教育が，最も発展した時代であった[47]．公立学校による成人教育のカリキュラム領域が拡大したことが，その発展の理由の一つであり，当時は，正規の学校教育科目，アメリカナイゼーション教育，職業科目の三領域であった．さらにもう一つの理由は，成人教育の実践において，カリキュラム作成の際に，「ニード・ミーティング（need-meeting）」（成人のカリキュラムは，学習者のニーズと関心とによって決定されるべきという概念）の原則が広く採用されたことであった．ニード・ミーティングの意味を説明する際に，ノールズは，以下のリンデマンの説明を引用した[48]．

　　成人教育は，教科を通してではなく，状況を通じたアプローチをとることになるだろう．ところが，私たちの教育体系は逆の順序で成立してきた．つまり，教科と教師が第一義的であり，生徒は，二義的である．伝統的な教育においては，生徒は権威あるカリキュラムに適応することが求められている．成人教育のカリキュラムは生徒のニーズと関心のもとに構築される．あらゆる成人は，自分自身の仕事，余暇，家庭生活，地域生活などの様々な適応が求められる状況を見出す．成人教育はまさにここから始まる．教科内容は必要に応じて，状況に取り込まれ，活用される．この種の教育は，教科書や教師は新しくかつ二次的な役割を担う．そして生徒である学習者が第一義的な重要性をもつ[49]．

　上述のニード・ミーティング概念の影響もあり，連邦救済事業は，その教育方法として，討論による方法を広く用いた．結果として，成人学校は，討論による方法によって，（成人学習者を）伝統的な学校教育による方法の束縛から解放したとノールズは指摘した[50]．ノールズの主張の背景には，成人の学習ニーズを重視することとリンデマンの進歩主義に影響をうけたノールズの成人教育観が読み取れる．

　また，1944年の復員兵援護法（the Serviceman's Readjustment Act of 1944: the G.

I. Bill of Rights）や1952年の朝鮮戦争復員兵援護法（the Korean G. I. Bill of Rights）による復員軍人のための公立学校における教育が，当時の成人教育と職業教育に影響を与えた[51]．たとえば，退役軍人向けの教育計画による公立学校のカリキュラムへの影響をあげており，一つは，カウンセリングの重視，二つは，職業科目と教養科目の登録者数の増加であった．これは，多くの復員軍人が修了証書を得るため，復員軍人にとって必要な科目のみの履修希望があったためである．また三つには，年齢の高い学生に対応することで，教育者には，教育内容や教育方法に関して柔軟に対応することが求められた．

(4) 労働者教育

　イギリスと北欧における労働者教育をモデルにしたアメリカの労働者教育は，女性労働者の利益拡大を目的とする中産階級の女性を対象とした教育プログラムと，社会変動の中での労働者の役割や教養の向上を目指した教育プログラムが中心であった．しかし労働者教育運動を調整する機関はどこにもなく，常にそれぞれの関心が分断されたままであった[52]．たとえば，1921年に組織されたアメリカ労働者教育協会（Workers' Education Bureau of America），また1938年に組織された産業別組合会議（Congress of Industrial Organization; CIO）には同時に教育部も設立された．そして1955年に労働者教育に関して異なる考えをもつアメリカ労働総同盟（American Federation Labor: AFL）と CIO の親団体が合併し，二つの教育部が一つの組織になった．このことが労働者教育のあり方について労働者教育分野で，長く緊張関係が続く要因となった[53]．ノールズは労働組合の成人教育の特性における緊張関係について，一つは，組合のもつ教育目的を，労働者として，また組合構成員として組合のニーズ（要求）のみから引き出されるべきであると考える組合のリーダーたちが存在したこと，そしてその目的のためのプログラムが，職業訓練，労働史，経済学，組合運営に限定されてしまったことをあげた．二つには，地域社会の構成員としての組合員のニーズ（要求）から生じた目的にまで，組合の責任を拡大したいと考えるリーダーたちが存在したことによって，教育プログラムが地域社会というよりも国レベルでの内容を含んでしまったことであった．上述の二つの要因により，結果として労働者教育は，教育活動としてのまとまりを欠くこととなった．

他方，スタブルフィールドとキーンによれば，1920年代から1930年代のアメリカの労働者教育については，社会や経済の変革を目的とし，複数の機関から援助を受け，リベラルな知識人と協力していたことが，その特徴であった．またアメリカの労働者教育は，労働者階級の利益と労働者の集団行動に重点を置いたので，アメリカ成人教育協会の下で発展するこの時期の成人教育にみられた考え方とは質的に異なっていた．アメリカ成人教育協会は，自己修養と教養を高めようとする個人に資することを主眼にしており，職業能力やスキルを修得するための労働者の教育活動には，関心が薄かった．

結果として，労働者教育分野は，1960年代，成人教育分野の中では，最も未発達な分野となった[55]．一方で，ノールズは，1960年代において労働者教育で行われている教育方法には，学習者の関心やニーズを尊重している点がみられたことを指摘した[56]．

(5) コミュニティ・カレッジ

コミュニティ・カレッジは，第二次世界大戦後にジュニア・カレッジから，コミュニティ・カレッジへと発展し，その使命も対象も拡大した[57]．ハリー・トルーマン（Harry S. Truman, 1884-1972）大統領の高等教育委員会報告書（1947）は，ジュニア・カレッジを高等教育制度の一部とみなす見解を支持している．さらに委員会は，教育の機会均等と高等教育の拡大を求めた．ジュニア・カレッジの主要な役割について，同委員会は，4年生カレッジへの進学準備ではなく，「準専門的労働者（semiprofessional workers）」のための訓練を提供することが使命であると考えたため職業訓練を重視した．また「ジュニア」という言葉を「コミュニティ」に置き換えることとし，コミュニティ・カレッジが地域のニーズに応えることを目的として方向転換を促した．1970年代には，コミュニティ・カレッジはコミュニティや職場との関わりの中で，高等教育機関としての特徴を鮮明に打ち出すようになった[58]．

以上，2では，五つの成人教育分野における機関や制度において，20世紀前半の成人の教育活動と職業，そして専門的職業とのかかわりを整理した．

3．成人教育の全国組織の登場と発展
——1926～1951年——

　1920年代は，アメリカ成人教育史上，大きな転換期となる成人教育の全国組織が登場することとなった．それは，1921年に全米教育協会（NEA）に移民教育部（Department of Immigrant Education，後の成人教育部（Department of Adult Education）が設置されたこと，そして1926年にアメリカ成人教育協会が設立されたことであった．ノールズは，アメリカ成人教育協会の設立は[59]「成人教育（Adult Education）」という言葉が公的に認識されたことを意味するとした．1951年にアメリカ成人教育協会とアメリカ教育協会成人教育部（Department of Adult Education of National Education Association：以下，NEA成人教育部と表記）は合併し，合衆国成人教育協会に引き継がれる．なお，アメリカにおける成人教育の全国組織の系譜を**表1–1**に示した．

　3では，1951年以前のアメリカ成人教育協会とNEA成人教育部の職業，または専門的職業にかかわる教育事業を中心にその活動を考察する．

⑴　アメリカ成人教育協会（American Association for Adult Education: AAAE）

　アメリカ成人教育協会は，ニューヨーク・カーネギー財団による成人教育を推進するための大規模な運動の成果として1926年に結成された．カーネギー財団が成人教育を先導したのはいくつかの理由によるものであった．一つは，余暇が増大し，学校終了後の成人の教育ニーズが高まるだろうという予測から，学校教育制度外で，組織的な，営利を目的としない教育機会の必要性を考えていたこと，二つには，若者たちが，学校や大学で基礎的な技能を習得するのに対し，成人は学校や大学のフォーマルな学習機関は異なる多様な方法で知識を入手するはずであると考えたことがあげられる．[60]

　一方，カーネギー財団の成人教育に対する初期の最も重要な関心は，知識の普及にあった．アンドリュー・カーネギーのアドバイザーであるヘンリー・プリチェット（Henry Pritchett）は，知識普及のための科学的手法の開発に関心を持った．プリチェットの成人教育の考え方を踏まえ，財団は，成人教育とは，

表 1-1 アメリカ成人教育の全国組織の系譜

年		全 国 組 織
1921年		全米教育協会移民教育部設立 (National Education Association, Department of Immigrant Education) 移民教育部が, 1924年に成人教育部 (Department of Adult Education) に変更.
1926年	アメリカ成人教育協会 (American Association for Adult Education: AAAE) 設立	
1951年	**合衆国成人教育協会 (Adult Education Association of the U. S. A.) 設立**	
1952年		アメリカ公立学校成人教育者協会, NEA 部門 (National Associ-ation of Public School Adult Educators, an NEA Department, 1952-1972)
1972年		アメリカ公立継続成人教育協会 (National Association for Public Continuing Adult Education: NAPCAE, 1975-1982)
1982年	アメリカ成人継続教育協会 (American Association for Adult and Continuing Education: AAACE) 設立. 合衆国成人教育協会と NAPCAE が合併.	
2000年	アメリカ成人継続教育協会 (AAACE)	AAACE 成人基礎教育委員会 (The AAACE Commission for Adult Basic Education: COABE)

注：全米教育協会移民教育部 (National Education Association, Department of Immigrant Education), 全米教育協会成人教育部 (Department of Adult Education), アメリカ成人教育協会 (American Association for Adult Education: アメリカ成人教育協会), 合衆国成人教育協会 (Adult Education Association of U. S. A) アメリカ公立学校と成人教育協会, NEA 部門 (National Association of Public School Adult Educators, an NEA Department) については, 岸本幸次郎訳 (マルカム・ノールズ／岸本幸次郎訳, 同上書) を採用し, アメリカ公立継続成人教育協会 (National Association for Public Continuing Adult Education: NAPCAE), アメリカ成人継続教育協会 (American Association for Adult and Continuing Education: AAACE) は, 小池源吾・藤村好美訳 (ハロルド・W. スタブルフィールド, パトリック・キーン／小池源吾・藤村好美監訳, 前掲書) の訳を採用した. AAACE 成人基礎教育委員会 (AAACE Commission for Adult Basic Education: COABE) については, 筆者翻訳.
出典：筆者作成.

人々が「みずからの人生を決定する力を取り戻す手段[61]」ととらえた. 学校, 大学のような教育機関を対象とせず, 寄付対象は図書館, ラジオ, 労働者教育プログラム, 様々なコミュニティ開発プログラムなど, とりわけ知識の普及に関する教育目的を持つ機関であった.

上述の関心のもとに, 1923年, カーネギー財団の理事会は, フレデリック・ケッペル (Frederic Keppel) を専務理事として成人教育の委託研究を行い, 最終的にアメリカ成人教育協会を設立した. ケッペルは, イギリス労働者教育協会の労働者階級への高度な学習を提供する教養教育によって, 社会が安定するという成人教育の考え方に影響を受けた. また, 財団の関心は, 成人教育分野

の組織化ではなく，知識普及の方法を組織化し，その結果，成人が継続的に学べることが重要であると考えた．またケッペルは，知識普及のための余暇時間の活用を強調し，専門職業人教育や基礎保障教育を対象としなかった．しかし，設立のための議論の過程においては，学校，大学などの参加も認め，成人教育には，フルタイムの専門的，職業的訓練や学位取得のための教育的活動も含まれることとなった．1926年設立時の事務局長には，ケッペルの補佐役であるモース・カートライト（Morse Adams Cartwright, 1890-1974, 事務局長期間，1926-1941）[62] が任命され，財団が支援を止めるまで専任の事務局長を務めた．

　アメリカ成人教育協会の設立当初は，知識の普及が最大の関心であったが，世界大恐慌などの影響もあり，1930年代にはその政策も変化した．1930～1931年度の政策決定では，アメリカ成人教育協会の方針は，不況対策を進める成人教育にも取り組むことであった．「職業のニーズと教養のニーズと，さらにレクリエーションのニーズも認めるような，成人のためのよく調和のとれた理想的な教育機会の計画[63]」を目標として掲げた．

　その後1941年から1942年度になると，職業・労働関係も含む多様な委員会の報告がなされた．たとえば，専門的職業グループと図書館，労働団体と社会奉仕団体，農業改良と農村問題，教員養成大学とカレッジ，討論会とラジオ，地域団体と協議会，大学拡張，学会と博物館，公教育システムの委員会があった[64]．

　アメリカ成人教育協会は財政の多くをカーネギー財団に依存し，緊密な関係にあった[65]．そのことは，アメリカ成人教育協会の成人教育事業内容に大きな影響を与え，成果もみられた．たとえば，研究と出版活動が促進された．職業に関するものとしては，ミネソタ大学雇用安定研究所（Employment Stabilization Research Institute）の出版物，ニューヨーク失業者指導書の報告書，全国職業協議会（National Occupational Conference）の図書，パンフレット，定期刊行物，アメリカ労働教育局とマクミラン出版社から出版された *Workers Bookshelf*（労働者の本棚）などがあげられる．また最も影響力をもった出版物は，協会の季刊雑誌である *Journal of Adult Education*（1929年2月-1941年10月）であった．このジャーナルには，成人教育の現場の実践報告，成人教育分野のニュース，成人教育協会のニュース，文芸図書の書評，文化，思想，社会問題，成人教育問題に関する論説が掲載された．このジャーナルは，1942年に誌名を，*Adult*

Education Journal に変更し，成人教育分野の情報提供に主な力点をおくとともに，各号は，二つから三つの論説，書評，特別な通信記事，編集欄で構成された[66]．次第に，専門性を備えた成人教育の指導者が執筆を担当するようになった．

アメリカ成人教育協会は，研究，出版を中心に成人教育事業に関する全国組織として事業を起こし，成人教育概念の普及に成果を生み出した．しかし，アメリカ成人教育協会の主要な関心は，教養教育にとどまっており，いかなる社会運動や特定の団体とも成人教育を関連づけることを拒否したことから，結果的に成人教育の範囲を限定することとなった．

(2) **全米教育協会成人教育部** (National Education Association, Department of Adult Education: NEA 成人教育部)

1921年に NEA に移民教育部が設置されたとき，その会員資格は公立学校の教師と管理職のみを対象とした．1924年に移民教育部は，成人教育部 (Department of Adult Education) となった．アメリカ成人教育協会の関心は知識の普及にあったため，当初はその補完的な役割を担っていたが，次第にアメリカ成人教育協会と会員の奪い合いをするようになった[67]．公立学校の成人教育者 (adult educators) が地域の他の教育機関と連携や協力をして事業をはじめるようになると，1938年からは誰でも NEA 成人教育部に入会できるようになった[68]．

NEA 成人教育部は，1926年の「成人教育の連絡調整に関する委員会」の報告書[69]において，成人教育部が，全国的なレベルで，公立や私立を含むすべての教育機関で行われる成人教育活動の好ましい連携組織を実現する責任を引き受けること，また，州や地方レベルで同じような専門職業人のための連絡組織を作るように，州教育局や地方の学校組織を励ますことを勧告した[70]．つまり，それまでは極めて部分的な専門職業人組織（公立学校の教員が中心）であったが，NEA 成人教育部は，全国的な専門職業人組織への転換を構想していた．その報告書には以下の原則が記されている[71]．

　　成人のための教育は，公共の手によって行われる好ましい教育開放形態であり，また子どもの教育の場合と同様に，成人教育の主な責任も公的なものである．公

共の教育機関の活動を補完するためには，私立の教育機関や，また準公共的な機関の事業や努力が必要である．成人教育のために，この三者の教育活動を拡大していくには，共通の思想と理想，協同と連絡調整の努力，相互依存と相互の責任についての明確な概念を確立していくことが望ましい[72]．

　NEA 成人教育部は，上述の原則を掲げ，成人教育の全国組織設立をアメリカ成人教育協会とともに模索していこうとしていた．一方，1930年代末までには，NEA 成人教育部の活動の独自性もみられた．アメリカ成人教育協会が，成人教育運動の理論と哲学ならびに国家的名声などに力点を置いたのに対して，NEA 成人教育部は，実践や社会活動や相互関係の構築を重視した．たとえば，*Interstate Bulletin*（1927-1934），*Adult Education Journal*（1934-1936），*Adult Education Bulletin*（1936-1950）など，個人的なニュース，教育指導技術に関する論説や実践報告，職員の資質向上，行政や立法に関する提案などといった実践家の要求や関心に最大の関心を払っていた[73]．

　1940年代には，アメリカ成人教育協会と NEA 成人教育部の会員は，同一会員によって構成されることが顕著となった．さらにアメリカ成人教育協会が1941年にカーネギー財団からの援助を打ち切られたことによって，合併に向けた動きが加速し，1951年の合衆国成人教育協会の誕生につながることとなった．

4．進歩主義成人教育と専門主義
——1910〜1950年代初期——

　ピーター・ジャービス（Peter Jarvis, 1938-2019）[74]は，ジョン・デューイ（John Dewey, 1859-1952）の以下の文章を引用し，デューイのアメリカでの成人教育への影響は絶大であったとした．

　　人生とは成長である．あらゆる生物は，それぞれの段階において最大限の充実を求める存在である．ゆえに教育とは，年齢に関係なく，成長もしくは生活上の満足を保障する条件を提供することである[75]．

　デューイの思想は，同僚であったリンデマン（Eduard C. Lindeman），そして

リンデマンが後に仕事上で関係し，大きな影響を与えたノールズらに受け継が
れた．[76] メリアムは，1960年代初期のアメリカ成人教育思想に関する研究におい
て，リンデマンの *The Meaning of Adult Education* (1926) が，重要な位置を
しめると指摘している．[77] リンデマンの初期の成人教育思想は，上述のデューイ
による1920年代半ばの進歩主義の影響を受けた．[78] 個人の成長と状況的学習を強
調し，社会的存在としてリンデマンは成人教育をとらえ，社会において人間の
生活改善を目指すべきであるとした．教育によって，変化する社会環境に成人
が立ち向かい，機能することを目指していた．[79]

> 自己改善の短期的目標が，長期的かつ実験的であるようになれば，成人教育は，
> 社会的秩序を変える政策とともに進歩の手段となりうるだろう．社会的機能の変
> 化の中で，継続的変化に対する個人の変化は，成人学習の目的として生まれるで
> あろう．[80]

メリアムによれば，[81] リンデマンの成人教育思想の特質は，個人のニーズと経
験であることを強調している点であり，そのため，彼は教育方法として，問題
解決のためのディスカッション方法を好んだ．そして，リンデマンの関心は，
「パワー（power）」，「自由（freedom）」，「自己表現（self-expression）」，「専門主義
（specialism）」であり，これらは21世紀における現代的課題にも通じるもので
あった．特に，専門的職業との関連では，リンデマンの *The Meaning of
Adult Education* (1926) における「第8章　専門主義の時代へ（To an Age of
Specialism）」で述べられた専門主義台頭への提言が特徴的である．デューイも
『公衆とその諸問題――現代政治の基礎』(1927 = 2014) において，[82] 専門家に統治
を委託するのではなく，メディアを介しない対面的な熟議の場を再建する必要
性を説いており，[83] リンデマンも専門主義台頭への懸念を持っていた．リンデマ
ンは，[84] 以下のように専門主義への危機感を示した．

> 専門主義による弊害については，大学総長や政治評論家，哲学者によって正し
> く指摘されてきた．しかしこの問題は認識され，口先だけで排除され，そして
> その結果，増殖した．ここに本当のジレンマがある．知識の細分化は，ほとんど無
> 限を目標としているかのように早く進展するが，他方，人間の理解力には限界が

ある．さらに知識は専門分化という形のみで広がっていく[85].

19世紀末期以降の大学の量的拡大の現象が，少なくとも部分的には，専門主義への直接的対応であったとし，急激な専門主義社会における知識の細分化批判とともに成人教育のあり方についての問題認識がリンデマンにはあった．そして具体的な専門主義への対応策として，専門家（specialist）に問題解決のすべてをゆだねるのではなく，問題解決のプロセスへの積極的な参加者となることが，人々に要請されるとした[86]．問題解決プロセスへの参加のためには，「経験の評価の継続的なプロセスとそれよって，私たちが意味の発見に敏感になる覚醒（気づく）方法へと向かうこと」[87]の意義を示した．そこでは，人々は専門家に降伏せずとも，共に社会的な問題解決を可能にするというリンデマンの専門主義への対抗言説としての成人教育思想が示されている．その覚醒のための方法の一つが，ディスカッションによる学習方法であった．

リンデマンの人間の生活改善を目指した成人教育思想と社会的な問題解決のためのディスカッションにもとづく教育方法への言及は，その後のアメリカの成人教育運動に大きな影響を与えることとなった．

エリアスとメリアム（Elias & Merriam）によれば，進歩主義成人教育者は，職業的・実用的訓練，経験による学習，科学的探究，コミュニティ教育，社会課題への責任をとることを成人教育の中核としていた[88]．ノールズも，1921年から1961年の間の進歩主義の考えとアメリカの成人教育のつながりを指摘し，ビジネスと産業，カリキュラムの拡大，大学拡張，科学的手法に対する実験，政府や社会的機関との取り組み，労働者教育が，進歩主義者と成人教育者の共通の関心であったと述べている[89]．

リンデマンの成人教育思想（1926）において，成人教育の目的は，社会的知性の開発，すなわち，成人の生活世界の実用的な理解であるとともに，専門主義時代を見据えた社会課題の解決であった．そしてリンデマンは，社会の変革過程における成人教育像を描いた．

いかなる成人も自分の仕事，余暇活動，家庭生活，地域生活などにかかわる特定の状況下に置かれており，それへの適応が要請される．成人教育は，まさにこの地点から始まるのである．教科内容は，必要に応じて状況の中に取り込まれ，

活用される．この種の教育では，教科書と教師は，二次的な新しい役割を担う．
その役割は，第一義的な学習者の背後に位置づけられる[90]．

　上記は，エリアスとメリアム（Elias & Merriam）が，リンデマンの状況的学習概念の説明の際に引用した一節である[91]．さらに，リンデマンはアメリカ成人教育協会の理事として，成人教育に関する方向性についても自らの考えを探究し，アメリカの成人教育運動の方向性に関する調査活動に関わった．彼の成人教育思想は，後にノールズの合衆国成人教育協会事務局長としての活動と成人教育観の生成，そしてアンドラゴジー論に大きな影響を与えることになる．

おわりに

　本章では，1950年以前の成人教育分野の職業教育，および全国組織の動向を把握することで，成人教育と専門的職業の関係についての認識を明らかにするために，1では，19世紀後期以降から1920年までの産業の高度成長と職業生活にかかわる成人教育，2では，1920〜1950年以前の成人の職業や専門的職業にかかわる教育活動を担う諸機関の展開，3では，1920〜1950年以前の成人教育の全国組織の展開，4では，1910〜1950年以前の進歩主義成人教育と専門主義のかかわりについて，論じた．その結果，以下の三点が明らかになった．
　一点目としては，20世紀初期は，イギリス・ヨーロッパ型の成人教育の伝統に影響を受けつつも，アメリカの成人教育が後に，職業的特質をもつ独自性を備える萌芽期であった．そして，第一次世界大戦，大恐慌，第二次世界大戦という社会の大きな変動期において，成人教育機能を有する多様な機関が生じ，専門職団体，専門的職業に従事する人々が増加した．
　二点目は，多様な機関や専門職団体は，それぞれに成人を教える機能を備えていた．そのため，成人教育機能をまとめようとする全国組織であるアメリカ成人教育協会とNEA成人教育部が1920年代に登場し，成人教育に関する専門的研究，出版活動，教育指導技術に関する情報提供を開始した．
　三点目として，1920年代半ばの進歩主義とデューイの影響を受けたリンデマンら成人教育者が登場し，来るべき専門的職業社会における専門職業人との軋

蘗を予想し，成人の経験と専門家とのギャップを埋める成人教育像の大きな目的を示したことであった．そのことは，成人の実生活の状況に即した学習を重視するアメリカ独自の成人教育概念の生成へとつながり，そこでは1950年代以降のアメリカ成人教育論の成立とかかわりがあったことが明らかになった．

以上の三点から，産業構造の変化に伴う大きな社会変動を経験した1920年代から1950年までは，専門的職業と関わりを持つ成人教育の萌芽期ととらえられる．

注

1） Harold W. Stubblefield and Patrick Keane, *Adult Education in the American Experience,* San Francisco: Jossey-Bass publishers, 1994, p. ⅷ. 邦訳，ハロルド・W. スタブルフィールド，パトリック・キーン／小池源吾・藤村好美監訳『アメリカ成人教育史』明石書店，2007年.

2） 邦訳，エテュアード・リンデマン／堀薫夫訳『成人教育の意味』学文社，1996年.

3） ハロルド・W. スタブルフィールド，パトリック・キーン，前掲書，ⅰ頁. 翻訳書に掲載されたスタブルフィールドによる「日本語版に寄せて」に述べられている.

4） マルカム・S. ノールズ著／岸本幸次郎訳『アメリカの社会教育』財団法人全日本社会教育連合会，1975年.

5） ハロルド・W. スタブルフィールド，パトリック・キーン，前掲書.

6） Harold W. Stubblefield and Patrick Keane, *op. cit.,* p. ⅻ. Amy D. Rose, "History of Adult and Continuing Education," In Tonette S. Rocco, M Cecil Smith, Robert C. Mizzi, Lisa R. Merriweather, Joshua D. Hawley, *The Handbook of Adult and Continuing Education 2020 Edition,* Virginia: Stylus Publishing, Inc, 2020, pp. 22-37.

7） Elias, John and Merriam, Sharan, *Philosophical Foundation of Adult Education,* Malabar: FL, Robert E. Krieger publishing Company, 1980.

8） Malcolm S. Knowles, *The Adult Education Movement in the United States,* New York: Holt, Rinehart and Winston, Inc., 1962.

9） 本書において職業にかかわる教育とは，職業教育（occupational education, vocational education），労働者教育（workers' education），産業教育（industrial education），専門職教育（professional education）を含む. なお，本書において日本語の「職業教育」は，上述の区分をすべて含むこととする.

10） ノールズは，イギリスの労働者教育（education of workers），デンマークのフォークスクール（folk schools）は国家的な取り組みによる成人教育運動であり，個人の

ニーズや関心，組織的な目的，さらには社会的な圧力によって，発生したアメリカの成人教育運動とは異なると考えていた（Malcolm S. Knowles, *op. cit.*, p. v）．

11）　*Ibid.*, pp. v-vi.

12）　Harold W. Stubblefield and Patrick Keane, *op. cit.*, p. 135.

13）　Malcolm S. Knowles, *op. cit.*, pp. 71-72.

14）　*Ibid.*, p. 74.

15）　*Ibid.*, p. 75.

16）　A. Trachtenberg, *The Incorporation of America: Culture and Society in the Gilded Age*, New York: Hill and Wang, 1982. 直接的には，Harold W. Stubblefield and Patrick Keane, *op. cit.*, p. 174.

17）　*Ibid.*, p. 174.

18）　S. M. Jacoby, *Employing Bureaucracy: Managers, Unions, and Transformation of Work in American Industry, 1900-1945*, New York: Columbia University Press, 1985. 邦訳，S. M. ジャコービィ／荒又重雄他訳『雇用官僚制』北海道大学図書刊行会，1990年．直接には Harold W. Stubblefield and Patrick Keane, *op. cit.*, p. 148. から引用．

19）　スミス・ヒューズ法は，学校での商業，工業，農業の教育と家政科，14歳以上の者に対するパートタイムの教育を推進した（*Ibid.*, p. 148）．

20）　Malcolm S. Knowles, *op. cit.*, pp. 60-72.

21）　*Ibid.*, pp. 50-52.

22）　*Ibid.*, p. 71.

23）　*Ibid.*, p. 76.

24）　*Ibid.*, p. 77.

25）　*Ibid.*, pp. 77-78.

26）　*Ibid.*, p. 78.

27）　Charles R. Man, "Education for More than the Job," *Journal of Adult Education*, I, 1929, p. 56.

28）　Chester I. Barnard, *Organization and Management*, Cambridge, Mass: Harvard University Press, 1948, pp. 3-9. 邦訳，C. I. バーナード／飯野春樹監訳『組織と管理』文眞堂，1990年．

29）　Malcolm S. Knowles, *op. cit.*, p. 80.

30）　Harold W. Stubblefield and Patrick Keane, *op. cit.*, p. 207.

31）　原著を入手することができなかったため，直接的には *Ibid.*, p. 207. から引用した．

32）　たとえば，フォード・モーター社の職業学校（Trade School），ウェスティングハウス社の専門技術夜間学校（Technical Night School），ゼネラル・モーターズ社の効果専門学校（Institute of Technology）がある（*Ibid.*, p. 208）．

33) C. S. Steinmetz, "The History of Training," In R. L. Craig (ed.), *Training and Development Handbook*, New York: McGraw-Hill, 1976.

34) Harold W. Stubblefield and Patrick Keane, *op. cit.*, p. 207.

35) W. Neumann, "Educational Responses to the Concern for Proficiency." In G. Grant and Associates, *On competence: A Critical Analysis of Competence=based Reforms in Higher Education*, San Francisco: Jossey-Bass, 1979, pp. 66-94.

36) Harold W. Stubblefield and Patrick Keane, *op. cit.*, p. 207.

37) Cyril O. Houle, *Major Trends in Higher Adult Education*, Chicago: Center for the Study of Liberal Education for Adults, 1959. 直接には, Harold W. Stubblefield and Patrick Keane, *op. cit.*, p. 230. から引用.

38) Malcolm S. Knowles, *op. cit.*, p. 84.

39) John R. Morton, *University Extension in the United States*. Birmingham, Alabama: University of Alabama Press, 1953, pp. 133-134.

40) Cyril O. Houle, *op. cit.* 直接には Harold W. Stubblefield and Patrick Keane, *op. cit.*, p. 199. から引用.

41) *Ibid.*, pp. 199-200.

42) *Ibid*, p. 201.

43) John P. Dyer, *Ivory Towers in the Market Place: The Evening College in American Education*, Indianapolis: The Bobbs-Merrill Company, Inc., 1956. 直接には, Harold W. Stubblefield and Patrick Keane, *op. cit.*, p. 201. から引用.

44) *Ibid.*, p. 201.

45) *Ibid.*, p. 202.

46) *Ibid.*, p. 202.

47) Malcolm S. Knowles, *op. cit.*, p. 134.

48) ノールズは他にも, オーバーストリート (Overstreet), デューイ (Dewey), キルパトリック (Kilpatrick) の影響を指摘している (*Ibid.*, p. 135-136).

49) Lindeman, *The Meaning of Adult Education*, New York: New Republic, Inc, 1926, p. 147. (**巻末資料2**, 直接には Knowles, *op. cit.*, pp. 135-136から引用) について, 邦訳, エテュアード・リンデマン／堀薫夫訳『成人教育の意味』学文社, 1996年, p. 31. を参考に, 筆者が翻訳した.

50) しかし, あらゆる学習者のニーズを考慮する内容は, 1950年代には批判を受けるようになった (Malcolm S. Knowles, *op. cit.*, p. 149).

51) 戦争が成人教育に与えた影響として, スタブルフィールドとキーンは, 軍隊において, 軍務に必要な技術ともに継続教育の機会が提供されていたことをあげている (Harold W. Stubblefield and Patrick Keane, *op. cit.*, pp. 244-246). 特にフール他は, 民

間のための継続教育に軍事教育を応用する可能性を検討していた（C. O. Houle, E. W. Burr, T. W. Hamilton, and J. R. Yale, *The Armed Services and Adult Education,* Washington D. C.: American Council Education, 1947）.

52）Harold W. Stubblefield and Patrick Keane, *op. cit.,* p. 188.

53）Malcom S. Knowles, *op. cit.,* pp. 107-111.

54）Harold W. Stubblefield and Patrick Keane, *op. cit.,* pp. 268-270.

55）Malcolm S. Knowles, *op. cit.,* p. 111.

56）*Ibid.,* p. 110

57）Harold W. Stubblefield and Patrick Keane, p. 260.

58）*Ibid.,* p. 261.

59）Malcolm S. Knowles, *op. cit.,* p. 244.

60）Harold W. Stubblefield and Patrick Keane, *op. cit.,* p. 193.

61）Rose D. Amy, "Beyond Classroom Walls: The Carnegie Corporation and the Founding of the American Association for Adult Education," *Adult Education Quarterly,* 39（3）, 1989, p. 142.

62）カートライト（Morse Adams Cartwright）については，日本では，志々田まなみによる研究がある（志々田まなみ「アメリカ成人教育協会の組織形成の理念——M. A. カートライトの構想を中心に」『日本社会教育学会紀要』No. 40, 2004年，61-70頁）.

63）Malcolm S. Knowles, *op. cit.,* p. 196.

64）*Ibid.,* p. 201.

65）Harold W. Stubblefield and Patrick Keane, *op. cit.,* p. 193.

66）1952年にこのジャーナルは，NEA成人教育部と合併したことによって，隔月機関誌の*Adult Education*となった（Malcolm S. Knowles, *op. cit.,* p. 204）.

67）Harold W. Stubblefield and Patrick Keane, *op. cit.,* p. 195.

68）*Ibid.,* p. 195.

69）National Education Association, *Proceedings of the sixty-fifth Annual Meeting,* LXVI, 1928, p. 328.

70）Malcolm S. Knowles, *op. cit.,* p. 210.

71）*Ibid.,* p. 211.

72）ノールズ（*Ibid.,* p. 211）において，National Education Association, *op. cit.,* pp. 331-332. から引用（**巻末資料3**）した．翻訳は筆者による.

73）Malcolm S. Knowles, *op. cit.,* p. 213.

74）Peter Jarvis, *Adult Education and Lifelong Learning: Theory and Practice,* 4th ed., New York: Routledge, 2010, p. 44. 邦訳，ピーター・ジャービス，渡邊洋子／犬塚典子監訳，P. ジャービス研究会訳『成人教育・生涯学習ハンドブック——理論と実

践』明石書店，2020年．

75）　**巻末資料4**（John Dewey, *Education and Democracy,* New York: The Free Press, 1916, p. 56）について，直接的には渡邊洋子・犬塚典子監訳，前掲書，77頁，から引用した．

76）　Peter Jarvis, *op. cit.,* p. 44.

77）　Sharan Merriam, "Philosophical Perspectives on Adult Education: A Critical Review of the Literature," *Adult Education,* Vol XXVII（4），1977, p. 199.

78）　*Ibid.,* p. 199.

79）　*Ibid.,* p. 199.

80）　原文は，**巻末資料5**（Eduard C. Lindeman, *op. cit.,* p, 105）である．

81）　Sharan Merriam, *op. cit.,* p. 199.

82）　John Dewey, *The Public and Its Problems,* New York: Henry Holt & Company, 1927. 邦訳，ジョン・デューイ/阿部齊訳『公衆とその諸問題――現代政治の基礎』筑摩書房〔ちくま学芸文庫〕，2014年．

83）　中野耕太郎『20世紀アメリカの夢――世紀転換期から 1970年代 シリーズ アメリカ合衆国史③』岩波書店〔岩波新書〕，2019年，109頁．

84）　Eduard C. Lindeman, *op. cit.,* p. 117.

85）　**巻末資料6**（*Ibid.,* p. 117）について，堀薫夫訳，前掲書，73頁，を参考に訳を与えた．

86）　リンデマン（Eduard C. Lindeman, *op. cit.,* pp. 132-133）は，専門家を「specialist」としている．その意味は，「特定の『subject』に対して，分化しすぎた人」という意味で使用しており，職業に限定した使い方ではない．ただ文章中では，医師を「specialist」と呼んでいる．時代的な背景があり，1920年代はまだ「professional」が一般的ではなかったことが影響していると考え，「specialist」については，「専門家」の訳語をあたえる．

87）　**巻末資料7**（Eduard C. Lindeman, *op. cit.,* p. 134）について，堀薫夫訳，前掲書，80頁，を参考に訳を与えた．

88）　John L. Elias and Sharan Merriam, *Philosophical Foundation of Adult Education,* Malabar: FL, Robert E. Krieger Publishing Company, 1980, pp. 52-53.

89）　Malcolm S. Knowles, *op. cit.,* p. 75.

90）　リンデマンの原文は，**巻末資料8**（Eduard C. Lindeman, *op. cit.,* pp. 8-9）である．

91）　John L. Elias and Sharan Merriam, *op. cit.,* p. 53.

第2章

アメリカの専門的職業の拡大と成人教育の関係

　本章では，アメリカ社会に成人教育が定着した1950年代，専門的職業の拡大期における合衆国成人教育協会の事業活動の社会的背景と専門的職業に関する議論の経緯を検討する．

　第二次世界大戦以降の好景気は，急激な工業化と生活水準の向上，平均寿命が延びたことによる生産年齢の延長など，継続的な教育や訓練が必要とされる職業（occupation）が専門職化（professionalization）し，専門的職業の種類を増加させた．その背景には，農業の機械化や生産性向上にもとづく余剰人口の都市部への流出，軍需関連で開発の進んだ航空機，コンピューターなどの新しい産業の登場，自動車や家電などの大量生産による耐久消費財の供給といった産業構造の変化があった[1]．1950年代は，専門職業人の増加とともに，新しい専門的職業の一般的な認識の高まりがみられた時代であった．

　そこで本章では，1において，20世紀前半を中心とした専門的職業の拡大に関する状況について整理する．2では，成人教育分野における専門的職業と専門職化の議論の変遷に関する研究動向を概観し，3では，1950年代の合衆国成人教育協会における専門的職業との関係についての議論の過程を整理することで，専門的職業の拡大と成人教育に関する検討過程の背景と経緯について考察する．

1．20世紀前半アメリカ社会の専門的職業拡大の様相

　1920年から1960年までのアメリカ社会はあらゆる面で急速な変化を示した．二度の世界大戦と大恐慌による混乱はあったものの，科学技術の進展と経済発展は予測がつかないほどであった．推定国民資産は1940年には，1920年の4倍

となり，国民資産が各所得階層に平均的に分配されるとともに，労働力はより
高度なスキルを求める職業に急激に移行した[2]．

　経済の持続的な成長は，労働市場における専門職業人の拡大へとつながり，
高度なスキルが必要な専門的職業，たとえばエンジニア職は，1950年代に倍増
した．そして国民所得拡大と平均的分配は，大学への進学率をあげ，大学に入
学することで若者は，専門的職業に就くことを目指した．また，第二次世界大
戦後の復員軍人の高等教育への進学促進を政府が支援したことで[3]，若者だけで
なく成人（復員軍人）も専門的職業に就くことを期待し，専門的職業人口増加
の促進要因の一つとなった．

　1954年4月，ニューヨーク大学学長であったヘンリー・ヒールド（Henry
Townley Heald, 1904-1975）は，アメリカにおける専門的職業の社会への影響に
ついて「多くは専門的職業の仕事を通して，平均寿命が延び，生産年齢が延長
し，多くの財やサービスをより多くの人が享受できるようになった[4]」と述べて
いる．さらにヒールドは，以下のように続けた．

　　　私たちが繁栄と呼ぶものも，幸福と呼ぶ心の状態も，それを達成する限りにお
　　いて，専門的職業のおかげであると合理的に言えるのではないだろうか．専門的
　　職業が発展し，人々のニーズと欲求に対して責任を負うようになったからだ[5]．

　19世紀末から生じた専門的職業数や専門職業人口の増加によって，1950年代
は，専門的職業の社会における役割やその貢献が広く認識された時代でもあっ
た．一方で，専門職業人が担う責任，つまり人々のニーズと欲求に対応する責
任が，専門職業人に問われ始めた時代でもあった．

(1)　専門的職業の定義と従事者数

　専門的職業の定義としては，一般的に，1915年のエブラハム・フレクスナー
（Abraham Flexner, 1866-1959）が定義した六つの職業的特徴が[6]，広く知られてい
る．六つの職業的特徴とは，① 知的な業務であること，② 科学的な根拠をも
つこと，③ 明確で実践的な目的をもつこと，④ 教育的に容易に伝達可能な技
能をもつこと，⑤ 独自の専門的職業団体が組織化されていること，⑥ 利他的
な意志があること，が一般的な定義として用いられる．

また職業が専門職化したことを示す基準として，社会学者のハロルド・ウィレンスキー（Harold L. Wilensky, 1923-2011）は，1964年に次の七つの時期と設立年による基準を示した[7]．① フルタイムの職業になった時期，② 最初に訓練学校が設立された年，③ 最初に大学が設立された年，④ 最初に地方専門職団体が設立された年，⑤ 最初に全国的専門職団体が設立された年，⑥ 資格に関する州の法律が設置された年，⑦ 正規の倫理規範が示された年，であった．たとえば，ソーシャルワーカーは，ウィレンスキーの七つの基準でいえば，① 1898年（?）[8]，② 1898年，③ 1904年，④ 1918年，⑤ 1874年，⑥ 1940年，⑦ 1948年，となり専門職化の過程をたどってきたことになる．19世紀末から20世前半にかけての専門的職業の多くは，上述の定義や基準に沿っているかどうかによって判断された．

　一方で，1950年頃の専門的職業は，その数の増加や専門職業人の急激な拡大によって，必ずしも専門的職業として明確に区別できるものばかりではなかった[9]．実際，1940年，1950年，1960年の国勢調査の専門的職業カテゴリーは統一されておらず，毎回，異なっていた．

　表2-1，表2-2は，1940年，1950年，1960年の国勢調査から作成された「専門的職業従事者数の推移表（Table 89, Occupation Group of Employed persons, By sex, for the United States: 1940 to 1960）[10]」をもとに，筆者が作成した．表2-1，表2-2において，専門的職業グループは，専門的職業と準専門的職業が混在している．1950年の国勢調査において，「専門的職業従事者（professional worker）」を，「① 助言，管理，研究等の業務を行う人であり，（彼ら，彼女らの専門性は）専門的職業としての確立された事実や理論にもとづくものであり，認証された大学やカレッジを卒業するのと同程度の専門的，科学的，技術的訓練を求められる．さらに ② 科学とアートに限定された分野において確立された事実，原則，方法にもとづいた仕事の遂行と，そして学術的な研究あるいは豊富な実践知，もしくは双方を通して得られた事実，原則，方法による成果が求められる[11]」，と定義した．一方，準専門的職業は，「豊富な教育的，実践的経験，あるいは，仕事で適切な成果をあげるための教育や経験のコンビネーションを要求する努力の理論的，あるいは実践的な側面にかかわる職業である．しかし，専門的職業と比較すると，経歴，主導権，複雑な仕事の状況への対応で

表2-1　専門的職業グループ別の従事者数推移（男性）

専門的職業グループ	1940年	1950年	1960年
エンジニア，産業技術者	275,544	519,680	853,738
医師，健康関連労働者		437,806	520,048
教師（小学校・中学校）	1,806,808	220,661	417,725
他の専門的職業，技術者，親族労働者		1,792,051	2,687,847
管理職，公務員，経営者（農場を除く）	3,242,560	4,336,700	4,629,842

表2-2　専門的職業グループ別の従事者数推移（女性）

専門的職業別グループ	1940年	1950年	1960年
医師，健康関連労働者		569,707	785,853
教師（小学校・中学校）	1,497,233	820,839	1,103,865
他の専門的職業，技術者，親族労働者		560,520	863,335
管理職，公務員，経営者（農場を除く）	391,086	680,108	779,701

の判断などはあまり要求されない職業である[12]」と定義している．そのため，表2-1，表2-2の「エンジニア・産業技術者」，「医師，健康関連労働者」，「教師（小学校・中学校）」，「他の専門的職業，技術者，親族労働者」には専門的職業と準専門的職業の双方が含まれている．また，引用元の推移表（1962）では，「管理職，公務員，経営者（農場を除く）」は，専門的職業のカテゴリーには分類されていなかった．しかし「専門的職業を目指す準専門職[13]」と1950年代には認識されていたことから，筆者が追加した．表2-1と表2-2は，引用元データにおいて男性と女性で，専門的職業の種類が異なるため，二つの表に分けて示した．

　1960年まで，エンジニア・産業技術者は男性のみの区分であった．男性では，1940年から1960年にかけて「エンジニア・産業技術者」，「他の専門的職業，技術者，同族労働者」の従事者が急増した．また「管理職，公務員，経営者（農場を除く）」である専門的職業を目指す準専門的職業も1940年と比べて増加している．

　一方，女性は，1960年においても「エンジニア・産業技術者」のカテゴリーはない．教師が1940年から増加し，1960年では，男性の2倍以上の従事者数で

あり，当時の女性の専門的職業の中心であった．「医師，健康関連労働者」従事者数が，男性より女性が多い理由は，準専門的職業とされた「看護師・専門看護師」が女性であったためである．たとえば，1950年では，「看護師・専門看護師」は，男性9863名，女性39万3930名であった．そして「医師」は「内科医・外科医」の場合，男性18万532名，女性1万1785名である．医師は，他にも検眼医，歯科医，整骨医の職業カテゴリーがあるが，いずれも男性が多い．

　他方，1950年国勢調査においては，専門的職業グループは23種類（表2-3参照）に分類されている[14]．総労働力の約6.4%は，専門的職業従事者であった．1850年では1.9%，1900年では3.8%であったことから1940年からの20年間で専門的職業が急激に増加している．さらに1850年から1950年代までの増加は，他の職業群と比して増加速度は速かった[15]．

　1940年代から1960年代にかけての急激な専門的職業増加の中心は，新しい専門的職業，準専門的職業，さらには専門的職業を目指す準専門的職業であった．レイス（Reiss）は，新しい専門的職業に，化学者，産業技術者，自然科学者，社会科学者をあげ，準専門的職業として，看護師，薬剤師，検眼士，ソーシャルワーカーをあげている[16]．1950年代は，専門的職業人の増加とともに，新しい専門的職業，あるいは準専門的職業の一般社会における認知度の高まりがみられた時代でもあった．そして認知度の高まりとともに職業の専門職化への移行が生じた．成人教育分野においても準専門的職業の従事者数が増加することで，専門的職業における成人教育の役割の認識がさらに高まることとなった．

(2) 専門的職業をめぐる議論

　1970年代に専門家の危機的な状況を指摘したドナルド・ショーン（Donald A. Schön, 1930-1997）は「専門的職業は私たちの社会を機能させるために必要不可欠なものとなっている[17]」と *The Reflective Practitioner: How Professionals Think in Action* の冒頭で述べた．1970年代において，アメリカ社会が機能するため，専門的職業は，重要な要素となった．一方で，1960年代初期には，専門職業人の正統性は損なわれており，ショーンは以下のように指摘した．

　　1963年から1981年の間に，「変化に対する理解の遅れ」，「適切でない修正」，

表2-3 1950年のアメリカの専門的職業従事者数

専門的職業グループ	男性	女性	合計
会計士, 会計検査官	327,119	56,377	383,496
建築家	24,046	954	25,000
文芸家, 著述家	9,949	6,235	16,184
脊椎ヘルスケアの専門家（カイロプロクター）	11,169	1,915	13,084
聖職者	161,572	6,847	168,419
カレッジの学長と教員	96,432	29,208	125,640
歯科医	72,949	2,076	75,025
栄養士	1,386	21,440	22,826
編集者, 記録者	62,183	29,289	91,472
エンジニア, 産業技術者[1]	527,772	6,652	534,424
農場と家庭管理のアドバイザー	6,231	6,085	12,316
森林監督官, 自然保護活動家[2]	26,193	859	27,052
弁護士と裁判官	174,893	6,333	181,226
図書館司書	6,394	49,355	55,749
音楽家と音楽教師	81,681	79,626	161,307
看護師, 専門看護師	9,863	393,930	403,793
検眼医, 検眼士	13,865	846	14,711
整骨医	4,377	790	5,167
薬剤師	81,640	7,357	88,997
内科医と外科医	180,532	11,785	192,317
ソーシャルワーカー, その他[3]	23,545	52,848	76,393
教師[4]	285,847	839,836	1,125,683
獣医	12,634	855	13,489
合計	2,202,272	1,611,498	3,813,770
総労働力[5]	43,091,000	16,551,990	59,642,990
総人口	74,833,289	75,864,122	150,697,411

注：＊1 冶金家, □, 化学, 土木, 電気, 産業, 機械, 冶金, 鉱山エンジニアを含む.
　　＊2 林業, 自然保護活動家, 森林警備隊員, 森林踏査者, □, 火事警備員, □, 昆虫防除, などを含む.
　　＊3 宗教関連の労働者は含まない.
　　＊4 学校委員, 監督者, 校長, 高校以下の公立, 私立, 教会付属学校の講師（一般教科, 体育科, 職業科）を含む.
　　＊5 14歳以上の総労働力を含む.
出典：1950年のアメリカの専門的職業従事者数（Lloyd E. Blauch, *Education for the professions*, Department of Health, Education, and Welfare, Washington, D. C., 1958, p. 4）から引用.

第2章 アメリカの専門的職業の拡大と成人教育の関係　49

「プロフェッショナルのジレンマ」という表現は，ごく普通に受け入れられるようになった．そして勝ち誇った知識産業の自信はほとんど聞かなくなった．この時期には，専門職業人も普通の人も，専門的職業の正統性に重大な疑義を投げかけていたのである[18]．

　1960年代前半には，専門職業人に対する批判が周知のものとなった．しかしながら，専門的職業がこれほどまでに社会的に重要な役割を占めるようになった要因は，1950年代の専門的職業（準専門的職業も含めた）の拡大であった．たとえば，1970年代に専門的職業に対してイデオロギー攻撃を行ったイバン・イリイチ（Ivan Illich, 1926-2002）は，医療がリベラルな職業から支配的な専門的職業に変容したのは，1950年代だと指摘した[19]．また，アメリカ芸術科学アカデミーの雑誌 *Daedulas* は，1955年から1970年の間に，高校教師は2倍になり，大学教員は3倍になることを予測し，新しい専門的職業の増加とともに，ビジネス世界の専門職化が拡大することを予測した[20]．ケネス・リン（Kenneth S. Lynn, 1923-2001）は，1962年の大卒者の就職動向として，ハーバード大学の学部卒業生の83％，イエール大学の学部卒業生の74％は，専門的職業関連の仕事に就いていることを示した[21]．さらにプリンストン，ダートマス，コーネル，コロンビア，ペンシルバニア大学の上位学年の60％は，専門的職業に就くことを計画しており，黒人系大学の80％以上の学生は，将来的に専門的職業に従事したいと考えていた．大学進学が，専門的職業へ就くための教育機会であったといえる．その一方で，1950年代は，専門的職業に関する論争が激しさを増した．

　1960年代には，専門的職業に関する問題点が，社会的に広く認識されるようになった[22]．たとえば，専門職業人は，仕事上の苦境に立ち向かおうとしない，公式の専門的職業としての訓練に固執し，成果を得る権利を排他的に守ろうとする傾向があった．また，専門職業人の女性に対する激しい偏見も指摘された．女性医師数は，ソビエト連邦の女性医師数と比較するとわずか4.2％であり，アメリカの伝統的な専門的職業は保守的で，規範を変えることが求められた．前述の保守的な状況を問題視し，アメリカの専門的職業は，イギリスやヨーロッパのような過去の経歴の「印象」によって専門的職業を判断せず，成果による能力によって判断されるべきであるとの批判もあった[23]．アメリカの女性は，

その職業人生においてイギリス, ヨーロッパよりもはるかに重要で多様な役割を担うことが期待され, 保守的な専門的職業像とは異なる新しい専門的職業像の可能性が示された. 1950年代のアメリカ社会は専門職化に関するいくつかの課題が指摘されつつも, イギリス, ヨーロッパとは異なる新しい専門的職業像を展望した.

さらに, 専門的職業の定義と専門職化の過程を分析する研究が活発に行われた. 前出のウィレンスキーは, 専門的職業はこれまで伝統的なモデルは医学や法学にもとづいた「自由 (free)」な職業であったが, 1950年代以降, 組織に所属し, 労働や規則のルールにもとづいて働く給与を受け取るタイプのサラリー型職業へ変容したことを指摘した. 新しいタイプの専門的職業には, 二つの基準があり, 一つは, 系統的な知識あるいは, 継続した訓練を受けることのみによって獲得する教義にもとづいた技術的 (テクニカル) な仕事であること, 二つには, 専門職業人であることとは, 専門的規範を遵守することでもあるとした. つまり専門職化の程度は, 技術的なレベルへの要求が高いだけでなく, 職業行動規範の順守の要求程度によるものであるとした.[24]

また, ウィレンスキーは, 以下の三つを専門的職業の基準としてあげた.[25]

① その仕事に携わる人が, フルタイムで働く仕事であることと, その領域の権利を確保しようとしていること

② その仕事の初期の熟達者が訓練や実践の基礎的な能力に関心を持ち, 訓練できる学校を設立することに関心をもつこと (ただし, 大学やアカデミックコネクションがない場合)

③ 訓練組織の教員やリーダー (活動家) が, その職業の広がりを支えるために地方レベル, 国家レベルで職業組織をつくることに熱心であること

一方で, 組織の複雑性や官僚制度が, その職業の専門職化を妨げ, 排他的な職業技術競争やサービス提供に固執することが, 職業の専門職化を難しくすることを指摘した.[26]

1950年代の専門職化の過程においては, ある職業に従事する総時間量, 職業のための訓練や実践の基礎的な能力開発に関する訓練機関の有無, さらには資格や認証に関する大学との連携が, 職業の専門職化の条件となり, 職業を専門

職化するための技術的な検討に特化する事例もみられた.

　以上から，1950年代の専門的職業における研究動向の特徴として，二点があげられる．一つは，専門的職業の定義の多様化を解明すること，二つには，専門職化の過程，特に機能面での特質を明らかにしようとしたことであった.

　1950年代は，アメリカ社会において専門的職業の可能性が期待される一方で，専門職業人口の増加や専門的職業の多様化に伴うその数の拡大に起因する「自由な職業」から「サラリー型職業」への変容が顕在化した．そこで，次に成人教育の関連分野である学校教育，高等教育における専門的職業に関する動向について概観する.

(3)　教育分野における専門的職業の状況

　教育分野における専門的職業のうち，学校教師は，その歴史が最も古く，1950年代後半には専門職業人数は，他の専門的職業と比して最大であった[27].

　佐久間亜紀によれば，アメリカの教職の専門職化は，19世紀に急速に進んだ[28]．そして19世紀初頭から，教職を専門的職業としてとらえる言説が多様に展開されており，その専門的職業像は，論者によって大きく異なった[29]．教職に関する専門職化研究は，1960年代ごろまでは「専門職としての教職」の機能を固定化しようとする研究が中心であり，教師の専門的職業としての特質や，専門職化の過程の解明が目的であった．1950年代における教師の専門的職業としての機能は，ある教科を担当する実践者としての専門性，また教師として教えることの専門性を備えていることであった．しかし，一方で，1960年代前半には，その役割と機能が変化した[30]．たとえば，アルマ・ウィットリン（Alma S. Wittlin, 1899-1992）は，1960年代の学校教師は，専門職業人と自負するものの，果たして，教師の機能とは何なのか，講師，用務員，それともソーシャルワーカーなのかとその専門性への疑義を提起した[31]．学校教師は，教育分野の職業の中では最も早く専門的職業としてその位置づけを確立していたものの，19世紀後半から，教職の専門的職業としての機能は，揺らぎ続けた.

　他方，高等教育においては，1950年代には専門的職業との関係が明確化された．たとえば1935年にアメリカ大学協会（Association of American Universities: AAU）が，4つの種類の修士号の性質を明らかにし，その一つが専門職学位[32]

（professional degree）であった[33]．そして1960年代以降，専門職大学院の価値はさらに高まり，アメリカの大学院は，高度な研究を推進し，研究者を養成する研究型大学院と専門職業人を養成する専門職大学院の二種類となった[34]．専門的職業と関係の深いアメリカの専門職大学院は，以下に定義されている．

　　医学，歯学，法律，ビジネス，神学系，教育系，福祉系，看護系の専門職を育
　　成する大学院レベルの教育機関のことであり，こうした機関においては，法律，
　　医学，企業等の経営者，幹部，教師，学校経営者，行政の政策立案者，ケース
　　ワーカーなどの実務家を養成するプロフェッショナル教育（専門職業教育）が実
　　施されている[35]．

　山田礼子は，多様な専門職大学院がアメリカ社会に存在する背景には，専門的職業概念が[36]，社会に定着していることが前提にあったとした．そして専門職大学院における専門的職業の定義として，一般の職業（occupation）と区別し，① 知識や技能にみられる高度な科学性，② 利潤費追求に根差した利他主義，③ 倫理性を存在根拠とする自己規制的共同体の存在，の三点をあげている[37]．

　アメリカの専門職大学院が登場し，専門職大学院の増加が加速したのは19世紀末から第二次世界大戦の時期であった．この時期の新たな専門職大学院の学位としての発展は顕著であった．教育学専攻の大学院においては，専門職博士号のプログラム終了後に授与される Ed. D.（Doctor of Education）と呼称される専門職博士号が設置され，工学，ビジネスなどの博士課程プログラムも設置された[38]．その結果，成人教育を含む教育分野の専門職大学院の院生数は最大規模となった．特に1957年から1958年の専門職大学院に占める教育学分野の大学院生の割合は，48％にまでに達し，1950年代後期にさらに拡大した．当時，教育分野の伸張の背景には，初等・中等教育機関での資格や昇格システムの変更，すなわち教育の専門的職業としての学位を保持していることが，教師として，より高い給料の獲得につながり，また組織管理者として昇進するうえで有利になったことが指摘されている[39]．しかしながら，20世紀前半のアメリカ社会では疑似専門的職業と揶揄されるほど専門的職業の領域が拡大され，その特徴は不明瞭となった．一方で，専門的職業概念がアメリカ社会に定着したことも事実であった[40]．アメリカにおいて専門的職業が増加する背景には，大学院教育にお

ける専門職大学院の拡大が密接にかかわっていた.

　大学院における専門職大学院の増加は，成人教育の大学院教育にも影響を与えた. 成人教育の大学院における専門職業人養成は，1930年以降，その教育内容，教育方法に関して専門職化（professionalization）を進めることの是非を問う論争が生じる一方で，他分野の専門職大学院と同様に，大学院プログラムも増加した.

2. 成人教育分野における専門的職業と専門職化の議論の変遷

　成人教育分野における専門的職業と職業の専門職化に関する問題は，長く論争的な歴史を持っていた[41]. 一方で，他分野の専門的職業と比して，成人教育の専門的職業としての歴史は浅かった. たとえば，ゲイル・ジェンセン他（Gale E. Jensen, Alexander A. Liveright, Wilbur C. Hallenbeck）は「成人教育は，専門的職業としては，34歳であり，図書館司書は84歳，ソーシャルワーカーは87歳，そして学校教師は103歳である」とした[42]. 成人を教える職業は，他の職業よりも1930年代以降に急拡大したこともあり，1960年代においては成人教育分野が対応すべき課題の部分的な対応にとどまっていた. その一方で，1950年代は，成人教育と専門的職業との関係が問われた時期でもあった.

(1) 専門的職業に関する議論

　アメリカの成人教育史研究において，専門的職業の体系的な整理が行われたのは1980年代以降であった. ロナルド・セルベロ（Ronald M. Cervero）は，専門的職業の定義を三つのアプローチによって整理した[43].

　一つは，固定化アプローチ（static approach）であった. 専門的職業の定義として前述のフレクスナーの定義（1915）を援用したアプローチで，一般的な職業（occupation）とは区別された. その特性として，次の6項目，①知的業務であること，②科学的知見にもとづいていること，③明確で実践的な目標があること，④教育的，かつ伝達可能な技術をもっていること，⑤自己組織化する傾向にあること，⑥利他的であること，をあげている. 固定化アプローチによる専門的職業は，具体的かつ客観的な基準をもつことがその特徴であっ

た.

　二つにはプロセス・アプローチ（process approach）であった. その特徴は，職業の専門職化には14の特性，① 専門的職業のミッションや機能を明確にすることへの職員の関心があること，② 理論的知識の習得，③ 問題解決能力，④ 実践知の使用，⑤ 自己エンハンスメント，⑥ フォーマルな訓練，⑦ 資格化，⑧ サブカルチャーの創造，⑨ 法制化，⑩ 公共的承認，⑪ 倫理的実践，⑫ 罰則，⑬ 他の職業との関連があること，⑭ 他のサービス利用者との関係があること，があげられた. プロセス・アプローチが，固定化アプローチと大きく異なる点は，職業（occupation）と専門的職業（profession）の間に明確な境界がないことであり，専門的職業とは，ある特定の職業に与えられた特別な地位を示すものではなく，あらゆる職業が，専門職化する可能性を持つものとしてとらえた点にあった.

　三つには，社会経済的（socio economic）アプローチで，一般の人々から，どの程度その仕事が専門的職業と認識されているのかを基準とした. たとえば，特殊なサービスの提供者によって構成され，サービスのために市場をコントロールする過程の中に，専門性が見出されるものであった.

　さらにメリアム（Sharan B. Merriam）は，前述のセルベロの区分を参照しつつ，専門的職業と社会の関係を検討するため，三項目のパースペクティブから整理した. 一つは，機能的視点である. サービスやコミュニティ志向の職業特性，そして社会的課題に体系的な知識で対応する傾向を持ち，機能的視点は専門的職業をポジティブにとらえる志向であった. 二つは，対立（conflict）的視点であった. 専門的職業を，知識とサービスを提供する単なる手段とみなした. 社会には様々な権力と闘争があり，専門的職業には社会的不平等を固定する役割があるとする立場である. 三つめの批判的視点は，専門的職業に，対立的視点と同じ問題が含まれるととらえているものの，専門的職業を排除する立場ではなく，専門的職業から生じる課題や問題をどのように減ずるかを，重視する立場であった.

(2) 専門職化（professionalization）に関する議論

　1990年代には，成人教育をめぐる専門的職業の定義や社会との関係が整理さ

れ，専門職化に関する議論の鎮静化がみられた．メリアムは1990年代以前の成人教育における専門職化の研究について，以下のように述べた．

「成人を対象とする教育（education of adults）」に携わる人々が直面する最も当惑することの一つが専門職化であった．実際，1920年代以降，成人教育分野において，専門職化が善いか悪いかという議論以上に，論争を引き起こした課題はなかった[47]．

アメリカの成人教育においては，専門的職業や専門職化についての議論が70年以上も継続され，結果的に1990年代においても議論の収束がなされたわけではなかった．70年間の議論において，専門職化を否定する考えの多くは，前述の固定化アプローチと対立的視点からの批判であった．批判の多くは，その分野のエリートを育成することが，学習者を無力化したり，社会や人々が専門的職業に頼ってしまう状況を生じさせたりする疑念を指摘するものであった[48]．

他方，プロセス・アプローチのように，あらゆる職業が専門的職業の可能性を持っており，専門職化によって，成人教育をより発展させ，社会において重要な役割を担うようになると考える成人教育研究者たちもいた．そうした研究者たちは，専門職化を受け入れ，そのうえで成人教育の向かうべき方向性をとらえようとした．上述の二つの対立する論点は，結果として成人教育研究者たちの分断を招き，その後のアメリカの成人教育のイメージに影響を与えることとなった．

セルベロ（Cervero）[49]は，成人教育が専門職化すべきかどうかの議論は，すでに成人を教える役割をもつ職業の多くが専門職化している以上，もはや非現実的であると考えていた．成人教育には，実践の価値や哲学を反映する専門職化のモデルを見出すこと，権威的な前提に問いかけること，専門職業人に過剰に頼ることのない人々の力量を形成する役割を見出すことが求められるとした．メリアムは，上述のセルベロの主張を踏まえ[50]，成人教育分野の専門職化において検討すべき論点を，以下とした．

成人を対象とする教育（education of adults）に携わる私たち一人ひとりが，専門職化をめぐる議論に関与している．この問題に対する単純な解決策がすぐに見

つかるとは思えないが，私たちはそれぞれ，専門職化するとはどういうことか，より具体的には，専門職化に関する成人教育にとっての意味を，積極的に検討しなければならない[51]．

そしてメリアムは，成人教育の専門職化を示す根拠として，三つの指標にまとめた[52]．以下に要点をまとめる．

1）専門職協会（professional association）の存在

北アメリカにおける成人教育の専門職化の議論のルーツである専門職協会，すなわちアメリカ成人教育協会（AAAE）は1920年代に設立された．その後，成人教育の専門職協会は，成人教育の専門職化の過程において中心的役割を担い，20世紀アメリカ成人教育運動の展開に大きく貢献した[53]．また，シリル・フール（Cyril O. Houle）は，専門職協会の多様な役割について，「（成人教育の）地位の確立，声明や主張，政策決定や実行，義務，仲間意識やコミュニティの醸成に取り組み，教育への熱意を示した[54]」と評価した．成人教育のための専門職協会は，成人教育分野のためにインフォーマルなリーダーシップを発揮した．成人教育のリーダーシップのあり方は，薬剤師やソーシャルワーカーのような個別の職業における規制機能としての協会のあり方とは異なっていた[55]．

2）文献と情報リソースの役割

あらゆる分野の専門職化にみられることは，確固とした文献の蓄積があることである．専門的文献は，その分野の知識体系を表し，その分野の個別の価値を示すことだけでなく，ほかの学問領域との違いを表す[56]．また，専門的文献の存在は，専門職業人養成にとって効果的な戦略であった．そして文献を読むことは，専門家として成長するための貴重な要素であり，読書から最大限の効果を得るためには，前向きで積極的な姿勢で，読書を単なる空き時間に合わせる「付け足し」ではなく，職業生活に不可欠なものにしなければならないとした[57]．

成人教育分野においては1920年代に成人教育に関する学術的な文献が生み出され，1950年代には，専門的職業としての成人教育の特質を示し，組織化された知識の体系が存在した[59]．

3）大学院教育の確立

専門職化における三番目の重要な要素は，その分野における実践者のための
フォーマルな学術機会の提供であった．セルベロは，多くの専門的職業に関す
る研究や研修の基礎的モデルによって，知識創造と実践家の育成が統合された
ことを指摘している[60]．しかし，他の専門的職業と異なり，成人教育に関する
フォーマルな教育は，その分野を学ぶための必要条件ではなかった．そのため，
成人教育分野における多くの実践者には，公的資格や証明書などは不要であっ
た．一方で，成人教育の知識基盤は大学環境によってその多くが生み出される
ことになり，成人教育の大学院プログラムの多くは，成人教育の専門職化が，
いかに社会化（socialization）しているかによって評価される仕組みを残すこと
となった[61]．

メリアムは，成人教育の専門職化は，他の専門職分野と同様に個人や社会に
対して，いかに貢献できるかを重視し，専門職化によって，実践的課題の解決
にどの程度，寄与できるかが要請されるとした[62]．

以上，アメリカの成人教育におけるこれまでの専門的職業の定義，専門職化
に関する議論を整理した．アメリカの成人教育においては1920年代以降，専門
職化の善し悪しに関する二元論的な議論が継続的になされてきた．しかし，70
年間にわたる論争を経て，1990年代後半以降は，成人教育の専門職化はすでに
生じているという前提のもと，その先に進むことによって成人教育と専門的職
業，専門職化の議論を深めようとした．

一方で，専門的職業や専門職化がアメリカの成人教育成立過程にとってどの
ような意味をもつのかについては，これまでの成人教育研究において十分に検
討されていなかった．そこで次節では，1950年代の成人教育における専門的職
業概念の生成過程を検討する．

3．1950年代の合衆国成人教育協会と専門的職業

1940年代後半以降，成人教育分野においても，専門的職業概念についての議
論が活発化した．アメリカ成人教育協会が1948年に編纂した *Handbook of
Adult Education in the United States* において，ウィルバー・ハレンベック

（Wilbur C. Hallenbeck）は，成人教育活動やその経験が積み重ねられてきたことにより，成人教育分野においても専門的職業への関心が高まり，専門職業人養成は避けられないことであると成人教育者の可能性を示した[63]．しかし，1940年代の成人教育者を訓練する機会は，あいまいで明確なものではなかった．たとえば，成人教育の現場によるニーズは存在し，そのニーズが強くもとめられているにもかかわらず，成人教育者の能力養成に関する援助は不十分であり，不安定なものであった．そして，その大きな要因の一つが，成人教育者は，他の職業従事者として雇用され，パートタイム（部分的に），あるいは兼務として成人を対象とする教育を担当していたことにあった．

　ノールズは，著書 *Informal Adult Education* の前書き[64]において，成人教育運動を展開する中でYMCA，YWCA，大学拡張事業，夜間高校，労働組合，産業界，地方行政などで働く人々を「専門的労働者（professional workers）」とよび，インフォーマルな教育機会において，成人教育者の養成機会が不足していることを指摘した．実践者（成人教育者）の仕事上のニーズについてノールズは以下のように述べている．下線は筆者による．

　　　労働者も専門職業人もボランティア（任意で成人を教える役割を担う人）も，インフォーマルな成人教育には刺激ととまどいがある．それは，人生において新たな関心を見出した人々に対して喜びを与えるからである．その一方で，表面的に見える以上に複雑な問題に溢れているため，困惑することもある．そのような成人教育労働者（adult education workers）の多くは，よりよい仕事をするためにどうしたらよいかを知りたがっている[65]．

　また，1940年代後半では，成人教育者（adult educators）[66]は成人教育を専門とする職業に就いている人ではなく，一般的には，図書館司書のように他の専門的職業に従事しつつ，その業務の一部が成人教育の役割をになう職業人として認識されていた．

　たとえば，*Handbook of Adult Education in the United States*（1948）において図書館司書の養成に関する論稿がとりあげられている[67]．当時，図書館司書のための大学院カリキュラムは大きな変革を求められていたこともあり，図書館司書養成を目的とした大学院では，成人教育の理解とその役割が，その養成

課程において求められた.

(1) 合衆国成人教育協会の専門職会員制度の導入

1951年に設立された合衆国成人教育協会のリーダーたち（事務局長であるノールズも含む）は，他の専門的職業組織で成人教育に従事している人々を一つにまとめたいと考えた[68]．そのため1954年に，専門職会員制度を会員制度（membership）に追加した[69]．次の文章は，機関誌に掲載された専門職会員についての説明である[70]．「専門職会員は，成人教育の専門的職業としての発展を目指すすべての人のためのものである（Professional membership is for all those who want to further the development of an adult education profession）」．会員として専門的職業を受け入れたことは，合衆国成人教育協会が，成人教育にかかわる労働者のニーズに応じた専門職業人支援に取り組もうとしたこと，さらに成人教育運動拡大の担い手として，専門職会員をとらえていたことを示している．

しかし，実際には成人教育分野の専門的職業概念はあいまいだった．合衆国成人教育協会の機関誌である1950年代後半の *Adult Education* 誌上において，専門的職業と専門職化に関する議論が活発化した．たとえば1956年には「コミュニティ学（community studies）」の視点からハワード・ベッカー（Howard S. Becker, 1928- ）は，成人教育と専門職化に関する議論について次のように述べた．「論理的に成人教育は，未熟であることから，（専門職化との）ジレンマには至っていないけれども，近い将来には陥るだろう（Presumably adult education is young enough not to have reached this dilemma yet, but it cannot be very far in the future）」[71]．1950年代の他の新しい専門的職業分野では，専門職業人の第一世代が適切かつ，正式な訓練や学術的な知識や学位を持たずにその影響力を持っていたため，専門職業人としてのジレンマを抱えている状況があった．そのために成人教育は専門的職業とみなすには時期尚早であり，成人教育と専門職化の方向性を現時点で定める必要はないとベッカーは主張した．

また，1958年1月号 *Adult Education,* Vol. 8(2)では，成人教育における専門的職業と専門職化に関する特集号を組み，成人教育分野における専門職化のジレンマをとりあげた．そこでは，専門的職業として成人教育をとらえることに対する議論が展開されており[72]，成人教育者を，「成人を教える専門的職業」

としてとらえることに反対する論稿もみられた.

　上述のように，1950年代において成人教育分野の研究者間では，専門的職業との関係において成人教育像は依然としてあいまいであった．1940年代から，既存の専門的職業の定義とは異なる成人教育の役割が見出されつつあったものの，専門的職業にどのように向き合うかについて議論が繰り返されていた.

(2) 合衆国成人教育協会における専門的職業との関係をめぐる議論

　1950年代には，成人教育の専門家や専門職化についての積極的な研究もあり，特に専門職業人養成の観点から検討がなされた．たとえば，*Adult Education*において1955年から1956年にカリフォルニア大学バークレー校，シカゴ大学，コロンビア大学等，27の大学院で行われている成人教育の専門職業人養成コースの紹介がなされている[73]．フールは *Adult Education* の投稿論文「成人教育者のための専門職業人教育（Professional education for educators of adults）」で，成人教育者の多様な属性を示し，その専門職業人教育のあり方を考察した[74]．また，エルウィン・スベンソン（Elwin V. Svenson）は，「専門職業人向け準備プログラムの再検討（A review of professional preparation programs）」の論稿において，新任の成人教育者や，特定の専門的職業人に従事する成人教育者のフォーマルな高等教育機会を調査し，分析した[75].

　さらに合衆国成人教育協会の別の機関誌である *Adult Leadership* は，1950年代を通して，成人教育者や成人指導者（leaders）たちに，様々な訓練機会を提供した．そしてリーダーたちの現場の声，すなわちニーズを誌面に反映し，実践者による活動の実態を明らかにすることで，専門的職業における成人教育と成人教育の専門職化の方向性を見出そうとした.

　ノールズが編纂し，合衆国成人教育協会が1960年に出版した *Handbook of Adult Education in the United States* [76]において，フールは，「Ⅱ部：成人教育者に関する共通関心（Part Ⅱ：Some Common Concerns of Adult Educators）」，「10章　成人教育リーダーの教育（The education of Adult Educational Leaders）」を執筆し[77]，成人教育者（educators of adults）[78]の特質とその教育内容について論じ，以下のように成人教育者の専門的職業としての概念について述べた．下線は筆者による.

成人教育において責任ある立場にある者は，伝統的な専門的職業を実践する者よりもはるかに複雑なパターンの中で活動しなければならない．成人教育者（educators of adults）は，潜在的に一つの専門的職業ではなく，複数の専門的職業の集まりに属している．さらに，将来的には，単純化されるよりも，むしろ多様化が進むと思われる[79]．

フールは，1950年代の合衆国成人教育協会の事業や自身のシカゴ大学大学院での研究・教育活動を通して成人教育と専門的職業の関係の方向性，つまり「複数の専門的職業の集まりに属す」という成人教育の固有の特性を見出していた[80]．スタブルフィールドとキーン[81]は，合衆国成人教育協会が，1951年の設立以降，その後のアメリカの成人教育分野の専門性の獲得や大学院教育の方向性に影響を与えたことを，以下のように指摘した．

合衆国成人教育協会が成人教育の分野で中心的な全国団体となることができなかったからといって，合衆国成人教育協会が，達成した成果やアメリカ成人継続教育協会（American Association for Adult and Continuing Education）となっても引き続き果たしてきた貢献の大きさを損なうものではない．合衆国成人教育協会による重要な成果は，成人教育を大学院教育として成立せしめ，その研究活動を普及させたことにある[82]．

合衆国成人教育協会は，成人教育分野の専門職組織を全国組織として一つにまとめることはできなかったものの，下部組織である成人教育大学教授委員会（Commission of Professors of Adult Education）によって，成人教育の専門性を確立するための概念的基盤の構築に寄与した．

以上，3では，1950年代の専門的職業拡大期における成人教育との関係を考察するために，合衆国成人教育協会の専門的職業に向けた事業活動の背景と経緯を明らかにした．

そして1950年代の専門的職業概念の変容過程を考察することで，成人教育の性格を明らかにした．1948年の *Handbook of Adult Education in the United States*[83] においては，専門的職業概念は明確でなく，養成方法についても系統的な内容ではなかった．しかし，10年後の1960年版の *Handbook of Adult Edu-*

cation in the United States には，成人教育は，一つの専門的職業に属するものではなく，複数の専門的職業の集まりに属するものであるという成人教育の固有の性格を見出していた[84]．このことは，1950年代に，アメリカの専門的職業の拡大期において，合衆国成人教育協会の事業活動の中で，専門的職業における成人教育と成人教育の専門的職業の違いを明らかにする具体的な実践と研究の検討過程があったことを示すものである．

おわりに

　本章では，アメリカ社会に成人教育が定着した1950年代の専門的職業拡大と成人教育との関係を考察するために，合衆国成人教育協会の専門的職業に向けた事業活動の背景と経緯を明らかにした．1では，1950年代を中心とした専門的職業の拡大に関する状況について整理し，2では，成人教育における専門的職業の定義と専門職化の議論の変遷に関する研究動向を概観した．そして3では，1950年代，合衆国成人教育協会の専門的職業に向けた事業活動の背景と経緯について，論じた．その結果，以下の三点が明らかになった．

　一つは，1945年から1960年の，長期かつ安定的な好景気下において，農業，製造業など産業構造の変化[85]による専門的職業が増加した．また，国民所得拡大と平均的な分配が，大学への進学率をあげ，大学に入学することで若者は，高度なスキルを求める専門的職業へ就職することを目指した．さらに，第二次世界大戦後の復員軍人の高等教育への進学を政府が支援した[86]ことで，若者だけでなく成人（復員軍人）も専門的職業に就くことを目指し，専門職業人増加の要因となった．

　二つには，1950年代において専門的職業の機能や専門職化に関する議論が活発化したことであった．成人教育研究者たちのなかには，職業と専門的職業を区別したものもいた．他方，職業と専門的職業の区別はあいまいなものであるとし，あらゆる職業が継続的な教育活動によって，専門職化する可能性があると考える研究者たちもいた．

　そして三つには，合衆国成人教育協会の事業活動が，多様な専門職業人に向けて行われ，伝統的な専門的職業の状況と異なる成人教育の実践者像が確認さ

れた．具体的には，1930年代から大学院教育において，成人教育の専門職業人養成が開始され，1950年代末には，複数の専門的職業の集まりの中に役割をもつ成人教育の固有の性格を，成人教育研究者たちは見出した．このことは1950年代のアメリカの専門的職業拡大期に，専門的職業における成人教育と成人教育の専門職化を議論するための，具体的な実践と研究の検討過程があったことを示すものであった．

　以上，アメリカ社会に成人教育が定着した1950年代，専門的職業拡大期における成人教育の性格についての検討過程の存在を明らかにした．そこで次章以降は，1951年から1959年にかけての合衆国成人教育協会の設立過程と事業活動の検討から，合衆国成人教育協会の発足と展開の意義を明らかにする．

注

1 ）　岡田泰男・永田啓恭編『概説アメリカ経済史』有斐閣〔有斐閣選書〕，1983年，149-153頁．あるいは，中野耕太郎『20世紀アメリカの夢——世紀転換期から1970年代　シリーズアメリカ合衆国史③』岩波書店〔岩波新書〕，2020年，194頁，を参照．

2 ）　Malcolm S. Knowles, *The Adult Education Movement in the United States,* New York: Holt, Rinehart and Winston, Inc, 1962, p. 77. 邦訳，マルカム・S. ノールズ著／岸本幸次郎訳『アメリカの社会教育——歴史的展開と現代の動向』財団法人全日本社会教育連合会，1975年．

3 ）　Harold W. Stubblefield and Patrick Keane, *Adult Education in the American Experience,* San Francisco: Jossey-Bass Publishers, 1994, p. 246. 邦訳，ハロルド・W. スタブルフィールド，パトリック・キーン／小池源吾・藤村好美監訳『アメリカ成人教育史』明石書店，2007年，281頁．

4 ）　**巻末資料1**（Lloyd E. Blauch, *Education for the professions,* Department of Health, Education, and Welfare, Washington, D. C., 1958, p. 1）を筆者が翻訳した．

5 ）　**巻末資料9**（*Ibid.,* p. 1）を筆者が翻訳した．

6 ）　Abraham Flexner, "Is Social Work a Profession?" *School and Society,* 1, 1915, pp. 901-911. 直接には，Ronald M. Cervero, *Effective Continuing Education for Professionals,* San Francisco: Jossey-Bass Publishers, 1988, pp. 5-6. から引用した．

7 ）　Harold L. Wilensky, "The Professionalization of Everyone?," *American Journal of Sociology,* Vol. 70, No. 2, 1964, p. 143.

8 ）　原文ママ（*Ibid.,* p. 143）．

9 ）　Lloyd E. Blauch, *op. cit.,* p. 1.

10) US Department of Commerce, Bureau of the Census, Employment Status, Weeks Worked, Occupation, And Industry for the population of the United States: 1960, *1960 Census of Population: Supplementary Reports*, PC（S1）-17, 1962, p. 7.

11) ブラウチ（Lloyd E. Blauch, *op. cit.*, p. 2）は, 国勢調査（1950）の専門的職業の定義を**巻末資料10**のように説明した.

12) ブラウチ（*Ibid.*, p. 2）は, 国勢調査（1950）の準専門的職業の定義（**巻末資料11**）を引用し, 説明した.

13) レイスは「専門的職業を目指す準専門的職業」として, 人事管理職, セールスエンジニア, ビジネスカウンセラー, 葬儀屋, 組織の管理職をあげ, 一般的にビジネスや行政の現代的な慣習に精通した職業である特徴がみられるとした. Albert J. Reiss, Jr., "Occupational Mobility of Professional Workers," *American Sociological Review*, Vol. 20, No. 6, 1955, pp. 693-700. を参照.

14) *Ibid.*, p. 4.

15) *Ibid.*, p. 5.

16) Albert J. Reiss, Jr., *op. cit.*, pp. 693-700.

17) **巻末資料12**（Donald A. Schön, *The Reflective Practitioner: How Professionals Think in Action*, New York: Basic Books, 1983, p. 3）. 邦訳, ドナルド・ショーン／柳沢昌一・三輪建二監訳『省察的実践者とは何か――プロフェッショナルの行為と思考』鳳書房, 2007年）の原文である.

18) **巻末資料13**（*Ibid.*, p. 9）を, 筆者が（ドナルド・ショーン／柳沢昌一・三輪建二監訳, 同上書, 8-9頁）を参考に翻訳した.

19) イバン・イリイチ（Ivan Illich, et al., *Disabling Professions*, New York: Marion Boyars, 1978. 邦訳, イバン・イリイチ他／尾崎浩訳『専門家時代の幻想』新評論, 1984年, 19頁）は, 伝統的な専門的職業である医師の特質もこの時期に変化している. たとえば人々の能力を奪う専門家として専門家による権力を批判した.

20) 専門的職業に関する特集号を組み, 専門的職業の存在が目に見えるようになり, 需要が増大していること, あらゆる実践分野に専門的職業が拡大しているとした. Kenneth S. Lynn, "The Professions," *Daedalus*, Vol. 92, No. 4, Fall, 1963, pp. 649-654. 参照.

21) *Ibid.*, p. 649.

22) *Ibid.*, p. 649.

23) 植民地時代のアメリカは専門的職業に関する制度的な制約にとらわれなかったという. たとえば, ヨーロッパとは違い, 薬剤師と医師, 法廷弁護士と弁護士の神聖化された区分けをしていなかった. アメリカはその点において厳密ではなかった（*Ibid.*, p. 649）.

24) Harold L. Wilensky, *op. cit.*, p. 138.

25) *Ibid.*, pp. 142-144.

26) *Ibid.*, p. 146.

27) 1950年統計によれば，23の専門職の従事者は，381万3770人であった．そのうち，教師は，125万1683人，大学の学長や教員は，12万5640人，音楽家や音楽教師は，16万1307人でおおよそ，150万人が教職についており，当時の専門職全体の3分の1の規模であった．また，1950年において教職は，最大規模の専門職であり，次に人数の多いエンジニアの2倍の人数であった．Timothy M. Stinnett, *The Profession of Teaching*, New York: The Center for Applied Research in Education, Inc., 1964, p. 16. 参照．

28) 佐久間亜紀『アメリカ教師教育史——教職の女性化と専門職化の相克』東京大学出版会，2017年，20-23頁．

29) 同上書，432頁．

30) Timothy M. Stinnett, *op. cit.*, p. 16.

31) Alma S. Wittlin, "The Teacher," *Daedalus*, Vol. 92, No. 4, 1963, p. 47.

32) 他の三つは，研究学位（research degree），教職学位（teacher's degree），教養学位（culture degree）であった．

33) 山田礼子『プロフェッショナル・スクール——アメリカの専門職養成』玉川大学出版部，1998年，21頁．

34) 同上書，20頁．

35) 同上書，8頁．

36) 山田礼子においても，専門的職業（profession）の定義として一般的に引用されるフレクスナー（1915）の職業（occupation）との区別が参照されている．フレクスナーは，①知的な職業（知的作業が含まれている）であること，②科学的な根拠をもっていること，③明確で実践的な目的をもっていること，④教育的に容易に伝達可能な技能があること，⑤独自の専門職業団体が組織化されていること，⑥見返りを期待することなく他の人々のために行動しようとする意志があること，を紹介した（同上書，27頁）．

37) 同上書，29頁．

38) 同上書，87頁．

39) 同上書，88頁．

40) 同上書，88頁．

41) Ronald B. Cervero, *op. cit.*, p. 5. Sharan B. Merriam, *The Profession and Practice of Adult Education: an Introduction*, San Francisco: Jossey-Bass inc., 1997, p. 220.

42) Gale E. Jensen, Alexander A. Liveright, and Willbur C. Hallenbeck (eds.), *Adult*

Education: outlines of an Emerging Field of University Study, Washington: Adult Education Association of the U. S. A., 1964, p. x . ここでは，1930年夏にコロンビア大学に成人教育学科の設立以来，34年が経過したという意味であることが想定される．後年，本書は通称「black book」と呼ばれている．理由は，合衆国成人教育協会の下部組織である成人教育教授会が本著によって成人教育分野の定義を行い，成人教育の大学院教育の構築に貢献してきた一方で，行政や実践者によるプログラムに関して，ほとんど語られていないこと，執筆者17名のうち，女性が2名のみという理由から批判もあったことによる（Essay Review, "The New Black Book: What does it tell us about adult education ?" *Adult Education Quarterly*, Vol. 42, No. 4, 1992, pp. 253-261）.

43) Ronald B. Cervero, *op. cit., Effective Continuing Education for Professionals*, p. 6.

44) Cyril O. Houle, *Continuing Learning in the Professions*, San Francisco: Jossey-Bass, 1980, pp. 35-73.

45) Ronald B. Cervero, *op. cit.*, p. 21.

46) Sharan B. Merriam, *The Profession and Practice of Adult Education: an Introduction*, San Francisco: Jossey-Bass Inc., 1997, p. 219.

47) 参考資料14（*Ibid.*, p. 220）を筆者が翻訳した．

48) *Ibid.*, p. 221.

49) Ronald M. Cervero, "Adult Education should strive professionalization," In M. W. Galbraith and B. Sisco（eds.）, Confronting controversies in challenging times: A call for action. *New Directions for Adult and Continuing Education*, No. 54, 1992. 直接的には Sharan B. Merriam, *op. cit., The Profession and practice of Adult Education: an Introduction*, p. 221を参照した．

50) *Ibid.*, p. 221.

51) 参考資料15（*Ibid.*, p. 221）を筆者が翻訳した．

52) *Ibid.*, pp. 221-236.

53) *Ibid.*, p. 225.

54) 参考資料16（*Ibid.*, p. 171）を筆者が翻訳した．

55) Sharan B. Merriam, *op. cit.*, p. 224.

56) S. Imel, "The field's literature and information sources," In S. B. Merriam and P. M. Cunningham（eds.）, *Handbook of adult and continuing education*, San Francisco: Jossey-Bass, 1989, p. 134. 直接には，Sharan B. Merriam, *op. cit.*, p. 226. から引用.

57) Harold W. Stubblefield, "Making the most of professional reading," In R. G. Brockett（ed.）, Professional development for educators of adults. *New Directions for Adult and Continuing Education*, No. 51, San Francisco: Jossey-Bass, 1991. 直接

第2章　アメリカの専門的職業の拡大と成人教育の関係　67

には，Sharan B. Merriam, *op. cit.*, p. 232. から引用.

58）メリアムは最初の代表的な学術文献として，Eduard C. Lindeman の *The Meaning of Adult Education*（1926）をあげた（Sharan B. Merriam, *Ibid.*, p. 227）.

59）Gary Dickinson and Dale Rusnell, "A content analysis of adult education," *Adult Education,* Vol. 21, No. 3, 1971, p. 177. 直接には Sharan B. Merriam, *op. cit.*, p. 226. から引用.

60）Ronald B. Cervero, *op. cit.*, *Effective Continuing Education for Professional*, p. 41.

61）Sharan B. Merriam, *op. cit.*, p. 233.

62）*Ibid.*, p. 236.

63）Wilber C. Hallenbeck, "Training Adult Educators," in Ely, M., *Handbook of Adult Education in the United States*, New York: Institute of Adult Education, 1948, p. 243.

64）Malcolm, S. Knowles, *Informal Adult Education: A Guide for Administrators, Leaders, and Teachers*, New York: Association Press, 1950.

65）巻末資料17（*Ibid.*, p. vii）を筆者が翻訳した.

66）ノールズは，その著書，論文等において，「成人を対象とする教育者」のことを「成人教育者（adult educator）」と表している.

67）Miriam D. Tompkins, "Professional preparation for Public Library Adult Education," In M. L. Ely（ed.）, *Handbook of Adult Education in the United States*, 1948, pp. 250-251.

68）Harold L. Stubblefield and Patrick Keane, *op. cit.* p. 294.

69）*Adult Education*, Vol. Ⅳ(4), 1954, pp. 125-126. 誌上において，編集者（editorial）から，専門職業人をメンバーシップに加える過程について説明された.

70）*Ibid.*, 125-126.

71）Howard S. Becker, "Some Problems of Professionalization," *Adult Education,* Vol. 7(2), 1956, p. 104.

72）Alexander A. Liveright, "Growing Pains in Adult Education," *Adult Education,* Vol Ⅷ(2), 1958, pp. 67-71.

73）"Professional training courses, 1955-1956," *Adult Education,* Vol. 6(3), 1956, pp. 151-155.

74）Cyril O. Houle, "Professional education for educators of adults," *Adult Education,* Vol. 6(3), 1956, pp. 131-150.

75）Elwin V. Svenson, "A review of professional preparation programs," *Adult Education,* Vol. 6(3), 1956, pp. 162-166.

76) Malcolm S. Knowles, (ed.), *Handbook of adult education in the United States*, Adult Education of the U. S. A., 1960.

77) Cyril O. Houle, "The Education of Adult Educational Leaders," in Malcolm S. Knowles (ed.), *Handbook of Adult Education in the United States*, Adult Education Association of the U. S. A., 1960, pp. 117-128.

78) フールは1950年代の著書，論文において，「成人を対象とする教育者」を「成人教育者（educators of adults）」と表している．

79) **巻末資料18**（Cyril O. Houle, *op. cit.*, p. 128）を筆者が翻訳した．

80) *Ibid.*, p. 128.

81) Harold W. Stubblefield and Patrick Keane, *op. cit.*, p. 296.

82) **巻末資料19**（*Ibid.*, p. 296）を筆者が翻訳した．

83) Mary L. Ely (eds.), *Handbook of adult education in the United States*, New York: Institute of Adult Education, Teachers College, Columbia University, with the cooperation of the American Association for Adult Education, 1948.

84) Cyril O. Houle, *op. cit.*, pp. 117-128.

85) 中野耕太郎，前掲書，194頁．

86) Harold W. Stubblefield and Patrick Keane, *op. cit.*, p. 246.

第3章

合衆国成人教育協会の設立

1951年にアメリカ成人教育協会（American Association for Adult Education：AAAE）とアメリカ教育協会成人教育部（Department of Adult Education of National Education Association：以下，NEA成人教育部と表記）は合併し，合衆国成人教育協会（Adult Education Association of U. S. A.: AEA）が設立された．合衆国成人教育協会は，第二次世界大戦以降の専門的職業と専門職業人が増加する産業構造の変容社会において，成人教育の役割を見出そうとした．

本章では，アメリカの成人教育定着期における合衆国成人教育協会の発足とその展開の意義について，その事業目的と教育内容から論証する．特に，合衆国成人教育協会の設立期（1951-1959年）の専門的職業と専門職業人増加への具体的な取り組みの過程を明らかにする．

1では，1951年に設立された合衆国成人教育協会の設立過程を，主としてノールズ（Malcolm S. Knowles, 1962），[1] スタブルフィールドとキーン（Harold W. Stubblefield & Patrick Keane, 1994）[2] のアメリカ成人教育史の文献から整理する．ついで，2では，合衆国成人教育協会の組織運営，会員制度と専門的職業との関係について，合衆国成人教育協会の機関誌 *Adult Leadership* における事務局長ノールズの論稿，[3] さらに前述のノールズのアメリカ成人教育史（1962）の記述から検討する．そして3において合衆国成人教育協会の発足と事業の展開の意義を，その事業内容と教育内容から解明する．

1．合衆国成人教育協会（1951-1982）の設立過程

1941年にアメリカ成人教育協会が，カーネギー財団からの援助を打ち切られたことで，NEA成人教育部との合併に向けての動きが活発化し，1951年に合

衆国成人教育協会が誕生した．しかしその設立過程には，第二次世界大戦など
の大きな社会変動が重なり，結果として10年に及ぶ年月が費やされた．

　1938年にNEA成人教育部は「アメリカ国内のあらゆる種類の成人教育を促
進すること，そして全国的成人教育事業の発展に向かって，その目標と努力と
を継続していくことを目的とする」とした規約改正を行った[4]．それによって，
アメリカ成人教育協会とNEA成人教育部の目的における違いはなくなり，両
者の緊張関係が明らかになった[5]．また，この時期，会員数増加を両団体ともに
目標とし，NEA成人教育部は，1938年にその会員資格を，成人教育への積極
的従事者，あるいは関心をもつあらゆる人々に開かれたものとした．その結果，
1940年代初頭には，公立学校での活動経験に乏しい成人教育者たちが，指導的
立場に就くこととなった．新しい指導者のなかには，ナショナル・トレーニン
グ・ラボラトリー（NEA's National Training Laboratory in Group Development）の
創始者のひとりであるリーランド・ブラッドフォード（Leland Bradford, 1905-
1981）がおり，成人教育のあらゆる分野の要請に的確に応えるための新たな全
国組織を構想し始めた[6]．そしてNEA成人教育部の会員は1940年1月に3760名
となり，「卓越した専門職団体になった[7]」と報告がなされている．当時は会員
数が多いことが専門職団体として重要な要素であった．

　上述したように両団体は，緊張関係にあったものの，記録上において，その
緊張関係は明確ではなく，繰り返し両者の協力が模索された．1930年代末まで
に，両者の性格上の違いが，さらに明らかになった．アメリカ成人教育協会は，
成人教育運動の理論と思想，ならびに国家的普及を重視し，NEA成人教育部
の方は，実践，社会活動，そして相互関係構築を強調し，実践的関心を重視し
た．たとえば，NEA成人教育部の媒体である *Interstate Bulletin*（1927-1934），
A Section of Adult Education Journal（1934-1936），*Adult Education Bulletin*
（1936-1950）は，基本的に人事管理，教育技法に関する記事，教育内容，専門
職業人養成，マネジメント，制度提案など実践者の関心やニーズに応えるもの
が中心であった[8]．

　1941年に，アメリカ成人教育協会への援助をカーネギー財団が打ち切ったこ
とで，合併に向けた動きが加速した．1942年には両者の協力的な活動を促すた
めの合同委員会（joint committee）が設置された[9]．その後，第二次世界大戦が終

了するまで，進展はなかったが，1946年10月に行われた合同委員会の会議時に，さらに「成人教育関連三団体」として，全国大学拡張協会（National University Extension Association），教育映像図書館協会（Education Film Library Association），アメリカ図書館協会における図書館および成人教育役員会（Board on the Library and Adult Education of American Library Association）が加わり，全国組織が果たすべき成人教育分野のニーズが確認された．そこでのニーズは，カーネギー財団からの会議への要請（1925～1926年）と比較すると，成人教育に関する情報収集から成人教育の発展を目指す方向へと移ったことが，団体の目的として特筆すべきことであった[10]．

1948年以降，アメリカ成人教育協会とNEA成人教育部の合同委員会（joint commission）[11]が開催され，「成人教育の全分野を適切に代表する一つの総合的組織の設立」の決議が下され，採択された．そして，1949年5月には，アメリカ成人教育協会の事務局長であったモース・カートライト（Morse Adams Cartwright, 1890-1974）が辞任したことにより，合併の動きが加速した．1950年8月の合同委員会において，研究集会を開催し，新しい協会組織の構造，運営，事業内容について計画，および検討がなされた[12]．1950年9月には，合同委員会が勧告書に署名し，10月に新たな全国組織委員会設置が，アメリカ成人教育協会とNEA成人教育部の両理事会によって承認され，合同委員会は解散することとなった．統合の象徴として，アメリカ成人教育協会とNEA成人教育部の2つの専門誌（ジャーナル）が合併し，隔月で機関誌 *Adult Education* が，発行されることとなった[13]．一方で，会員はNEA成人教育部とアメリカ成人教育協会で重複する場合が多く，1951年までに両組織の全会員のうち，半数は両団体に重複加入していた[14]．1951年5月にオハイオ州コロンバスで合衆国成人教育協会が設立され，アメリカ成人教育協会理事会とNEA成人教育部理事会は解散した[15]．

2．合衆国成人教育協会設立期の事業目的と教育内容

2では，合衆国成人教育協会の設立期における事業目的と教育内容を[16]，専門的職業との関わりから考察する．

(1) ノールズの事務局長就任

1951年から1959年まで合衆国成人教育協会の事務局長[17]であったノールズは，アメリカの成人教育史に関する著書[18]において，合衆国成人教育協会初期の事業活動の詳細を述べている．また，ノールズは，合衆国成人教育協会事務局長としての組織運営の実務経験の中で，成人教育運動の方向性を検討し，達成目標を提示した．ノールズが掲げた目標は，たとえば，成人教育の実践家に仲間意識を持たせたり，コミュニティを念頭において成人教育運動を拡大することであった．ノールズの事務局長としての上述の目標は，成人教育を初等，中等，高等教育に次ぐ，第四段階の国家の教育制度として認識させること，さらに成人の学習と行為（action）に関して理解を深めるなど，成人教育運動のなかで成人教育の専門性確立を目指したものであった．また，あらゆる成人が社会的に必要な能力を獲得するための教育機会を公費で保障されることを構想した[19]．

前述の成人教育運動拡大をノールズが目標とした理由として，彼が合衆国成人教育協会の事務局長に選ばれた経緯も関係していた．彼は，1949年シカゴ大学の主任指導教授シリル・フール（Cyril, O. Houle）のもとで修士号を得た後，博士後期課程に進学した．そして，フールが合同委員会に働きかけたことがきっかけとなり，アメリカ成人教育協会とNEA成人教育部の合併を目的とした合同委員会の委員となった．1951年の合併が決定した際，アメリカ成人教育協会の出身者でもなく，NEA成人教育部の出身者でもないYMCA管理職出身の「ニュートラル」なノールズが適任者として事務局長に選出された[20]．ノールズは，1950年代に合衆国成人教育協会事務局長として，同時に成人教育を学ぶ社会人大学院生として，成人教育運動の拡大に取り組むこととなった．

(2) 合衆国成人教育協会の活動目標

1951年に合衆国成人教育協会は設立されたものの，1950年代の事業運営には，課題が多かった．一つは，財源問題である．フォード財団は，合衆国成人教育協会の結成大会において資金提供を申し出た．しかしフォード財団の基金の提供を受け入れることは，かつてアメリカ成人教育協会が重視した教養教育を中心とする成人教育プログラムを引き続き展開することを意味した．そのため，合衆国成人教育協会が着目したグループ・ダイナミクスなど実践的スキルに関

連した成人教育や実践現場重視のコミュニティの要求を重視する志向と折り合いをつけることが難しくなることが予想された[21].　合衆国成人教育協会の指導者たちは，アメリカ成人教育協会が，カーネギー財団の「道具」となった過去の反省から，資金提供を受けることに設立当初は，難色を示した．しかし，最終的には「教養教育的事業にのみ使用する」という苦肉の策を講じることで，資金援助を受けることとなった．結果として，フォード財団の資金提供を受けたことは，合衆国成人教育協会主導で教育を方向づける初期の目標達成を難しくした[22].

　一方，初期目標として合衆国成人教育協会の指導者たちは，協会がほかの成人教育団体の世話役を務めることで，成人教育者を，組織を超えてとりまとめていくことを構想した．その意図は，以下のサラ・ローレンス・カレッジ会議（The Sarah Lawrence College Conference）の報告書の一節から理解できる．

　　　成人教育者は，成人教育の方法を改善したり，リーダー養成プログラムを提供したりすることへの関心に加えて，彼ら彼女らの活動の社会的意義について認識を高めている．成人教育者は，成人が地域生活のなかで個人や社会の問題に対処する能力と，現実の世界の中でこれらの問題が次第に困難さを増していることへの隙間を埋めることができるように成人教育を発展させたいという望みを抱いている．こうした共通関心が，全国組織を構築しようとする関心とニーズの基盤を生みだした[23].

　上述の報告書の一節からは，成人の現実的課題と現在の組織力との狭間で悩みながらも成人が地域生活の中での課題に対応する能力を得ることができる成人教育の発展を目指す合衆国成人教育協会の成人教育構想がうかがえる．こうした準備会議における議論の過程を反映した合衆国成人教育協会発足時の組織目標は以下の内容であった．

　　　本協会の目的は，成人教育者（educators of adults）に，その能力を高める機会を与え，組織や機関が，成人教育活動を展開したり，成人教育のために協力することを奨励し，教育に関する情報を収集伝達し，アメリカの成人が求める教育事業の調和した発達を促すこととする．さらに外国の成人教育機関と国際的に協力

することなどによって，教育概念を，生涯を通じての継続的な過程として進展させることを目的とする[24].

　合衆国成人教育協会は，国際社会の一員としての責任を考慮しつつ，一方で，国内の成人教育運動では，実践現場の成人教育に関心ある人々のニーズに応じた活動や情報提供を行うことが重要と考えた[25]．さらに「生涯を通じての継続的な過程としての進展」を合衆国成人教育協会は協会の目的とした．このことはすでに1951年に生涯教育の視点を成人教育運動に組み込んでいたことを示している．そして，1957年には，合衆国成人教育協会の運営目標である下記の五カ年計画が示された．

1．成人教育の分野で働く人々の能力（competency）を高めること
2．成人教育に対する社会の理解と公的援助を増すこと
3．あらゆるレベルの組織間の連携を強化すること
4．成人教育についての知識を深め，拡げること
5．専門的機関と各主題領域の改革と改善を進めること
6．合衆国成人教育協会の組織構造と核となる事業を強化すること[26]

　上述の計画は，設立時の目標と比して，より組織運営の具体的な計画であることが理解できる．しかし，設立から8年間は限定的な活動しかできず，集中すべき適切な目標を見つけることは難しかった．ノールズはその原因として二つを挙げた[27]．

　第一は，組織ニーズと会員個人のニーズの双方に協会が対応しなければならなかったことである．組織ニーズとは，合衆国成人教育協会が，社会的機関として成人教育運動を前進させる責任を社会に対して負うということであった．それは，協会組織や財政基盤を確立するためには，各地域コミュニティで成人教育の基盤となる教育資源を合衆国成人教育協会がいかに拡大していくかにかかっていた．そして会員ニーズとは，合衆国成人教育協会が，会員の支払う年会費にもとづく組織であるがゆえの，協会に会員に対する奉仕を求める個人（会員）のニーズであった．両ニーズは，必ずしも互いに矛盾するものではないが，事務局長であったノールズは，両立することの困難さを理解していた．と

第3章　合衆国成人教育協会の設立　　75

いうのも協会がどの事業に資金を投入するかについては，常に組織のニーズと
個人のニーズが対立していたためであった．

　第二は，上述したフォード財団による成人教育基金創設に原因があった．
カーネギー財団に依存したアメリカ成人教育協会のような中央集権的な組織を，
合衆国成人教育協会は望まなかった．協会自身の収入と基本的な運営のために
寄せられる関係団体からのボランティアによる連携にもとづいた運営を合衆国
成人教育協会は目指した．フォード財団による基金に一部でも依存することは，
フォード財団の意向を反映した四つのねらい（国内問題，国際問題，経済問題，人
文的教養）に対応した事業が要請される．しかし，部分的ではあるものの一般
教養事業に財政的援助を受けることになったことから，事業計画に財団の影響
が次第にみられるようになった．結果として，設立からの8年間は，協会が一
つの目標に向かう流れを作ることができなかった．

　また専門職業人との関係では，1951年の合衆国成人教育協会設立時の目標で
は，既存の成人教育的機能をもつ専門職業団体のとりまとめを構想した一方で，
専門職業人養成について，具体的な目標は含まれなかった．

⑶　会　員

　1951年から10年間の合衆国成人教育協会の会員数は，不安定であった（**表3-
1参照**）．1951年設立当初は，アメリカ成人教育協会と NEA 成人教育部から
2160名の会員を引き継いでいるが，この会員の多くは，両方の組織に所属して
いた．そのため，合衆国成人教育協会の幹部たちは設立時からできるだけ多く
かつ多様な，活動的な会員で構成されることを望んでいた．また会員資格は，
会費を納入し，成人教育に従事し，または関心を持つすべての個人や団体に開

表3-1　合衆国成人教育協会会員数（1951〜1961年）

年	1951（設立時）	1951末	1952	1955	1958	1961
会員数	2,160	3,297	3,163	13,480	5,656	約3,500

出典：Malcolm S. Knowles, *The Adult Education Movement in the United States*, New York: Holt, Rinehart and Winston, Inc., 1962, p. 223., および Harold W. Stubblefield and Patrick Keane, *Adult Education in the American Experience: from the Colonial Period to the Present*, San Francisco: Jossey-Bass Publishers, 1994, p. 296. をもとに筆者作成.

表3-2　合衆国成人教育協会会員の分科会所属状況（1956〜1957年）

分科会名	所属人数
地域づくり（community development）	734
家庭生活（home and family life）	690
青年教育（young adult education）	404
研究と評価（research and evaluation）	333
公共的課題（public affairs）	280
宿泊型成人教育（residential adult education）	170
農村成人教育（rural adult education）	170
専門職業人養成（professional development）	154
労働者教育（labor education）	135
高齢者教育（education for aging）	121
国際関係（international affairs）	105
成人教育財政（financing adult education）	103
移民教育（education of the foreign -born）	66
基礎・識字教育（fundamental and literacy education）	65
成人音楽教育（music in adult education）	33
教養成人教育（liberal adult education）	30

出典：Adult Education Association, "Annual Report, 1957," *Adult Leadership*, Vol. Ⅶ, 1958, p. 27.

かれた[28].

　1954年6月に，合衆国成人教育協会の会員は5000名を超えた．1955年には，1万3480名に達している．急激な会員数の増加要因として，ノールズは，会員に関する委員会が民間の加入勧誘機関に依頼し，大掛かりな規模で「会員となる可能性を探る」ための郵送調査を1年間かけて行ったことをあげた[29]．しかし調査を継続しなかったことから，1961年には設立当初の会員数に近くなった．

　表3-2は，会員の関心やニーズにもとづいた分科会の所属人数である．分科会の設置は，1954年ごろから取り組まれ，1957年には少額ではあるが予算も割り当てられるようになり，すべての会員が分科会に所属できる組織的方法が，入会手続きの中に組み込まれた．ノールズは，この分科会の取り組み（表3-2）を，すべての会員が民主的に事業に積極的にかかわることの一環だとしている[30]．一方で当初の予想に反し，各分科会の活動が活発になったこともあり，

会員の関心とテーマに関する専門性を高めるきっかけとはなりつつも，全国組織として各会員や分科会の連携による統合を難しくすることにもなった．

⑷　事業内容と専門職業人の関わり

　合衆国成人教育協会初期の10年間の事業内容（programs）は，主として，成人教育各分野からのニーズや成人教育基金（フォード財団）の関心に応じて展開したもので，長期的な発展計画にもとづいてはいなかった[31]．しかし，その事業の中には，たとえば出版事業のように現在（2022年時点）まで継続している事業もあり，アメリカの成人教育の発展の基礎を築いた時期であった．設立後10年間の事業は，主に以下，四つの事業領域に分けられる（表3-3）．表3-3は，ノールズの説明を筆者がまとめたものである[32]．

　合衆国成人教育協会の事業内容と専門職業人の関わりには，三つの特性があった．

　一つは，出版事業において，新たに *Adult Leadership* を創刊し，ある特定の専門的職業に携わっている一方で，二次的に成人を教育する役割をもつ人々に向けた広報誌を作成したことである．このことは合衆国成人教育協会がより広く，様々な分野の成人教育者や成人教育の機能を持つ専門職機関との連携を志向していたことを示している．またノールズは，*Adult Leadership* の創刊時は編集委員，1952年12月からは管理職として担当し，合衆国成人教育協会の成人教育運動をめぐる意思決定，出版事業に1958年まで積極的にかかわった．そして合衆国成人教育協会は様々な専門的職業分野の成人教育者を会員とし，その会員による民主的な活動組織の構築を目指した．たとえば，図3-1の合衆国成人教育協会の組織体制において，会員が最も上位にあり，各委員会や合衆国成人教育協会の幹部，スタッフと矢印でつながるように示され，連携がとれていること，そして民主的なコミュニケーション活動が行われていることを示した．

　二つには，現場支援（実践支援）を通して，現場や会員のニーズ，つまり実践者（成人教育者）の関心とニーズを尊重する民主的組織としての事業内容を志向したことであった．アメリカ成人教育協会は，中央集権的で上意下達による組織で伝統的な教養教育を重んじていたが，合衆国成人教育協会は実践者の

表3-3　合衆国成人教育協会の事業内容（1951〜1961年）

事業名	内容とその役割
出版事業	・月刊の機関誌 *Adult Education*（1950年〜）：協会のニュース，実践報告，研究概要，書評，成人教育分野の一般的な課題についての論説．協会の機関誌で，会員向けの出版物．1954年からは季刊となり，特に「成人教育」を専門とする専門家（specialist, professional）向けの媒体となった． ・月刊の機関誌 *Adult Leadership*（1952年〜1977年）：パートタイムで働く成人教育にかかわるリーダー，成人を教える教師，仕事として二次的に成人教育にかかわる人々で，協会に未加入の人々も対象とした．目的は，合衆国成人教育協会の非会員で，様々な分野の成人の教育活動に関わる人々とのコミュニケーションをとるための<u>手段として考えられたものである．つまり，協会の基盤を拡げるための手段としても考えられていた．</u> ・リーダーシップに関するパンフレット *Leaders' Digests*（1953年〜1954年）-を発行した．主に，会議や大会の報告や特別テーマに関する報告，本や研究レポートの紹介を行った．
会議	・組織上の諸問題を解決したり，成人教育分野への支援事業や教育目的を達成するための方法として「会議を開くこと」に高い価値を置いた． ・会議の種類（公立学校成人教育者協会，全国団体協議会の事前会議，および，合衆国成人教育協会常任理事会，州教育部長の特別会議など） ・著名な大家や専門的リーダーが社会問題や成人教育への関連について講演する全体会議 ・全体会議への会員の反応を踏まえ，次の全体会議にフィードバックするための準備会議 ・代議員会に提出する草案を作成するワーキングの会議 ・特別課題のための会合や小部門のための会合 ・課題研究，スキル指導，視聴覚教材の実演や技術研修 ・展示会とフィールド宿泊研修 ・懇親会とレクリエーション ・代議員会 ・大会終了時に実施される常任理事会，コミュニティ課題研修 ・年次大会（国内各地で順次開催）
フィールドサービス（現場支援）	・「地域組織協議会事業（Area Organization and Conference Project）」によって推進され，「現場支援プログラム（Field Development Program）」によって具体化された． ・現場支援の特徴は，上から実践を組織化していくのではなく，任意的な形で，地方の自発性を発展させることを強調したことである． ・主な事業内容は，実態調査や会議などの企画・実施，地域相談事業のスキル研修などについて，専門家による相談や助言を与えることであった． ・基金の支援がなくなる1957年以降，実践支援事業は，全国的な相談助言から相互援助的相談活動へと重点を移した．しかし，全体として州協会の全国組織に対する関係は依存的であり，有機的な関係を持つことは難しかった．
その他	・調査研究の推進：合衆国成人教育協会方向性探索プロジェクト，成人教育財政研究，地域組織協議会事業による実践研究．アメリカ成人教育協会に比べると合衆国成人教育協会は研究を強調しなかった． ・広報宣伝，決議案採択の際は，役員がテレビ放送に出演するなど，成人教育運動の広報に尽力した． ・州や連邦政策に影響を与える働きかけを実施．連邦教育局に成人教育課の設置を要請し，成功した．しかし，効果的なロビー活動を推進する意図はなかった． ・成人教育担当教授委員会を通じて，大学院課程で行う成人教育の指導者（リーダー）養成の充実改善を推進するというアメリカ成人教育協会の方針を継承した．合衆国成人教育協会は直接的に研修機会を提供することよりも，他の団体や組織が要請する研修を重視するように働きかけることを第一の役割とした． ・国際的な協力活動に参加：ユネスコのアメリカ国内委員会の会員であった．海外の成人教育者との交流や国際会議に参加したが，国際的には積極的にリーダーシップをとることはなかった．

注：下線は筆者による．

出典：Malcolm S. Knowles, "How the Adult Education Association Works," *Adult Leadership*, Vol. 2(11), 1954, p. 5. をもとに筆者作成．

第3章 合衆国成人教育協会の設立　79

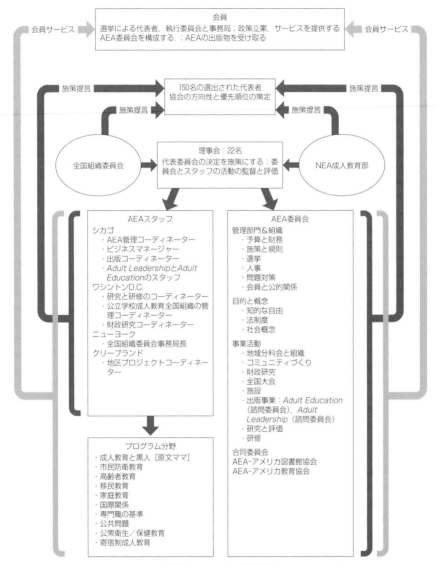

図3-1　AEA 体制図

出典：Malcolm S. Knowles, "How the adult Education Association Works," *Adult Leadership*, Vol. 2(11), 1954, p. 5. を筆者翻訳.

ニーズに応える組織のあり方を模索した．現場や会員ニーズにもとづくことで，成人教育者像を探究するねらいもあった．

三つには，1930年に始まった大学院課程の成人教育に関するプログラムの充実や改善の継続であった．このことは，成人教育を大学院における教育として成立せしめ，その研究活動を1960年代以降に普及させることにつながった[33]．

(5) 専門職会員制度の新設と事業内容
——*Adult Leadership* と専門職化に関する調査研究

合衆国成人教育協会設立から数年は，順調に会員数が増加した．さらに1954年4月，合衆国成人教育協会は，会員制度を変更し，専門職会員（professional membership）を新設した．1954年4月号の *Adult Leadership,* Vol. 2(11)において，合衆国成人教育協会会員制度の変更についての詳細な説明がなされている．理事会（1954年1月～2月）の郵送による投票によって，新しい会員制度（表3-4）が決定された．

会員特典の一つとして，1954年4月より *Adult Leadership* は，合衆国成人教育協会のすべての会員のための公式媒体となった．一方，*Adult Education* は，成人教育の専門家（specialist／professional）のための媒体となった[34]．この時期に，成人教育者の多様性に着目し，成人教育運動のためのアプローチを複数化した．特に，成人教育に専門的にかかわる会員と職業の中で二次的に成人教

表3-4 新会員制度

会員種別	特　典	会費
一般会員（General Membership）	*Adult Leadership* と年間報告書の郵送	5ドル
専門職会員（Professional Membership）	*Adult Leadership*，*Adult Education*，会員名簿，年間報告書の郵送	10ドル
寄付会員（Contributing Membership）	専門職会員と同じ特典と成人教育論文の選出集	15ドル以上
組織会員（Organizational Membership）	*Adult Education*，*Adult Leadership*，会員名簿，年間報告書	25ドル

注：上記，四種類の会員は基本的な会員投票権を持つ．
出典：Malcolm S. Knowles, "How the Adult Education Association Works,"*Adult Leadership*, Vol. 2(11), April 1954, p. 5. をもとに筆者作成．

育や指導にかかわる会員へのアプローチを変えたことが特徴であった．ここで
は *Adult Education* 誌上の記事「(成人教育) 運動の目的を果たす専門的職業
(A Profession Serving a Movement)[35]」の内容から，専門職会員の設置背景と合衆
国成人教育協会が専門的職業をどのように位置づけようとしたかについて，整
理する．

　編集者による記事の冒頭では，「成人教育の専門的職業とは何か」そして
「専門的職業とはだれか」という問いとともに，新たに専門職会員を設置した
理由を，以下のように説明した．

　　これまで，「専門性が高いこと（professionalism）」に対する否定的な立場，た
　とえば，親しみやすさがないこと，またボランティアリズムにかけるというもの，
　一方で，「専門性が高いこと」に依存する立場，たとえば，専門的な訓練の欠如
　は職業基準や能力が低い，という両極端な立場があった．極端な立場を受け入れ
　る人は少なくなってきたが，成人教育の専門職業人の性格と役割について，たと
　え広範で曖昧なものであっても，一般的に合意された共通の定義に到達するとい
　う課題は，依然として残っている[36]．

「専門性が高いこと」に関する極端な批判は減りつつも，成人教育分野の専
門職業人の役割や特質について，1954年時点では合意形成に至らなかった．一
方で，合衆国成人教育協会の専門職会員は，成人教育に関する訓練の有無，正
規職員なのか非正規職員なのかとは関係なく，専門職会員になることが可能で
あるとした．ここでは，成人教育の専門的職業としての明確な基準があるわけ
ではないことが，下記のように示された．

　　成人向けの教育活動支援を行う職業に従事しているあらゆる人々の専門的技術
　の共通基準を持つことはいまだ難しい．他方，成人教育を専門的職業としてみな
　すための標準化された前提条件は，何もない[37]．

　さらに，合衆国成人教育協会は，設立時から多様な事業を通して，成人教育
者養成のあり方が，伝統的な専門的職業における養成とは異なることに気づい
ていた．そのため合衆国成人教育協会の設立当初から，成人教育運動の拡がり
のなかで，成人教育に関心のある実践者とのやりとりや，その活動の中から下

記の成人教育の専門的特質を見出し，成人教育の役割，意味，位置づけを模索していた．下線は筆者による．

　　成人教育は，すでに展開し，社会的機能そして機関として拡張されてきている．そのため，成人の行動変容にかかわる成人教育者としての自己アイデンティティの形成は，自然に，あるいは画一的に形成されるものではない．同様に，共有される目標や価値，知識とスキルの共有的な体系が生じてもいる[38)]．

　上述からは，成人教育機能は，すでに社会的にも既存の専門職団体や制度の中で拡がっており，成人教育者という職業的アイデンティティの形成は画一的に形成されるものではないという成人教育の職業的特質の生起がみられる．ノールズは，後に成人を教える仕事は，高度に拡大し，柔軟さをもつ動態的な職業であるとしている[39)]．一方，本記事では，「専門的職業の本質は，法制化されるものではない[40)]」とも説明しており，成人教育機能の特質や役割は，1954年においては，いまだ明確ではないものの，法律や制度化によって，その機能が固定化されるものではないとの考えが示された．その理由として，以下の説明がある．

　　合衆国成人教育協会の専門職会員資格の創設は，協会が，より環境の整った専門性を備えた成人教育者の養成に向けて前進するためのものである．新しい専門的職業にふさわしい機能や適切な会員資格となるであろう．古くからある専門的職業や成人教育ワーカーによる社会的な実践分野との関係は今のところ不明であるけれども，この会員資格を創設することに何ら制限はない．この専門職業人対象の会員制度は，成人教育の専門的職業（an adult education profession）の発展を望むすべての人のために開かれている[41)]．

　合衆国成人教育協会は，会員資格の新設で，「専門性を備える成人教育者の養成」を支援していく狙いを示し，その専門性は既存の専門的職業とは異なる特質を備えているのではないかと考えていた．そのため成人教育者に求められる専門性について，以下のように説明した．下線と鍵括弧は筆者による．

　　多くの（成人教育者）は，より成人教育に関連した社会的，哲学的な学問領域

を熟知し，人間の成長と問題解決を「援助する技能（the arts of facilitating）」が求められる[42]．

「人間の成長と問題解決を援助する技能」を，成人教育者の専門性の一つとしてみなした．1950年代前半において，成人教育者の多くは，二次的に，任意（ボランティア的）に成人教育に関わる人々がみられたことから，合衆国成人教育協会の事業を通して，上述の専門性を育む力量形成を協会は自らの役割とした．

　合衆国成人教育協会は，成人教育運動の拡がりの中での専門的職業との向き合い方を模索する過程で，専門職業人養成を，以下のように構想した．

　　成人教育と呼ぶ幅広い社会的実践分野と専門的職業の関係が完全に受け入れられる限り，合衆国成人教育協会は，社会の現実から分離し，形式主義にとらわれることから解放された専門的職業を，成人教育によって発展させることができる[43]．

　合衆国成人教育協会は，社会の現実から乖離しない，形式主義に陥ることのない専門的職業の養成には，成人教育の役割が必要であると考えていた．

　合衆国成人教育協会はその設立期に，専門職会員制度を新設し，会員のニーズに向き合う中で，成人教育の固有の役割に気づき，その役割を合衆国成人教育協会の事業活動を通して解明するとともに，その役割のための能力養成を援助しようとした．

3．合衆国成人教育協会と成人教育の形成過程

　1950年代前半の合衆国成人教育協会は，アメリカ社会の産業構造の大きな変動過程において，成人教育運動の拡がりを期待し，会員増加の取り組みとともに，アメリカ社会において成人教育の役割を位置づけることに取り組んだ．成人教育運動において積極的に働きかけた対象が，専門的職業に従事する成人教育者，あるいは成人指導者であった．

　合衆国成人教育協会は，出版事業，分科会活動の事業活動を通して，多くの成人教育者や成人教育に関係する研究者で構成される会員ニーズを探究する民

主的な活動を目指すとともに，成人教育者のための合衆国成人教育協会の役割を科学的に分析しようとした．

　合衆国成人教育協会は設立時の目標において，「本協会の目的は，成人教育者（educators of adults）に，その能力を高める機会を与え，組織や機関が，成人教育活動を展開し，成人教育のために協力することを奨励し，教育に関する情報を収集伝達し，アメリカの成人が求める教育事業の調和した発達を促すこととする」とした．そこでは成人教育者のための技術と能力を高める教育事業を行うことが目的とされた．それは，かつてアメリカ成人教育協会が実施した組織が求める教育事業を行うことではなく，成人教育者たち自身が求める教育事業を行うことを明確に目指すものであった．また，合衆国成人教育協会幹部たちは，会員である「成人教育者のニーズ」が，事業内容や分科会活動に反映される組織のあり方，連携の仕方において民主的な組織運営に苦心した．

　さらに当時急増した専門的職業における多様な「成人教育者」を広く会員として受け入れるために，1954年に会員制度を新設した．新設された会員制度が，専門職会員（professional membership）であった．会員制度を新設することで，より多くの成人教育者が協会の会員となり，事業に参加し，成人教育の理解を深めることを期待した．出版事業や分科会事業による展開は，広く成人教育者を組織の事業運営に参加可能にするための主な事業活動であった．成人教育者たちが，協会の事業活動を通して，成人教育の専門性，すなわち「より成人教育に関連した社会的，哲学的な学問領域を熟知し，人間の成長と問題解決を援助する技能」を高めていくための民主的組織のあり方を，合衆国成人教育協会は，事業活動（たとえば，*Adult Leadership* による出版事業を「実験」と呼んだ）の中で検討しつづけた．

　一方で，会員制度を新設し，会員を増やし，会員のニーズに応えていくことは，1950年の合衆国成人教育協会設立準備会議（サラ・ローレンス・カレッジ会議）で構想された成人教育の全国組織の構築，そして1957年の組織目標の一つである「あらゆるレベルの組織間の連携を強化すること」という組織間連携を困難にした．

　2章で述べたように，1950年代の合衆国成人教育協会は，その初期の目的であった全国組織になることはできなかったが，成人教育が大学院の専門分野と

して成立するための概念的基盤を提示し[44]，年次大会を通じて，成人教育を担当する大学教員たちの力量を高めた．事業活動を通して，成人教育の専門性を高めたことは，合衆国成人教育協会によるアメリカ成人教育分野への最大の貢献であった[45]．

おわりに

　本章では，アメリカの成人教育定着期における合衆国成人教育協会の発足と展開の意義を明らかにするために，1では，1951年に設立された合衆国成人教育協会の設立過程を整理し，2では，合衆国成人教育協会の組織運営と専門的職業との関わりについて考察した．そして3において1950年代の合衆国成人教育協会の発足とその展開の意義について，その事業内容と教育内容から論じ，以下の三点が明らかになった．

　一つは，1950年代を通じて合衆国成人教育協会は，成人教育者の技術と能力を高める教育事業を行うことを主たる目的としたことであった．それはかつてアメリカ成人教育協会が行った全国組織が求める教育事業を行うことではなく，成人教育者たち自身が求める教育事業を，民主的な活動運営によって行うことを意味していた．

　二つには，当時急増した専門的職業における成人教育者たちを広く会員として受け入れるために，専門職会員制度を新設したことであった．会員制度新設は，より広い分野で多くの成人教育者が協会の事業に参加し，成人教育の理解を深めることを促した．また，出版事業や分科会事業への参加活動を通して，成人教育者たちが，成人教育の専門性を高めていくことを援助しようとした．

　三つには，協会の目指す成人教育の専門性を確認した．その専門性とは「成人教育に関連したより社会的，哲学的な学問領域を熟知し，人間の成長と問題解決を援助する技能（the arts of facilitating）」であった．協会は，専門性養成のための民主的組織構築を目指し，1950年代の事業活動を通して，「実験」と称した取り組みを継続した．

　そこで4章と5章では，合衆国成人教育協会の具体的な事業実践である出版事業と調査研究プロジェクトを検討することで，合衆国成人教育協会の事業活

動にみられる成人教育像と成人教育の性格を分析する.

注

1 ） Malcolm S. Knowles, *The Adult Education Movement in the United States*, New York: Holt Rinehart & Winston, 1962.

2 ） Harold W. Stubblefield and Patrick Keane, *Adult Education in the American Experience: from the Colonial Period to the Present*, San Francisco: Jossey-Bass Publishers, 1994.

3 ） Malcolm S. Knowles, "How the Adult Education Association Works," *Adult Leadership* Vol. 2(11), 1954, p. 5.

4 ） *Ibid.*, p. 212.

5 ） *Ibid.*, p. 212.

6 ） Harold W. Stubblefield and Patrick Keane, *op. cit.,* p. 195.

7 ） Malcolm S. Knowles, *op. cit.,* p. 212.

8 ） *Ibid.*, p. 213.

9 ） *Ibid.*, p. 213.

10） *Ibid.*, p. 215.

11） *Ibid.*, p. 215. それまでの合同委員会（the joint committee）の名前を，成人教育研究の合同委員会（the joint commission for the study of adult education）に変更した. このことは，成人教育的な課題を見出し，研究する研究組織の構築に関心をもっていたことを示唆している.

12） *Ibid.*, pp. 215-217. 実際には様々な両者の考えを調整するやりとりがあった. たとえば，NEA 成人教育部は，アメリカの成人教育の状況が翌年にはある種の再調整を迎えるかもしれないこと，また，成人教育の専門的職業がより完全に統合されるようなプログラムを作り上げる可能性があることを理解し，合同委員会の次の会合まで，規約改正の承認を求める最終投票を会員に提出しないことに合意した.

13） 現在は，*Adult Education Quarterly*（季刊）に名称変更している.

14） *Ibid.*, p. 212.

15） *Ibid.,* p. 217. アメリカ成人教育協会は，図書，事務の設備および 1 万ドルの基金を合衆国成人教育協会に移した.

16） 合衆国成人教育協会は，1982年に全米公立学校継続成人教育協会（National Association for Public Continuing and Adult Education: NEA 成人教育部）と合併し，現在のアメリカ成人継続教育協会（America Association for Adult and Continuing Education: AAACE）となった.

第 3 章　合衆国成人教育協会の設立　　*87*

17)　設立当初は，事務局コーディネーター（Administrative Coordinator）だったが，
　　後に事務局長（Executive Director）となった．Malcolm S. Knowles, *The Making of*
　　an Adult Educator: An Autobiographical Journey, San Francisco, Jossey-Bass Inc.,
　　1989, p. 15. 参照.

18)　Malcolm S. Knowles, *op. cit.*, 1962. 邦訳，マルカム・S. ノールズ著／岸本幸次郎訳
　　『アメリカの社会教育』財団法人全日本社会教育連合会，1975年.

19)　Harold W. Stubblefield and Patrick Keane, *op. cit.*, p. 296.

20)　Malcolm S. Knowles, *op. cit.*, *The Making of an Adult Educator: An Autobio-*
　　graphical Journey, p. 14.

21)　Harold W. Stubblefield and Patrick Keane, *op. cit.*, p. 334

22)　Malcolm S. Knowles, *op. cit.*, *The Adult Education Movement in the United*
　　States, pp. 241-243.

23)　巻末資料20は，直接には，ノールズ（*Ibid.*, p. 219）が引用した個所（*Adult Edu-*
　　cation, Ⅰ, October, 1950, p. 7）を，筆者が翻訳した.

24)　巻末資料21（Malcolm S. Knowles, *op. cit.*, *The Adult Education Movement in*
　　the United States, p. 219）を筆者が翻訳した.

25)　Harold W. Stubblefield and Patrick Keane, *op. cit.* p. 336.

26)　巻末資料22（Malcolm S. Knowles, *op. cit.*, p. 220）を，筆者が翻訳した.

27)　*Ibid.*, pp. 220-221.

28)　*Ibid.*, p. 223. ただし，全国団体が合衆国成人教育協会に加入する場合は，全国団体
　　協議会（Council of National Organization）の特別委員会によって審査された.

29)　*Ibid.*, p. 223.

30)　Malcolm S. Knowles, *op. cit.*, *The Adult Education Movement in the United*
　　States, p. 234.

31)　*Ibid.*, pp.235-236.

32)　*Ibid.*, pp. 235-241.

33)　Harold W. Stubblefield and Patrick Keane, *op. cit.*, p. 296.

34)　Malcolm S. Knowles, "How the Adult Education Association Works," *Adult*
　　Leadership, Vol. 2（11），1954, p. 5.

35)　Editorial, "A Profession Serving a Movement," *Adult Education*, Ⅳ（4），1954, pp.
　　125-126.

36)　巻末資料23（*Ibid.*, p. 126）を筆者が翻訳した.

37)　巻末資料24（*bid.*, p. 125）を筆者が翻訳した.

38)　巻末資料25（*Ibid.*, p. 126）を筆者が翻訳した.

39)　Malcolm S. Knowles, *op. cit.*, *The Adult Education Movement in the United*

States, p. 249.

40) 巻末資料26（Editorial, *op. cit.*, p. 126）を筆者が翻訳した.

41) 巻末資料27（*Ibid.*, p. 127）を筆者が翻訳した.

42) 巻末資料28（*Ibid.*, p. 126.）を筆者が翻訳した.

43) 巻末資料29（*Ibid.*, p. 127.）を筆者が翻訳した.

44) Gale E. Jensen, Alexander A. Liveright, and Wilbur C. Hallenbeck（eds.）, *Adult Education: Outlines of an Emerging Field of University Study,* Washington, D. C.: Adult Education Association of U. S. A, 1964. 直接には, Harold W. Stubblefield and Patrick Keane, *op. cit.*, p. 337. から引用した.

45) *Ibid.*, p. 297.

第4章

機関誌 *Adult Leadership* にみる成人教育像

本章では，合衆国成人教育協会（The Adult Education Association of the United States of America: AEA）の機関誌の一つである，*Adult Leadership* [1]（以下，本文中は，AL 誌と表記）に着目し，AL 誌の初期（1952～1958年）の編集方針，具体的誌面を通じての編集活動のあり方と読者の投稿内容から，成人教育像，すなわち成人教育の性格と成人教育者の実像を明らかにする．

合衆国成人教育協会には，二種類の代表的な機関誌があった．その一つである *Adult Education* は，アメリカ成人教育協会時代から引き継いだ機関誌で，高等教育に職をもつ研究者による執筆が中心を占め，アカデミックな性格を備えていた．1954年までは全会員に配布されていたが，会員数増加と会員の多様化に対応するため1954年からは専門職会員（professional membership）と継続会員のみへの配布となった．

一方，本章で分析対象とする AL 誌は，1952年に創刊され，全会員と非会員への配布によって，成人教育運動の拡がりを主たる目的として創刊された．また同誌は多くの成人の教育に関わる人々とのコミュニケーションをとることを目的としていた．その配布数は1955年11月に1万9000部となり，多様な分野で活動する成人教育者（指導者）への影響が大きかったことが推測される．そのため1950年代のアメリカの成人教育における合衆国成人教育協会の事業活動を検討する上で，重要な一次資料として考えられ，専門的職業概念を考察する上でも示唆を得ることが期待できる．加えて，ノールズが，1952年から1958年の同誌創刊時のプロジェクト・ディレクター（編集委員）[2]としてかかわっていたことから，ノールズの初期の成人教育観と編集活動の関わりを検討する上でも意義がある．

そこで，1では，合衆国成人教育協会の事業全体における AL 誌の位置づけ

を整理し，2 は，AL 誌創刊目的とノールズの関わりをまとめ，3 では，AL
誌（1952〜1958年）の読者とのコミュニケーション方法の特性と読者投稿欄の内
容を検討する．4 では，成人教育の固有性について読者との共同編集活動を分
析することで，同誌にみる成人教育像を明らかにする．

1．合衆国成人教育協会における *Adult Leadership* の位置づけ

AL 誌は，フォード財団による成人教育基金の全面的支援によって1952年 5
月に刊行され，1977年 6 月まで継続発行された協会の全会員に配布される公式
機関誌である．主たる購読対象と考えられたのは，会員だけでなく，非会員や
特定の職業のなかで成人を教える（指導的役割を担う）業務に携わる者たちで
あった．職業の中で成人を教える人々には，業務上の要請のために成人を指導
する職場の幹部やマネージャー，自主的に所属組織で教育プログラムの開発に
携わっていたリーダー（指導者たち）などが含まれていた[3]．

⑴　合衆国成人教育協会の出版事業

合衆国成人教育協会初期の主な出版事業は 3 種類であった．表 4 - 1 は，合
衆国成人教育協会の1950年代の出版事業の特徴を，ノールズの記述（1962）を
もとに筆者が整理したものである．

AL 誌は，1950年代において会員，非会員を問わず配布され，合衆国成人教
育協会の成人教育運動の中核的な事業であった．

⑵　*Adult Leadership* 創刊の背景──ノールズの記述から

ここでは，ノールズの記述（1962）[4]から AL 誌の創刊の背景について検討す
る．合衆国成人教育協会の初期の議論の中心は，会員や成人教育にかかわる非
会員と，協会がいかにコミュニケーションをとるかについての議論であり，そ
の施策として出版事業は，大きな役割を担った．そこには，成人教育に関わる
多くの購読者が，成人教育の技術向上という個人的な関心から，成人教育理念
を深めることへの関心を高めることを促す意図があった．さらに会員拡大によ
る成人教育運動の高まりに合衆国成人教育協会が寄与する目的もあった．

第4章 機関誌 *Adult Leadership* にみる成人教育像 91

表4-1 合衆国成人教育協会の出版事業

出版誌名	配布対象と目的	内 容	発行年，発行形態
Adult Education （アメリカ成人教育協会の *Adult Education Journal* と NAE 成人教育部の *Adult Education Bulletin* が合併）	・（1954年夏号以前）会員全員に配布される機関誌 ・（1954年秋号以降）専門的な会員のための機関誌となった．	・（1954年夏号以前）協会のニュース，経験の報告，研究概要，専門文献の批評，成人教育分野の一般的な問題 ・（1954年秋号以降）理論，哲学，調査研究，専門的文献，その他，成人教育専門家の関心事	・1950年10月号から隔月発行．1954年秋号から季刊となる．
Adult Leadership	・多数の非常勤の成人教育者，二次的に成人の教育を担うものの協会メンバーではない他分野の専任職にある教育者たちと合衆国成人教育協会との間のコミュニケーションを保つこと． ・協会の会員基盤を拡げるためのツールとしての機能	・（1954年1月以前）「グループやリーダーたちの実際問題」に対する具体的な解決法が示された，リーダーシップを学ぶワークショップのデザインにもとづいて編集された． ・（1954年1月以降）成人教育分野のニュース，経験の報告，一般的な関心や問題についての論説，（約半分はリーダー訓練における課題）	・1952年5月に月刊誌として創刊 ・1955年6月に会員数は13,480名で，購読のみの非会員は5,299名に達した*． ・1954年1月から合衆国成人教育協会公式の機関誌となり，会員全員に配布．
Leaders' Digests	・成人教育に関心のある人々に広く配布することを目的とした．	・*Adult Leadership* の初期の論説を3回にまとめた選集．	・1955年9月に16,000部以上，販売．1953-1954年の *Adult Leadership* のダイジェスト版（*Adult Leadership*, Vol. 4(3), p. 3）

注：* Harold W. Stubblefield and Patrick Keane, *Adult Education in the American Experience : from the Colonial Period to the Present*, San Francisco: Jossey-Bass Publishers, 1994, p. 223.

出典：Malcolm S. Knowles, *The Adult Education Movement in the United States*, New York: Holt Rinehart & Winston, 1962, pp. 236-238.

　ノールズは，合衆国成人教育協会の出版事業重視の考え方は民主的なものであり，そのことは，アメリカ成人教育協会理事会の事務局の役割と権威のあり方とは，大きく異なることを強調した．1952年4月の *Adult Education* 誌上において，会員とのコミュニケーション手段のあり方，成人教育の専門性を高

めることに関する媒体の役割について，多くの会員をいかにして巻き込むかについて，論じられている．

　たとえば，合衆国成人教育協会の事業目標について，コロンビア大学ティーチャーズ・カレッジのヴェルナーとハレンベック（Verner & Hallenbeck）による1952年の論稿「合衆国成人教育協会のチャレンジ（A Challenge to the Adult Education Association）」[5]，*Adult Education* の編集者，さらに会員であるジャック・メジロー（Jack D. Mezirow, 1923-2014）による投稿[6]の間での議論の過程があった．以下に，合衆国成人教育協会の機関誌としての意味に関する議論の過程を示す．

　ヴェルナーとハレンベックは，合衆国成人教育協会が民主的組織を目指すならば，型にはまらない運営が求められ，会員制度も伝統にとらわれない自由な制度が求められるとした．そして全国組織の強みを生かし，成功に導くために，個人会員の関心に沿い，積極的な参加を促すような取り組みの必要性を強調した．そこで，主要な課題の一つとして，機関誌をコミュニケーション手段として位置づけた．以下は上述のヴェルナーとハレンベックの論稿からの引用である．下線は筆者による．

　〈コミュニケーション手段について〉
　　成人教育の全国組織内の相互関係の主要な第二の問題はコミュニケーションである．課題とアイデアに関する自由な意見交換を通してのみ，会員の利益を継続することができる．これには，合衆国成人教育協会が，課題やアイデアの自由な交流を奨励するだけでなく，合衆国成人教育協会に対する各グループからのコミュニケーションの場を保障することが求められる．社内報の形式でコミュニケーションを広めることができる媒体は，不可欠といえる．現在の出版物である *Adult Education* は，記事やニュースなど，主に一方向のコミュニケーションのため，自由な意見交換としての要件を満たすことができていない．そのため，現時点で施策の出版事業を検討する必要がある．*Adult Education* が合衆国成人教育協会の社内報的な役割となる場合，それは主に協会を構成するグループ間のコミュニケーション媒体の役割を担う必要がある．一方，*Adult Education* が編集上の許容できる範囲に制限された専門性の高い品質の出版物である場合，相互に

コミュニケーション活動を実行するために，より頻繁かつ強制色のない媒体で補足することが要請される[7]．

　上述のようにヴェルナーとハレンベックは，*Adult Education* に代わる民主的なコミュニケーションがより活発となる媒体を提案した．その論稿に対し，*Adult Education* の編集者は，二人の考えを以下のように整理した．以下はその一部の抜粋である．なお引用文中の中略は，筆者によるものである．

　　ヴェルナーとハレンベックは，対面でのグループ活動が合衆国成人教育協会会員の基盤であり，協会に対する地方，地域，または全国におけるグループ活動は，すべてのグループが参加可能な方法によって，またはグループ自身を通じて，当事者たちで決定される必要があると提案した．彼らはさらに，合衆国成人教育協会の主要な出版物（*Adult Education*，ニュースレターなど）が，主に協会を構成するグループ間のコミュニケーションの媒体として機能することを期待している．
　　（中略）そしてこの投稿から導き出される合衆国成人教育協会の今後に関する大きな問いは，以下である．
　　① どのような組織が，私たちの民主的かつ専門的な目標を達成させることができるか．
　　② 合衆国成人教育協会を，そのような組織にどうしたら変容させることができるか．
　　以上の二つの問いは，最も注意深く，かつ慎重に考えるべき事柄である[8]．

　さらに上記のヴェルナーとハレンベックの論稿に対して，ジャック・メジローも投稿によって応答した．彼は，*Adult Education* 誌上の読者投稿欄で，「合衆国成人教育協会はリーダーシップをとるのか，それともフォロワーなのか（Shall AEA Lead or Follow ?）」というタイトルで下記のように述べた．下線は筆者による．

　　合衆国成人教育協会は，その多様な背景をもつ各会員と組織の相談相手になるだけでは不十分で，協会自身が説いた方法を実践する責任を負わなければならない．確かに，コミュニケーションは双方向の営みである．しかし，合衆国成人教育協会のコミュニケーションが，成人教育の理念全体に意味を与えるものである

ならば，成人教育者によって世界に伝達されたリーダーシップのすべてを，その会員に提供するように設計されることが求められる．さらに，成人教育分野で必要とされている専門職化は，合衆国成人教育協会が賢明にも参加を歓迎するアマチュア（layman）[9]の反応に感化されるだけでは実現しないだろう．ニュースレターには，二人の著者が提案した機能を果たすような試みを期待したいが，それが専門誌でないことは確かである[10]．

　メジローは，合衆国成人教育協会の民主的な組織運営と専門職化への対応という大きな二つの課題への方向性について，ヴェルナーとハレンベックの提案（1952）を受け，合衆国成人教育協会がリーダーシップをとることの重要性を主張した．そして民主的な組織運営と専門職化への対応は，既存の専門誌 *Adult Education* ではなく，別の媒体（たとえば，ニュースレター）でなされるべきことを提案している．メジローのような20代の若手研究者が，全国組織である協会の今後の方向性について自由に意見を述べる環境があるということは，協会が民主的な組織であろうとしていた表れともいえる．他方，成人教育分野の専門化と民主的な組織運営の両立の難しさを研究者間で共有していたことも示されていた．

　以上のように，合衆国成人教育協会の設立初期である1952年4月のヴェルナーとハレンベックによる論稿等の議論を経て，1952年5月にAL誌が創刊された．1952年9月の *Adult Education* 誌上の読者投稿欄におけるメジローの意見にみられるように，民主的な組織運営と専門職化を目的としたコミュニケーション施策に関する継続的な議論が行われていた．

　一方で，ノールズは，合衆国成人教育協会の初期のコミュニケーション施策に関する議論を，以下のように振り返った．

　　成人教育分野にコミュニケーション手段を作ることが困難である理由の多くは，この分野自身がまさに変容の過程にあったという事実から生じており，その変容は，実際のところ合衆国成人教育協会自身が作り出していた．コミュニケーション施策に関して生じたこの緊張状態は，おそらく一部はこれらの変化に対する抵抗の反映であったし，また一部には，成人教育分野に関係する人々や，それらの人々のニーズや関心をどのように機能的に組織化すればよいかという問題が混乱

していたことを反映するものであった[11].

　上述のノールズの指摘にもあるように，創刊当時，その編集方針をめぐり論争があった．論争の理由の一つは，同誌の当初の使命が，新しい会員を広く募集すること，特に専門的職業を含めた多くの成人教育者に入会を促した．しかしながら，そのことに対する既存会員の反対が生じていた．たとえば，新しい会員の関心をひくために，AL 誌が，「グループ・ダイナミクスや技術的な方法の課題」を提供することを，「成人教育の目的」としてある特定の教義を強いる内容であると非難した．また一方で，教育機関外からの会員は，初期のグループ・ダイナミクスや技術的方法に関する情報提供が，合衆国成人教育協会における唯一の有益なサービスだとみなしたこともあり，1954年に編集方針が変更したことを非難した．そのことは，会員ニーズや関心に沿うことと，組織ニーズに沿った機能的な組織運営の難しさを示している．

　また民主的組織であることと成人教育の専門性を高めていくことの両立の難しさから，AL 誌の編集方針は，何度か修正された．**表 4 - 4** にあるように，1954年 1 月号からは同誌のグループ・ダイナミクスのような技術的な情報を半分程度に減じるなど，様々な立場の会員ニーズや関心に沿うように編集方法を修正することで対応した．

　そこで 2 では，民主的な組織運営としての一つの事業である AL 誌における，実践者（成人教育者）とのコミュニケーション過程について考察する．そのために AL 誌の創刊時の目標である読者とのコミュニケーションの実際がどのように展開されているのかに焦点をあて，その取り組みへのノールズの関わりについても分析する．

2．*Adult Leadership* の創刊目的とノールズの関わり

　2 では，AL 誌（1952年 5 月～1958年12月）における創刊時の目的，ノールズの同誌への関わり方，そしてコミュニケーション（読者投稿欄）の活動内容について考察する．

　同誌は，その初期において毎号特集を組み，プログラムの作成と実施，小集

表 4 - 2　*Adult Leadership* の創刊号（1952年 5 月）の概要

出版社	合衆国成人教育協会（Adult Education Association of the U. S. A.）
出版助成金	フォード財団による成人教育基金
編集体制	編集委員 7 名（ノールズを含む）と業務委員会による14名（大学教員など：Leland F. Bradford, Stanly Burnshaw, Stuart Chase, Paul H. Durrie, Wilbur C. Hallenbeck, Herbert C. Hunsaker, Ronald Lippitt, Robert A. Luke, Joseph Mattews, Howard Y. McClusky, Babara Pannwitt, Herbert A. Thelen, Thomas A. Van Sant, Henry Weight）
編集方針	・編集長は設置せず，グループリーダーシップにもとづいた編集体制. ・編集計画は，チームワーク概念と技術（方法論）から立てられる. ・編集目標は，編集委員と業務委員会のメンバーが 3 日間の編集会議によって決定される. ・上述の会議後，具体的な記事と研修用ツールの記事が計画される. ・創刊号の目次が決定後，多様な分野の経験を持つ執筆者による記事が掲載.

団による協働，社会改革やコミュニティづくりに，グループ・ダイナミクスを応用した実践的な教育方法について掲載した.

(1)　創刊の背景と目的

　創刊号（1952年 5 月：Vol. 1(1)）において，創刊時の編集の背景が説明されている．表 4 - 2 は，筆者が創刊号表紙（図 4 - 1）裏の「私たちについて（Among ourselves）」を基に創刊時の概要についてまとめたものである.

　創刊号の巻頭頁において，「何！別の雑誌？：ねらいは何」というタイトルで，創刊目的について「AL 誌の創刊は，リーダーシップ研修とジャーナリズムの実験である[12]」と述べた．その理由は，当時のアメリカ社会に生きる成人の関心，ニーズ，そして課題を，多様であるとみなしていることにあった．たとえば，より良い教育を受けたい，より幸せな家庭，よりよい人間関係，より良い市民，より高い収入，職業スキルの向上，より良い余暇，そして世界平和を人々は願う．そうした多様な成人の関心，ニーズ，課題をもつリーダー（成人教育者，あるいは成人指導者）には共通する課題があるはずであるという前提が編集者にはあった．さらにそうしたリーダーたちは同誌上で，課題を共有し，共に解決することを期待していた．人々の関心やニーズを尊重し，共に課題を共有する意思が，創刊号の表紙（図 4 - 1）にも表れている．そこでの課題として

第4章　機関誌 *Adult Leadership* にみる成人教育像　　97

図4-1　創刊号の表紙
出典：Internet Archives, https://archive.org/details/sim_adult-leadership_1952-05_1_1/mode/2up?q=Adult+Leadership+1952（2022年2月21日取得）．

以下が挙げられた．

> ミーティングをどう開催したら良いのか．人々にどのように参加してもらえば良いのか．優秀なアイデアや各メンバーの能力を引き出すにはどうしたら良いのか．効果的にディスカッションを運営するのはどうしたら良いのか．人々に話してもらったり，静かにしてもらったりするにはどうしたら良いか．映画やパンフレット，ゲストスピーカー，パネリストをどのように，いつ企画すれば良いのか．どのように考えを行動に移せば良いのか[13]．

　AL誌の編集者たちは，上述の人々の仕事や社会生活上の問題意識に関する実践上の細やかな課題や悩みを，技術的に解決することを目指した．そのために編集者たちは，社会科学による科学的解決，すなわち科学的方法や実践的な知識の提供を内容に入れた．そこで同誌は，二つのねらいを示している．
　一つは，「リーダーシップ研修の実験」であった．共通の課題状況に悩む指導的役割を担うリーダー（成人教育者）に役立つ方法を提案することを目的とし

た．そしてその内容は，リーダーシップ研修の機会，研修プログラムの内容，グループ会議の企画，実行，評価のための手段としてリーダーたち（成人教育者）に活用してもらうことをねらいとした．またよりよい指導的役割を担うための情報提供，学習方法として自己開発を支援する機能も定めている．読者には，単なる受け身の読み手でなく，経験学習と行動を前提とした観察者（observer）として同誌が活用されることを期待した．

　二つには，「民主的ジャーナリズムの実験」の場であることをねらいとしていたことである．月刊誌として発行するのは，多様な背景や関心をもつグループ（集団）に広く購読してほしいという意思であり，編集スタッフと読者による合同プロジェクトでもあった．たとえば，ノールズの肩書は創刊号（1952年5月）から1952年11月までは，編集委員兼プロジェクト・ディレクター，1952年12月から1953年9月までは，運営プロジェクト・マネージャーであった．合衆国成人教育協会にとって，同誌は成人教育運動のための新しい共同プロジェクトであったことが理解できる．そして読者である成人教育者（実践者）とのコミュニケーションのために，読者の実践的ニーズに，迅速に反応することを目指した．

　読者のニーズに応えるために，次の具体的な課題を設定している[14]．① 提案された問題に対してダイジェスト版を紹介すること，②「問題クリニック」として，いくつかを読者の課題をとりあげ分析すること，③ 同誌への読者の反応を報告すること，であった．これらの三つの課題への対応として，抜粋版 *Leaders' Digest* の刊行，記事「問題クリニック（Problem Clinic）」，「話し合おう！（Talking it Over …!）」の設置を行った．

　さらに同誌の成果は，読者による各号の評価にかかっており，読者が参加しやすく，かつ評価しやすい工夫をしていくことを重視したと編集委員は述べている．巻頭頁の最後には，太字で以下が述べられた．

　　読者の皆さんが編集に参加することで，AL誌は，皆さん自身の媒体になり，そのことは，現代社会において，成人が有意義に，生産的にそして平和に役立つことを援助します．本誌の編集に参加することは，皆さんの仕事を助けることになるでしょう[15]．

上述には，同誌が，成人教育者の仕事を援助する共同プロジェクト事業であることが読者に示されている．また最終頁には，合衆国成人教育協会についての詳細な説明が以下のようになされた．下線は筆者による．

　「合衆国成人教育協会とは（What is the AEA ?）」
　　合衆国成人教育協会は，アメリカで急成長している教育運動の一つとして，<u>成人教育のリーダーたち，アマチュア（lay）と専門職業人による 4 年間の検討を経て，オハイオ州コロンバスで約 1 年前に設立された組織です</u>．設立者たちは，アメリカの（初等教育，中等教育，高等教育につづく）四つ目の教育として，あらゆる成人のための広く多様な教育プログラムを発展させる全国組織を設立しました．<u>合衆国成人教育協会は草の根の組織です</u>．学校や大学の教職員に加えて，会員には，司書，エクステンションセンターの職員，保健師，市民組織リーダー，教会関係者，男性・女性クラブ，産業と労働組合に関する教育プログラムのリーダーたちがいます．<u>読者のみなさんは，すでに成人として，生涯を通して学び続ける大きな成人教育運動に参加しています</u>．また皆さんは，所属するコミュニティのリーダーとして自分自身の知識や成果を改善することに熱心でしょう．さもなければ，本誌を読んでいないでしょうから．
　　今すぐに，本誌の表紙カバーの会員申込書にサインして合衆国成人教育協会の会員になりましょう！[16]

　合衆国成人教育協会の会員対象は，専門的職業にとどまらず，様々な職業における「成人教育者」，たとえば業務上で成人の教育にかかわる人々であった．そして「成人教育者」にはアマチュア，専門職業人が存在し，彼ら彼女らとともに共同で成人教育の知の体系，実践の体系を創り出そうとする意志がうかがえる．

(2) *Adult Leadership* における「リーダーシップ」の意味

　AL 誌の誌名は，創刊半年前に会員へのアンケートによって，決定された．同誌における「リーダーシップ」とは何を意味するのだろうか．
　第 2 号において「リーダーシップへの科学的な注目（scientific spotlight on leadership）」という特集を組み，「『リーダーシップ』ほど，様々な意味で用い

られ，様々な感情を伴う言葉はないだろう」と説明した．また，AL誌におけ
る「リーダーシップ」の意味について，編集運営委員会のメンバーである社会
学者のハレンベック（Wilbur C. Hallenbeck），社会心理学者のリーランド・ブ
ラッドフォード（Leland P. Bradford）に意見を求めた記事が掲載された[17]．そこ
では，「リーダーシップ」は一つの型に限定されるものではないとして，次の
四つの点から検討されている．

　一つは，リーダーはどのようにリーダーになったのか，二つは，そのリー
ダーはどのような成果をあげることを期待されているのか，三つには，リー
ダーが属するグループの特徴や環境について，四つにはグループの目的（使命）
は何であるかということ，であった．そのうえで，同記事の最後において，
「優れたリーダーとは，協同の集団に人々が溶け込み，目的を達成すること を
援助する 人である．（An effective leader one who helps people to weld themselves
into a cooperative group and accomplish their purposes.[18]）」（下線は筆者による）と同誌
における協同的なグループを構築し，グループの目的を成し遂げることを援助
する存在としてリーダー（成人教育者）のあり方を示している．

　合衆国成人教育協会は，リーダーたち（成人教育者，成人指導者）を巻き込み，
読者の参加を促す民主的な組織であろうとした．そして同誌は読者と編集者た
ちの協同による編集活動によって，成人教育者たちが，成人教育を学ぶ相互の
学習機会になることを目指した．その結果，AL誌は，1977年6月まで，継続
的に発行されることとなる．

(3)　*Adult Leadership* へのノールズの関わり

　ノールズは，合衆国成人教育協会の事務局長（Executive Director，最初は Ad-
ministrative Coordinator）として，創刊号から合衆国成人教育協会の事務局長を
退任する1958年12月までかかわった．その関わりは，同誌の編集内容の変更に
伴い，変化している．筆者作成の**表4-3**のノールズの役割を参照すると，
ノールズは，約7年間，出版事業に関わっているが，編集委員であったのは，
最初の半年間で，その後は同誌の出版プロジェクト責任者であった．そして，
1953年10月からは，合衆国成人教育協会の組織運営に中心的に携わるように
なったため，編集プロジェクトの役職からも外れている．1953年11月からは

第 4 章　機関誌 *Adult Leadership* にみる成人教育像　　*101*

表 4 - 3　　ノールズの *Adult Leadership* との関係

期間	誌面に掲載された役職名	補足事項
1952年5月〜 1952年11月	編集委員，およびプロジェクト・ディレクター（Project Director）	
1952年12月〜 1953年9月	プロジェクト管理マネージャー（Administrative Project Manager）	
1953年10月〜 1957年4月	合衆国成人教育協会，事務局コーディネーター（Administrative Coordinator）	・1953年10月ノールズが合衆国成人教育協会のマネジメントに注力するため，AL誌プロジェクトは他の担当者が就任した． ・1957年4月AL誌において会長より，財政的な問題により，合衆国成人教育協会オフィスで，管理職および専任スタッフの雇止めを行う報告がなされた．編集について今後は，ボランティアによる運営となった．ノールズについても解任との報告がなされている．
1957年5月〜 1958年12月	合衆国成人教育協会，事務局長（Executive Director）	・1958年12月号にはノールズの退任挨拶文が掲載されている．

テーマが二部制になり，目次から内容の変化が確認できる（**表 4 - 4** 参照）．また，ノールズは，合衆国成人教育協会における総会の年次報告を合衆国成人教育協会の専任スタッフとして，毎年，同紙に寄稿していた．1954年4月号に掲載された組織図（第3章の図3-1を参照）に示されているように合衆国成人教育協会の管理職の一人として AL 誌にかかわった．しかし，専任スタッフであったノールズは1957年4月に，合衆国成人教育協会の財政問題のために解任されることとなった．編集体制はこの時，大きな変更を余儀なくされ，全専任スタッフが解任となり，その後，同誌の編集は主に大学教員らによるボランティアによって行われることとなった．

　表 4 - 4 は，1951年創刊号（1952年5月号，表紙は図4-1を参照），購読対象が変更になった最初の号（1954年1月号），そしてノールズが，合衆国成人教育協会の事務局長と本誌の編集に携わった最後の号（1958年12月号）のテーマと目次をまとめたものである．

　創刊号のテーマと目次は，AL 誌のねらいである「リーダーシップ研修の実験」と「民主的ジャーナリズムの実験」の特性を反映した内容であった．実践者向けの研修プログラムの企画をテーマに，読者である成人教育者が実践で抱

表 4 - 4　*Adult Leadership* のテーマと目次例

号	テーマ	目　次
Vol. 1(1), 1952年5月	プログラム企画の課題 （Program Planning Issue)	・何！別の雑誌？（What another magazine？） ・ダンの役割（プログラム企画としての実践）（Dan's turn program planners in action) ・また企画の落とし穴（Pitfalls in Planning, Too) ・プログラム企画ツール（Your Program Planning Tool Kit) ・問題クリニック（Your Problem Clinic) ・デンバー（委員会）がプログラム企画者として行っていること（What Denver Does for Program Planners) ・リーダーシップのための方策（資料リスト）（Levers for Leadership: List of Resources) ・参加と民主主義（Participation and Democracy) ・合意への障害（Road blocks to Agreement) ・スチュアート・チェースによる希望の光（A small Ray of Hope, by Stuart Chase) ・雑誌に名前を付けましたか（Did you have to Name a Magazine？）
Vol. 2(8), 1954年1月	職場でのリーダーシップ （Leadership at Work)	・ビジョンと意欲（Vision and a Willingness) By Kermit Eby ・現代の女性のために―充実した生活（For Today's Women―A Full Life) By Lily Edelman ・ニュースリーダー：ブロンクスの隣人（News leaders: Neighbors in the Bronx) ・新しい読書の方法（New Ways to Reading) By Richard Crohn ・クラッカーバレルからTVまで（From Crackerbarrels to TV)
	地方と全国でのワークショップ（Workshop on: Local and their nationals)	・はじめに（Introduction) ・お互いをどのように見るのか（How we see each other) By Dorothy Groeling and E. J. Niederfrank ・なぜ全国組織（Why "Nationals"？) By Edmund deS. Brunner ・LN関係における論争の痕跡（Clues to Conflicts in LN Relations) By Fern Colborn and Max BirnBaum ・アンケートに回答ください（Please Pass the Questionnaires) By Ruth Wessels and Margaret Wingert ・全国組織と地方組織の傾向の要約（Trends in Local-National Relationships Summarized) by Max Birnbaum ・職場におけるより良い人間関係のためのチェックリスト（A Cheek List for Building Better Working Relations) By Margaret Wingert

号	テーマ	目　次
	関連情報 （Departments）	・情報（Resources） ・話し合おう（Talking It Over） ・AL の新図書サービス（AL's New Book Service）
Vol. 7(6) 1958年12月	テーマなし	・話し合おう！（Talking it Over） ・方法はある（There is a Way）By Philip Klein ・共通目的（A Common Purpose）By Grace T. Stevenson ・退任挨拶（A Farewell Message）By Malcolm S. Knowles ・合衆国成人教育協会の新事務局長紹介（Introducing AEA's New Director） ・私たちの時代の成人教育とは（Adult Education for Our Time）By Robert J. Havighurst ・コミュニティ・プランナーの政治教育（The Political Education of Community Planners）By Robert S. Lorch ・大学の授業をテレビで放送する（Televising a University Class）By Dan W. Lyon ・カレッジレベルのテレビ講座（College Level telecourses）By Harry Heath ・低価格のテレビ講座（Low- Cost TV Courses）By Richard S. Hart, Jr. ・活動中の 8 つのコミュニティ（Eight Communities in Action）By Katharine Lockey ・教育について学ぶ（Learning About Teaching）By Dorothy R Steffens ・メンタルヘルスコミュニティ（A Mentally Healthy Community）By Ruth R. Arnett ・リーダーシップ：人を育てるアート（Leadership: The Art of Developing People） ・ニュース（In the News）By Robert A. Luke, News Editor ・情報（A-V Resources） ・図書紹介（Resources-Books）By Marion E. Howes, ・編集から（Resources Editor）

出典：*Adult Leadership*, Vol. 1(1), May 1952. *Adult Leadership*, Vol. 2(8), January 1954. *Adult Leadership*, Vol. 7(6), December 1958. の各目次から筆者作成。

える問題解決のための技術的な方法や回答によって同誌は構成されていた．さらにあらゆる分野の読者が参加しやすい工夫がなされていた．たとえば，創刊号の表紙（図4‐1）は，クイズ形式を取り入れたものであり，巻頭頁や巻末ページでは，読者に積極的な参加，実践で抱える問題を投稿してもらうことによって，その問題の解決策を専門家による助言で構成されていた．

　一方で，実際には，多様な会員や読者のニーズにきめ細かく継続的に対応することは不可能だった[19]．様々な実践者の関心にもとづいて編集された内容が，結果として公立学校で成人教育を担当する会員の不信感を招いた．彼らは，合衆国成人教育協会に加入していても，地域コミュニティの学校経営や教育活動に参考になる情報は得られないと考えた．表4‐4にあるように1953年末の号では，前半は，仕事におけるリーダーシップのあり方に関する記事，後半が，具体的なワークショップ運営方法など，実務的な内容となった．創刊時よりも，技術的な内容は減った．内容の変更時期は，ノールズが編集委員ではなく，合衆国成人教育協会の管理職としての同誌へのかかわりが変化した時期と重なる．

　しかし，読者投稿欄では，学校教育や大学教員だけでなく，様々な職業分野の成人教育者，成人指導者からの投稿が多かった．その後，1958年12月号において，ノールズは，合衆国成人教育協会の事務局長を退任することになり，編集からも退くことが報告された．後任には，グレン・ジェンセン（Glenn Jensen）が新しい事務局長と編集を兼ねることが報告された．1958年12月号では，初期のグループ・ダイナミクス関連の記事はなく，読者との双方向性は維持しつつも，ロバート・ハヴィガースト（Robert J. Havighurst, 1900-1991）による発達心理学の成人教育への応用に関する投稿，メンタルヘルスセンター部長による論稿，カナダのロイヤルバンクの月刊社内報からの引用報告など，成人教育にかかわるより専門性の高い記事が目立つようになった．

　ノールズは退任挨拶文（1958）[20]で，以下のように述べた．下線は筆者による．また括弧内は筆者が補足した．

　　（合衆国成人教育協会の事務局長退任にあたって）私は大きなことを成し遂げることができました．一つは，アメリカ成人教育史において最初の包括的で統合的な組織を構築できたことです．財政的に独立し，事業企画を自分たち自身で行うこ

とができるようになりました．古い派閥やコミュニケーションの障壁は，消滅したといえるでしょう．共通関心にもとづいた成人教育者による大きな団体が，会員制によって成り立つこととなりました．私たちは，全国組織と分科会との会員プランを組み合わせることで，草の根の活動の適切な基盤を創り出したのです．そして成人教育分野の思想や実践の質に影響を与える出版事業も設置することができました．（合衆国成人教育協会は）真のボランティアによる運営組織になったといえるでしょう．そのことは最小限の外部資源で，効果的に活動できることにつながったといえます．いつも私が感じていたことですが，合衆国成人教育協会は，成人教育者同士が互いを支援する仲間であるべきだということ，そして，よりよい社会のために共に活動する仲間であるべきだと考えています[21]．

　ノールズは，彼の約8年間におよぶ合衆国成人教育協会の専任事務局長，および同誌の編集者としての活動の中で，様々な職業や社会活動における成人教育者（専門職業人，アマチュアを含む）が共に活動し，学ぶ組織の基盤を創りだすことを目指していたことが読み取れる．

　次に，AL誌における読者との双方向のコミュニケーション活動の取り組みが，具体的にどのような活動であったのかについて，読者投稿内容（1952年5月〜1958年12月号）から考察する．

3．読者投稿欄にみる成人教育像
——読者とのコミュニケーション方法と投稿内容の分析——

　AL誌の創刊号のねらいであるコミュニケーションの双方向性は，同誌出版事業として具体的に何がなされていたのだろうか．そこで，コミュニケーションの手段として設定された読者投稿欄「話し合おう…（Talking it over）」の投稿内容，同誌のコミュニケーション活動，および読者の投稿内容から，成人教育像を考察する．

　読者投稿欄は，本調査対象の創刊号から1958年12月号まで継続的に掲載され[22]た．掲載場所も表紙裏や裏表紙と，常に会員の目につきやすい頁に配置が工夫されており，編集側は，読者投稿欄を重要な読者とのコミュニケーション機会と

して位置づけていた．たとえば，1953年10月号では，「話し合おう」は最終ページ，もしくは裏表紙に一時的に移動したが，1954年3月号では表紙裏ページに再配置された．その理由として，編集者は読者とのやりとりが同誌にとっては重要であり，数千名の読者が未会員であることを踏まえ，会員増を目的として読者の目につきやすい場所に移したとした．

「話し合おう」の特質の一つは，様々な職業やボランティアで成人教育に携わる人々が投稿していること，すなわち多様な実践者（成人教育者）の参加を保障していることだった．たとえば，必ず氏名とともに所属（勤務先），居住地が記されている．大学・カレッジ教員，高校教師，農場管理局教育部長，民間企業の教育担当，女性クラブのリーダー，労働組合の教育担当，聖職者などその所属は多様であり，海外からの投稿も含まれていた．以下のようなコメントがある．引用箇所の最後に，英字で氏名，所属を示した．下線は筆者による．

　　AL出版，おめでとうございます．すべての記事において実践的なアプローチで専門的な単語が少ないことに感銘しました．輝かしい目標が成し遂げられることを期待します．読者は仕事を行うためのよりよい方法の支援を必要としています．（Robert H. Snow, Director Adult & Extension Education, Department of Education, Schenectady, New York）[23]

　　私の机にこの雑誌が届きました．言葉にならないくらい本当に素晴らしい内容です．すべての職業人，組織にとって必要な内容です．確実で明確な情報が私たちには必要です．来週，ウエストバージニア州の経営者と専門職業人のための女性クラブの会合で本誌の内容を活用したいと思います．（Emma Neal Boggess, State President, Business & Professional Women's Clubs, West Va. Federation）[24]

二つ目の特質としては，会議手法など成人を教えるための技術的内容に関する意見があげられる．それらの多くは実践現場での応用についての意見，感想であった．

　　6月号はとても役立ちました．私は，二つのディスカッショングループの会議において運営責任を担っています．一つは，公的医療に関心がある医療関係者のグループでの小さい会議で6月号の内容を実践してみました．とても効果があっ

たので，より大人数が参加するアマチュア（lay）の人々との会議で使うことにしました．もう一つのグループは，ロサンゼルスの企業関係者と公立学校関係者のグラフィック・アートに関心のあるグループです．その話し合いで6月号の内容を活用しました．今後も高いレベルの内容を期待します．（H. A. Campion, Associate Superintendent, Division of Extension & Higher Education, Los Angeles City Schools）[25]

一方で，教育技術に関する偏重傾向への批判的な意見もみられた．

　昨春から *Adult Leadership* の創刊を楽しみにし，早期から継続購読者となりました．楽しく購読しており，合衆国成人教育協会の会員にもなりました．今では本誌の写しも得ることができ，アマチュア（lay）と専門職業人の間で記事を共有しています．その後，私たちは合衆国成人教育協会に加入し，現在では追加の1冊を手に入れ，私たちが関わる他の一般人や専門職の人たちとも共有しています．

　創刊号はアンダーラインと余白のメモでいっぱいで，感想カードもいっぱいになりました．しかし，夏の間は自分たちのプロジェクトに没頭していたため，他の号は溜め込むだけになっていました．最新号（No. 6）の「会員の獲得と維持」についての記事を読んで，いくつか指摘させてください．少々，会員を保持したいばかりに「ツール（The Tool Kit）」に偏りすぎていませんか．私は「やらされる」のが好きではありませんし，「維持される」のも好きではありません．組織に「拘束されること」も絶対に嫌です．私は，関心をもったことに，挑戦し，表現の機会を与えられたいのです．伝統的なことを改善したり，模倣したりする方法を模索する機会が保障され，新しいことに挑戦しているときにつまずいたとしても，すでに「答えを知った」人たちから過剰な制限や，細かな指導を受けたくないのです．私は，ツールとは新しいことにチャレンジする時に，たまたま見出すものであるべきだと思います．（中略）「ツールキット」は人間関係構築や人材育成の仕事に有効な内容ですが，新会員にアピールし，レギュラー会員の関心を維持する一方で，会員がどのような関心や態度をもっているかについて注意深くなる必要があります．本誌は，技術を提供するだけでなく，ものの見方を形成するためのものだと考えます．（William R. Miller, Regional Extension Agent New

England Pilot Project in Agriculture and Home Economics, Worcester, Mass)[26]

　Adult Leadership の１月号にバー・ローニー氏の「A Way to Freedom」が掲載されているのを見たとき，嬉しくなりました．教養を重視する成人教育者にとっては，技術的教育は必要悪のように思われているようです．結果として，教養教育に内在する価値を実現するための手段としての，技術的な指導の可能性を論ずる記事はわずかです．技術的な指導に関する多くの成人教育者の関心を刺激するためには，もうワンステップが必要に感じています．本誌はこの課題に関してフォーラムを開催してはどうでしょうか．（Verne Kallejian, American Hospital Association, Chicago, Illinois)[27]

　同誌が多様な読者投稿を保障する特徴の三つ目は，編集方針に関して，肯定的，批判的な意見をどちらも掲載している点であった．そして編集者も本投稿欄に様々な意見を掲載することによる，読者との議論のやりとりにもとづく共同編集活動がみられた．引用文中の中略は筆者による．

　２月号の内容はとても素晴らしいものでした．（中略）私は，本誌の目的に共感しています．実際，30年間成人教育運動に協力してきましたが，この２年間は極めて重要かつ社会的意義が求められている期間だと認識しています．その点で本誌は次の二つの点から進歩的だと考えます．一つは，その形式と図版です．この号は効果的に考え方と現実を例証しています．本号では，図版を効果的に使って，思想に現実性と力強さを加えているように思います．以前の図版の多くは，レイアウトが散漫で，表現力が乏しく，どちらかといえば機械的な図が使われていたように思います．（中略）二つには，より重要なポイントですが，方法論によって，生活とのバランスを取りながら社会的な目的と思想を深めることに対応しなければならないことです．最近の本誌はとてもうまく対応できていると思います．（以下，略）．（John W. Herring, American Council for the Community, NEW YORK 3, N. Y.)[28]

　３月号を楽しんで読みました．実用的な議論の導き方についての内容でした．私は今まで，一つのテーマで一貫したこのような雑誌をみたことがありませんでした．Dr. Cantor の記事は実は初めてではなく，同じテーマの本を数冊読んだ

ことがあります．しかし今回の記事は基本的には同じテーマだったのですが，その意味は新しいものでした．現在，シンシナティ GE で人材育成（Personnel Development）を担当しています．すべての研修プログラムで，成人教育，セミナー，議論，ロールプレイの概念を応用しようと考えています．ただし，本誌は，産業界における成人教育の観点からの事例や情報が欠けているようにも思います．産業界やビジネスにおける傾向も取り上げてくれたら嬉しいです．（以下，略）．（Mark D'arcangelo, Supervisor, Personnel Development, General Electric Company, Cincinnati, Ohio）[29]

そして四つには，編集者と読者による相互のコミュニケーションにもとづく成人教育概念の探究の取り組みがみられ，そこでは成人教育の実践の理論の検討が行われていたことである．たとえば，以下の投稿は，実践者の経験にもとづいた成人教育の基礎的概念についての投稿である．

　一般的な成人が夜間クラスに参加する動機は，彼らの毎日の生活にいかに応用できるかということである場合が多いといえます．そして成人はすぐに満足したいと思うものです．彼らは講師がいかに博学であるかを知りたいわけではありません．彼らが感じているニーズに応えてほしいと考えています．彼らは知るべきことを提示されるのは好みません．講師は，自分の理論を説明したがりますが，もし成人学生の動機に応えられないとしたら成人学生は受講を辞めてしまうでしょう．Mr. Fleming は記事の中で，講義方法として「すべてをカバーする」ことを正当だとしていました．教えることとは，協同のアートです．つまりそこに参加してくれた集団（学習者たち）の心をとらえ，関心ある目的に焦点をあてることが必要なのです．最初は少なくとも彼らがどこからどこへいくのかについてガイドが必要といえます．講師の全体の授業構想があったとしてもガイドは必要です．講師の主な責任は，講師自身ではなく，参加者の中にあるといえます．講師の仕事は，参加者が望んだ目的へむかって彼らをガイドすることで，そのガイドの仕方を知ることが求められます．よって講師の知識はあまり重要ではありません．成人のインフォーマルな夜間コースでは，参加者がいつも正しく，かつ参加者が正しくあるべきなのです．（以下，略）．（Lewis F. Erickert, Director, Department Adult and Veteran Education, Palm Beach, Florida）[30]

投稿者と編集者とのやりとりは，投稿者にとって記事を読み，意見を投稿し，その過程において自身の実践を振り返る機会となる．さらにその投稿に編集者が応答することで，編集者，専門職業人，そしてアマチュアとの考えのやりとりによる学習活動が行われることとなる．また記事内容に関する議論がなされることで，成人教育の専門性を高めるコミュニケーション過程も生じる．たとえば，同誌の読者でもある大学やカレッジ教員による投稿には，理論的な内容に関しての次の投稿がみられた．

　　もしかしたら本誌にとってはあまり前提としていないのかもしれませんが，成人教育概念をテーマとして取り扱う必要があると考えます．本誌はかなり方法論に特化しすぎています．実践と理論を切り離すことは危険です．しかし，方法論を強調しすぎていて，概念や理論を軽視すぎるのも問題です．

　　ここ2，3年において，アメリカの成人教育は，シティズンシップ，国内問題，そしてセールス・スキル育成など積極的に様々な活動を取り込んできました．懸念は，現在の成人教育運動において思慮深さが求められていないことです．いくつかの新しい局面が，成人教育に追加されましたが，概念や理論を重視する人々は，この成人教育活動の広がりにふさわしくないと考えているでしょう．成人教育は，基盤を拡げ，研究マインドをもち，グループ・ダイナミクスが中心となることにがむしゃらになっているようです．このコミュニケーションのあり方が改善されない限り，そして注意深い考えがないとしたら，成人教育運動には不利になるでしょう．（中略）もしかしたらこのような関心は少ないかもしれません．あるいは編集者は何人かの読者から手紙を受け取っているかもしれません．合衆国成人教育協会には社会的概念委員会があるのは知っています．（概念構築に）より関心がある人はいったいどのくらいいるでしょうか？（Ken Winethrout, American International College, Springfield, Mass）[31]

　また，1955年10月号では編集者から，読者へAL誌の役割を再定義する内容もあった．「AL誌の二つの役割」というタイトルで，同誌が何をしようとしているのか，読者の対象をどう考えているのかについて読者投稿欄で編集委員の考えを表明している．そこでは，同誌が幅広い対象を想定していることを説明し，成人教育における共通の核となる概念（The Common Core）を以下のよ

うに示した.

　①成人に焦点をあてること，②目的は成人の変化であり，影響を与えること，
③教育者とリーダーは変化を促進する行為主体（エージェント）であること，④
成人は，学習者の学習プロセスに責任をもつこと，⑤仕事のためにはツールが
必要であること，⑥教育的な仕事とは，人々が生活している，仕事をしている
場所である組織やコミュニティの環境でなされること，⑦教育者とリーダーは
自身の仕事に目的をもっており，本誌は，読者がどのような目的が必要とか，
「良い生活」は何かといったことは述べたりせず，それは当事者が決めることで
あると考えています．本誌の第一の役割は，読者が成人教育活動を効果的に実施
するように，援助することであり，第二の役割は，成人教育運動の支援をするこ
とです．そのために1万9000名の読者の3分の2が協会の会員であることを目指
しています．(The Editors)[32]

　上述の編集者によるコメントは，非会員読者への入会の働きかけに関する内
容も含まれており，同誌の役割を改めて読者とともに考えようとしている表れ
でもあった．一方で，読者の反応に応じて，変化する同誌の姿勢や考えに戸惑
う読者もいた.

　決して急激な変化をしないでください．ボランティアグループに所属する者に
とって，「共通の目標」や「方法に関する資料」は特に関心があります．一方で，
「パーソナリティや最新の動向」は専門的な内容になりすぎているように思いま
す．知的なリーダーシップ育成に関心がある人には，非常に有益だと思いますが
……(Pearl T. Jones, South Carolina Federation of Women's Clubs)[33]

　個人的には，*Adult Leadership* は，アマチュアと専門家の双方の読者に開か
れた出版物であるべきだと思います．もし *Adult Leadership* が成人教育の課題
に対応するものであるならば，もし専門家とアマチュアが，共通の問題を解決す
るためにパートナーシップを築くならば，私たちは，共通言語を話し始めなけれ
ばなりません．それは，プロの執筆者が，わたしたちアマチュアにも理解できる
ようにすることを意味するのか，それとも，科学的な戯言を，平易な言葉に翻訳
できるプロの執筆者に十分な報酬と忍耐強い支援を依頼することなのかは，わか

りません．しかし，もし，このような統合失調症を治そうとする出版物があるとすれば，それは *Adult Leadership* でしょう．(Letha L. Paterson, St. Paul, Minn.)[34]

　今，2冊目をちょうど受け取りました．私はWHOの教育プロジェクトに参加しており，特にマラヤの青年男女の基礎看護教育に携わっています．このプロジェクトでは，「ワークショップ」的な教育方法を開発するための場を提供しています．しかし，このような方法は非常に異論が多く，また伝統的でないため，その定着は非常に難しく感じます．私たちは（ワークショップの教育方法の定着に）努力しており，各グループは私たちに関心を示し，この地の多くの問題が私たちの指導のためにもっと理性的に議論されることを望んでいます．私がこれまで読んできた思想や見解は，私の仕事に大いに役立ちました．(John H. Watered, Penang, Malaya)[35]

1957年4月号において，財政問題から編集体制が大きく変わることについての報告がなされた．そのため読者からの投稿には，上述のように今後の編集方針を懸念する声もあがった．他方，以下の読者投稿からは，同誌のこれまでの読者との双方向コミュニケーションによる編集活動の成果の一つが表れている．

　もしかしたら本誌が理論に偏らない内容だからかもしれませんが，読めば読むほど，成人と一緒に活動すればするほど，私の「教えること」の基本的な信念を再考する必要性を感じています．そして私が関わる人々が「深く」考え始めるよう援助しなければならないことがますます強調されるのです．成人のリーダーシップは，そのような成熟を必要としています．一人で，あるいはグループで，成人が変わる方法，成人が統合していくための真の方法を発見することです．人々を変えようとする場合，何らかの方向性や目標が必要なのは明白であり，私にとっても，またそのような仕事をしている他の人々にとっても重要なことだと思います．誰の目標なのか？　なぜ？　(Mrs. Sherman McCord, Tulsa, Oklahoma)[36]

上述の読者投稿は，同誌が，読者（実践者）にとって，自身の実践を振り返り，自律的な探究の学習機会となっていることを示している．

4．成人教育の性格と成人教育者の実像

　アメリカ成人教育協会が，カーネギー財団と一部の有識者，一部の権力者による組織であった反省から，合衆国成人教育協会は全国組織と地方組織をつなぎ，民主的な運営を行うことで，様々な分野の成人教育者を援助する組織であろうとした．合衆国成人教育協会にかかわる成人教育者たちにとって，主たるコミュニケーション手段が出版事業の AL 誌であった．1952年から1958年のAL 誌は，まさに合衆国成人教育協会の事業目標である民主的な活動，すなわち編集者と読者による双方向的コミュニケーションにもとづいた成人教育者たちの探究のための集いの場であった．

　まず同誌の編集活動の特質として二点があげられる．一つは，様々な専門的職業や社会活動に従事する成人教育者（読者＝実践者）の課題解決を，誌面を媒介として援助したことであった．そして，非会員をも購読対象としたため，「成人教育」という概念を拡大する成人教育運動の中心的役割を担った．会員対象の拡大によって，広く成人教育者の実情をとらえようともした．さらに読者の参加を促す読者投稿欄は，読者が抱える仕事上の悩みに対して，誌面を通して読者と編集者間，読者間の意見のやり取りを編集内容に組み込んだ．そこでは会員を問わず，成人教育に関心をもつ多様な人々とのコミュニケーション活動がなされていた．また創刊当時，AL 誌は編集長を置かず，読者が主体であるというメッセージを送り続けた．その結果，編集側と読者，読者間の双方向的コミュニケーションにもとづく共同的な編集活動がなされていた．

　二つには，双方向的なコミュニケーション活動が，読者である専門職業人とアマチュアの実践的課題を共に考えるための自律的な学習支援の機会を保障した．より学びたい，議論がしたいという読者の関心が誌面に現れ，読者間，読者と編集者による意見交換の場となった．たとえば，初期の AL 誌では実践上の細かな課題解決に役に立つリーダーシップ研修事例やグループ・ダイナミクスにもとづいた技術的な内容が多く取り上げられている．これらは読者の実践的関心に働きかける施策でもあった．一方で，成人教育が技術的になりすぎることへの疑義が読者から提示され，技術的内容を検討することの成人教育に

とっての意味を読者間，編集者と読者で議論するやりとりもみられた．また専門的な内容と専門用語を使用しないことを求める読者と，概念や理論的な内容を好む双方の意見を掲載し，読者投稿欄での成人教育概念に関する議論を促した．

　上述の二つの編集活動は，AL誌における民主的な活動とは単に参加を促すということではなく，編集過程に読者を巻き込み，読者投稿欄において専門職業人，アマチュアを問わず，様々な職業分野や社会活動における成人教育者やリーダーの意見のやりとりを誌面に反映した．そして，実践経験にもとづいた問題意識を誌面上で議論することで，読者と編集者が共に学ぶ教育活動となった．それはまさに「リーダーシップ研修とジャーナリズムの実験」であり，そのコミュニケーション活動には，様々な成人教育者が集う場としての民主的な運営による成人教育の性格，つまり仕事や活動における成人教育者たちの関心，責任の程度が表れていた．成人教育の性格が明らかにされることで，以下の成人教育者の実際の姿が浮かび上がってきた．

　一つは，成人教育者たちの様々な専門的職業と社会活動の中で活動する姿であった．また成人教育者の実践経験にもとづいた投稿は，彼ら，彼女らの専門性を示し，知の体系構築の基盤となる内容であった．たとえば，「一般的な成人が，夜間クラスに参加する動機は，彼らの毎日の生活にいかに応用できるかというものにつながる場合が多い」，「彼らは博識ある学者を見つけたいなんて思っていない．彼らが感じているニーズに応えてほしいと考えている」，「彼らは知るべきことを示されるのは好まない．講師は，理論を説明したがり，もし成人の学生の動機に応えられないとしたら成人学生は受講を辞めてしまうだろう」という投稿内容は，退役軍人・成人教育部門ディレクターの実践上の経験知であった．上述のディレクターが指摘した成人学習者の特性は，後のノールズによるアンドラゴジー論(1970)[37]の「学習のレディネス」，「学習への方向性」を想起させる．1950年代のAL誌の読者投稿欄は，リーダーシップ研修とジャーナリズムを融合した成人教育・学習概念の探究の場であった．

　二つには，成人教育の専門性を高めていくことは，一般的な専門職化の過程とは異なることを示していた．たとえば，ウィレンスキー(Harold L. Wilensky)は，① その仕事に携わる人が，フルタイムで働く仕事であることと，その領

域の権利を確保しようとしていること，②その仕事の初期の熟達者が訓練や実践の基礎的な能力に関心を持ち，訓練できる学校を設立することに関心をもつこと（ただし，大学やアカデミックコネクションがない場合）を専門職化の条件として示した[38]．しかし，AL誌上の成人教育者たちは，自らの権利の確保よりも，仕事の中で直面している課題を解決するためのスキルを獲得し，解決のための能力を養成したいと考えていた．また，投稿内容からみる成人教育者は，成人を教えるスキルや能力において，豊富な経験やそれにもとづく専門的知見をすでに備えていた．そのため，成人教育のフォーマルな教育機会のなかったアマチュアも，成人教育のより高い専門性の獲得を目指した．実践経験が豊富な成人教育者たちは，成人教育分野の権利を確保しようとはしなかったし，成人教育者としての職業準備教育にも関心はなかった．

　上述の成人教育者の実像は，ノールズが実践と理論の架橋を後にアンドラゴジー論としてまとめていく発想の起点となった．実践者とのコミュニケーションなくして成人教育の専門性を高めることはできないというノールズの成人教育観の萌芽が読み取れる．

　一方で，合衆国成人教育協会にとって，AL誌の初期の編集目的である成人教育運動の拡がりと専門性を高めることの両立は，試行錯誤の繰り返しであった．そもそも1952年に創刊された際に，*Adult Education*は専門性の高い内容であった．一方で，AL誌は，会員と非会員，特にアマチュア向けの媒体として会員間のコミュニケーション促進や会員増の方策としての役割を担った．そのため初期の掲載内容は，リーダーシップ研修の企画方法や，細かな会議の手法といった技術的な内容が多く，非会員やアマチュアの関心に配慮した．しかし，急激な会員の増減を経る中で，アマチュアへの働きかけに関する異論も生じた．たとえば，メジロー（1952）は，「アマチュアのニーズに敏感になるだけでは，成人教育の専門性を高めることはできない．民主的な組織を目指すのであれば，成人教育の研究者やリーダーたち自らが理想とする成人教育を，自身が実践する必要がある」と主張した．また同誌がグループ・ダイナミクスに関する技術的方法論に傾倒しすぎているという具体的な批判もなされた．他方，専門職業人，アマチュアを問わず，必ずしも技術的方法論を必要としているわけではないことも読者投稿の内容から明らかになった．その後，ノールズが退

任する1958年12月号の AL 誌では，創刊号と比して，成人教育の技術的内容に関する記事は減った．ウィレンスキー（1964）が，排他的な職業技術競争やサービス提供に固執することは，専門職化をより難しくすると指摘したように，成人教育と専門職化に関する論争は継続し，技術的な関心を志向する成人教育者たちは協会から離れた．

　また，AL 誌の民主的な活動には，合衆国成人教育協会幹部たちによる多様な成人教育分野の連携を重視し，専門的な職業間における分裂を避けたいという意図が常にあらわれていた．しかし，様々な立場，役割をもつ個別の会員ニーズと合衆国成人教育協会の組織ニーズの両方に応えようとする組織上の課題における葛藤を乗り越えることは難しく，設立時の目標であった成人教育分野の多様な機関の連携と協力を達成することはできなかった．そのため1952年から７年間におよぶ同誌の編集過程は，成人教育運動の拡大と専門的職業と成人教育のあり方の議論の間で，いかに折り合いをつけていくかの過程でもあったといえる[39]．

　同誌の編集者とノールズを含めた合衆国成人教育協会の幹部たちは，様々な職業や社会活動に従事する成人教育者の関心を事業に反映させることこそが，民主的な活動と組織的活動に要請されると考えていた．たとえば，財政的に独立することで，財団の意向ではなく，会員の意思を事業企画に反映できることに尽力し続けた．また分科会の創設，全国組織と個人の双方の関心に配慮した会員制度を導入することで，多様な立場にある会員の事業への参加を容易にした．多くの成人教育者たちによる実践の中での試行錯誤の取り組みを，誌上に反映し，成人教育の課題に関して，あらゆる成人教育者たちが議論し続ける（talk it over）ことが，成人教育の専門性を高めることにつながると考えた．そのため，AL 誌は編集者（合衆国成人教育協会の幹部を含む）たちと読者，さらには読者間のコミュニケーション活動を保障し，双方向的コミュニケーションによる共同編集によって誌面を構成していくことに苦心し，尽力した．

　AL 誌の活動は，民主的な運営と専門性を高めることの両立の難しさを表出させ，結果として，1950年代末には，組織としての財政的基盤を失い，出版活動などの組織活動をボランティア運営に頼ることとなった．しかし，その両立の葛藤過程において事業活動の当初の目的を捨象していく中で，様々な立場や

専門的職業, 社会活動における成人教育者と指導者たちが AL 誌上に集い, 議論をし続けた. さらにその議論の場の構築を, ノールズを含む協会のリーダーたちが「援助する (facilitating)」ことで, 成人教育の性格が形成され, 成人教育者たちの実像を合衆国成人教育協会はとらえることができた.

おわりに

　本章では, 合衆国成人教育協会の機関誌の一つである, *Adult Leadership* の1952年 5 月号から1958年12月号に着目し, 同誌の編集活動のあり方, および読者投稿欄の内容から, 成人教育像, すなわち成人教育の性格と成人教育者の実像を明らかにするために, 1 では, 合衆国成人教育協会の出版事業全体のAL 誌の位置づけを確認し, 2 は, AL 誌創刊の背景と目的, そしてノールズの関わりをまとめ, 3 では, AL 誌 (1952年 5 月~1958年12月) の読者 (実践者である成人教育者たち) とのコミュニケーション方法の特性と読者投稿欄の内容を検討した. 4 では, 1 ~ 3 の検討を踏まえ, 同誌にみる成人教育の性格と成人教育者の実像を明らかにした.

　合衆国成人教育協会は, 全国組織と地方組織をつなぎ, 読者である成人教育者たちの課題解決を援助する組織であろうとした. その主たるコミュニケーション手段が出版事業の AL 誌であった. 1952年から1958年の同誌は, 協会の事業目標である民主的活動, すなわち編集者と読者間, 読者同士が集う双方向コミュニケーションにもとづいた探究の場であった. ノールズは, 同誌の初期の編集者として, 後に合衆国成人教育協会幹部として, 編集活動を支えた.

　また AL 誌の民主的かつ具体的な共同編集活動の内容から, 以下の, 成人教育者の実像が示された.

　一つは, 様々な専門的職業や社会活動における成人教育者の多様な属性であった. そのことは成人教育が, 多様な専門的職業群の中に位置づけられることを示すものであった. また属性の多様な成人教育者たちの実践にもとづいた投稿内容は, 後の成人教育の知の体系構築の基盤となる内容でもあった. たとえば, 成人教育者たちは, より学びたい, 知りたいという探究心を持続し, 自律的な学習機会を求めていた. そのため AL 誌上の読者は, 教師としての自ら

の権利の確保よりも，仕事の中で直面している課題解決のための技術を獲得し，能力を養成したいと考えており，成人の自律的な学習特性を明示していた．

二つには，成人教育者としての専門性を高めることは，一般的な専門職化の過程とは異なる特質をもつことが明らかになった．投稿内容にみる成人教育者たちは，専門職業人，アマチュアを問わず成人を教える技術と能力において，豊富な経験やそれにもとづく専門的知見をすでに備えていた．そのため最初に知識を習得した上で，基礎的な実践経験を積む職業準備教育ではなく，実践経験を踏まえた専門職業人養成プログラムを求めていた．たとえば，いわゆるアカデミックな専門用語による教育ではなく，実践経験と接合する教育活動を求めていた．

一方，AL 誌の活動は，民主的な運営と専門性を高めることの両立の難しさを表出させ，結果として，1950年代末には，組織としての財政的基盤を失い，出版活動などの組織活動をボランティア運営に頼ることとなった．しかし，その過程で様々な立場や専門的職業，社会活動における成人教育者と指導者たちが AL 誌上に集い，成人教育の目的を議論し続けた．加えて，その議論の場の構築を，ノールズを含む協会のリーダーたちが「援助する（facilitating）」活動の中で，成人教育者たちの実像をとらえることができたといえる．

注

1 ） *Adult Leadership*（Vol. 1-25）は，1952年5月から1977年6月号まで発行された．

2 ） 創刊号に，*Adult Leadership* では，グループリーダーシップをとるために，編集長は置かないと説明している．その理由として，編集長の主張に，編集内容が影響を与えるのを避けるためだとしている．一方で，編集員7名のリストの一番上にノールズの名前があり，プロジェクト・ディレクター（project director）であるため，リーダーとしての役割があったと考える．

3 ） Harold W. Stubblefield and Patrick Keane, *Adult Education in the American Experience: from the Colonial Period to the Present,* San Francisco: Jossey-Bass Publishers, 1994, pp. 294-295.

4 ） Malcolm S. Knowles, *The Adult Education Movement in the United States,* New York: Holt Rinehart & Winston, 1962, pp. 237-238.

5 ） Coolie Verner and Wilbur C. Hallenbeck, "A Challenger to the Adult Education

第 4 章 機関誌 *Adult Leadership* にみる成人教育像　*119*

Association," *Adult Education,* Vol. 2(4), (April 1952), pp. 135-140.

6) ジャック・メジロー（Jack D. Mezirow）が29歳の時に読者欄に投稿した．Jack D. Mezirow, "Shall AEA Lead or Follow ?" in out of in- Basket, *Adult Education,* Vol. 4(2), 1952, pp. 211-212. 参照.

7) 巻末資料30（Coolie Verner and Wilbur C. Hallenbeck, *op. cit.,* pp. 138-139）を筆者が翻訳した.

8) 巻末資料31（Editors, "Editor's note," *Adult Education,* Vol. 2(4), 1952, pp. 139-140）を，筆者が翻訳した.

9) 本書では，「layman」「laymen」，または「lay」に，「アマチュア」の訳語をあたえる．5章で詳述する調査報告書「"An Overview and History of the Field," *Adult Education,* Vol 7, 1957, p. 226」において，成人教育分野の専門職業人（professional）を「成人教育の分野である程度キャリアを積み，有給で雇用されている人」とし，アマチュアと対比されている．なお，シリル・フール（Cyril O. Houle）は，アマチュアを明確に定義はしなかったが，「正式な成人教育の訓練経験がなく，ボランタリー（任意，二次的に成人教育に関わる人」とした．Cyril O. Houle, "Professional education for educators of adults," *Adult Education,* Vol. 6(3), 1956, pp. 132-134. 参照.

10) 巻末資料32（Jack D. Mezirow, *op. cit.,* pp. 211-212）を筆者が翻訳した.

11) 巻末資料33（Malcolm S. Knowles, *op. cit.,* p. 237）を筆者が翻訳した.

12) 巻末資料34（*Adult Leadership,* Vol. 1(1), 1952, p. 1）を筆者が翻訳した.

13) 巻末資料35（*Ibid.,* p. 1）を筆者が翻訳した.

14) 巻末資料36（*Ibid.,* p. 2）を筆者が翻訳した.

15) 巻末資料37（*Ibid.,* p. 2）を筆者が翻訳した.

16) 巻末資料38（*Ibid.,* 裏表紙）を筆者が翻訳した.

17) *Adult Leadership* Vol. 1(2), 1952, pp. 7-10.

18) *Ibid.,* p. 12.

19) Harold W. Stubblefield and Patrick Keane, *op. cit.,* p. 335.

20) Malcolm S. Knowles, "A Farewell Message," *Adult Leadership,* Vol. 7(6)（Adult Education Association of the United States of America, December 1958).

21) 巻末資料39（*Ibid.,* p. 8）を筆者が翻訳した.

22) 創刊号，1956年10月号，1957年2月，4月号，6月号，12月号，1958年4月，5月号は掲載なし.

23) 巻末資料40（*Adult Leadership,* Vol. 1(3), 1952, p. 35）を筆者が翻訳した.

24) 巻末資料41（*Adult Leadership,* Vol. 1(3), 1952, p. 35）を筆者が翻訳した.

25) 巻末資料42（*Adult Leadership,* Vol. 1(6), 1953, p. 35）を筆者が翻訳した.

26) 巻末資料43（*Adult Leadership,* Vol. 1(10), 1953, p. 35）を筆者が翻訳した.

27) 巻末資料44（*Adult Leadership,* Vol. 3(9), 1955, p. 5）を筆者が翻訳した.

28) 巻末資料45（*Adult Leadership,* Vol. 2(1), 1953, p. 45）を筆者が翻訳した.

29) 参考資料46（*Adult Leadership,* Vol. 2(2), 1953, p. 43）を筆者が翻訳した.

30) 巻末資料47（*Adult Leadership,* Vol. 2(3), 1953, p. 37）を筆者が翻訳した.

31) 巻末資料48（*Adult Leadership,* Vol. 3(3), 1954, p. 3）を筆者が翻訳した.

32) 巻末資料49（*Adult Leadership,* Vol. 5(4), p. 5）を，筆者が要約し，翻訳した.

33) 巻末資料50（*Adult Leadership,* Vol. 6(4), 1955, p. 3），を筆者が翻訳した.

34) 巻末資料51（*Ibid.,* p. 3）を筆者が翻訳した.

35) 巻末資料52（*Adult Leadership,* Vol. 4(10), Insite front cover）を筆者が翻訳した.

36) 巻末資料53（*Adult Leadership,* Vol. 6(5), 1957, Inside front cover）を筆者が翻訳した.

37) Malcolm S. Knowles, *The Modern Practice of Adult Education: Andragogy versus Pedagogy,* 5th ed., New York: Association Press, 1974.

38) Harold L. Wilensky, "The Professionalization of Everyone?," *American Journal of Sociology 70,* 1964, pp. 142-144.

39) 創刊から1958年12月までの同誌は，編集者たち（合衆国成人教育協会の幹部を含む）と読者（専門職業人とアマチュアを含む），編集者たちと専門職業人，アマチュアの読者たち，さらには読者間のコミュニケーション活動を保障し，共同編集によって誌面を構成していくことに苦心しつつ，維持し続けることに尽力した．一方で，同誌の構成には，合衆国成人教育協会幹部たちによる，多様な成人教育分野の連携を重視し，成人教育分野の専門的職業間の分裂を何とか避けようとする組織ニーズにもとづく取り組みもあった．しかし，様々な職業上の立場，役割をもつ個別の会員ニーズと合衆国成人教育協会の組織ニーズの両方に応えようとする葛藤が解消されることはなかった.

第 5 章

1950年代の合衆国成人教育協会と
成人教育の方向性

　ノールズは，1949年に提出した修士論文を，1950年に，*Informal Adult Ed-ucation* と題して出版した．この著書においてノールズは，成人教育者を「専門的成人教育労働者（professional adult education workers）」と表した．また第4章で検討した *Adult Leadership* では，成人を対象とする教育特性，指導特性を「成人教育のリーダーシップ（adult leadership, leadership in adult education）」とし，成人教育者の実像が見出されていた．1950年代の合衆国成人教育協会は，成人教育運動を拡大し，専門的職業との関係を整理するとともに成人教育の専門性を検討することを追究すべき継続的な課題とした[1]．そのため，合衆国成人教育協会は，成人教育運動の成果と，成人教育と専門的職業の関係を検討することを目的として調査研究プロジェクトに継続的に取り組んだ．調査プロジェクトは，「成人教育の方向性探索プロセス（Direction Finding Process）」と名付けられ，成人教育の方向性を検討することを目的とするものであった．

　そこで本章では，1954年から1959年に実施された調査研究「成人教育の方向性探索プロセス（Direction Finding Process）」にもとづく三つの報告書を分析する．三つの報告書とは，「社会概念と方向性探索委員会」報告書（1957年1月），「合衆国成人教育協会方向性探索コンサルティング委員会」報告書（1957年6月と9月），「成人教育における全国組織の役割」報告書（1959年）であった．これら三つの報告書から，合衆国成人教育協会内部の議論の過程を分析することで，成人教育の方向性を明らかにし，成人教育論の成立過程との関連を考察する．

　1では，1950年代に合衆国成人教育協会が成人教育の方向性を調査した概要を整理する．2では，1956年から1957年にかけて実施した郵送アンケートによる調査報告「社会概念と方向性探索委員会[2]」からその調査目的と結果の位置づけについて，3では「方向性探索コンサルティング委員会」による調査報告

書から，成人教育におけるリーダーシップの特質を考察する．4では，コロンビア大学応用社会調査研究所による調査報告書「成人教育における全国組織の役割」を，成人教育と専門的職業の関係から分析する．そして5では，上述の三つの研究調査報告書の検討から，成人教育の方向性を明らかにし，成人教育論の成立過程との関連を考察する．

1. 合衆国成人教育協会の方向性検討調査プロジェクトの概要

　合衆国成人教育協会は，1950年代に科学的調査方法によって，成人教育の方向性を検討する目的での調査を継続的に実施した．しかし，設立以降，成人教育分野の方向性を検討する調査を継続的に実施していたものの，いずれも満足する結果を得られていなかった．そのため1955年以降に「成人教育の方向性探索プロセス」に着手することで，成人教育の将来像を確実に描きたいと合衆国成人教育協会の代表委員会は考えていた．

　1924年以降，全国組織としてアメリカ成人教育協会と合衆国成人教育協会で実施された調査方法は，成人教育のニーズ評価とその結果から目標を導き出す手法をとった．協会が参考にした調査内容は，1924～1925年にカーネギー財団主導で行った調査であった．ノールズは，1924年に実施した調査目的（たとえば，成人教育という新分野の特質，位置づけ，ニーズ）は，1957年の成人教育をめぐる状況と類似性があると考えていた．そのため，1924年の理事であったエデュアード・リンデマン（Eduard C. Lindeman），ジョン・コットン・ダナ（John Cotton Dana），チャールズ・ビアード（Charles A. Beard）の調査に関するコメントを報告書で引用し，参考にした．たとえば，リンデマンは，アメリカにおける成人教育全体の調査研究を強く要求していた．リンデマンは，成人教育運動は社会現象であることから，教育的調査ではなく社会調査に精通した人々をメンバーとして加えるべきであると考えていた．1924年にリンデマンは，成人教育分野の議論が求められる組織上の課題として以下の二点をあげた．下線と括弧内は筆者による．

　　(a)その（成人教育）活動に明確に関係していない人は，それ（成人教育）が何で

あるのかを知りたいと考えていること，そして(b)間違いなく（成人教育）運動に参加している人は，それ（成人教育）が何のためにあるのかを知りたい……と考えるだろう[6]．

ノールズは，上述のリンデマンによる，「成人教育とは何か」，「成人教育は何のためにあるのか」，という二つの問いは，1957年時点においても共通課題であると考えた．1924年にアメリカ成人教育協会は，以下の組織目的を設定した．下線は筆者による．

① 生涯を通した継続的な過程としての教育の考えをひろめること

② 情報収集センターとしての機能を持つこと

③ すでに（成人教育）業務を行っている企業を支援すること

④ 組織とグループの双方に対して，成人教育を援助するために活動すること

⑤ 自分で学び続けたいと願う個人を支援し，助言すること[7]

加えて，1949年から1951年には，合衆国成人教育協会の設立準備のための合同委員会（アメリカ成人教育協会とNEA成人教育部による委員会）で議論された内容として，以下の12項目が提示され[8]，これらもまた，1957年の課題と類似していた．下線は筆者による．

① 成人コミュニティの真のニーズと利益の診断

② 既存のプログラムと事業の評価

③ より適切なプログラムを計画し，コミュニティプログラムの効果的なコーディネート

④ すべての成人教育活動の確認と貢献（フォーマルおよびインフォーマル）

⑤ コミュニティプログラムのためのリソースの発見，開発，および活用

⑥ 研究プログラムの開発

⑦ 専門的成人教育労働者（professional adult education workers）向けの事業としての教育と訓練

⑧ 非専門労働者の関わり，選抜，および訓練

⑨ 成人教育の実用的な概念の開発

⑩ 成人教育者（adult educators）の専門的職業としての地位，経済的基盤および

学問的自由の開発と保障

⑪ 成人教育の学習者への刺激と関与

⑫ 成人教育の公共に対する説明

　合衆国成人教育協会設立のための合同委員会の目的には，成人教育に関心ある人々の真のニーズに関する目的が含まれており，そのことはアメリカ成人教育協会の目標とは異なっていた．具体的な成人教育と専門的職業の関係に関する目的として，専門的成人教育者，非専門労働者にかかわる項目があげられている．

　さらに合衆国成人教育協会の創設集会は，「生涯を通じての継続的な教育概念を促進するため（To further the concept of education as a process continuing throughout life）」として，以下を設定した[9]．

① 成人教育者（educators of adults）やその他の利害関係者に能力を高める機会を与えること

② 成人教育活動を発展させ，成人教育のために協力するよう組織に奨励すること

③ 教育情報の受領と普及

④ アメリカの成人が必要とする教育サービスのバランスの取れた開発を促進すること

⑤ 国際的に成人教育機関と協力すること

　また合衆国成人教育協会理事会は，上述の目的のために次のような具体的な事業目的（purposes）を設定した[10]．

① 成人教育運動によってより大きな意義のための統合を成し遂げること

② 個々の成人教育者（adult educators）が能力を高めるのを援助すること

③ 成人教育機関（agencies）に，より緊密な連携を促すこと

④ 現場のニーズとギャップを検出し，ギャップを埋めるためにリソースを結集すること

⑤ 一般の人々に成人教育の必要性と機会をより認識してもらうこと

⑥ 成人教育についての知識を集約し，活用できるようにすること

⑦ 成人教育運動を表明し，役割を果たすこと

以上のように，アメリカ成人教育協会と NEA 成人教育部による合同委員会，さらに合衆国成人教育協会は，社会的ニーズやそのニーズにもとづいた協会の大きな意義について議論を積み重ね，様々な成人教育機関のより緊密な連携を促す目的を示した．そこでは，生涯を通じての継続的な教育という成人教育概念をいかに広めるか，そして成人教育者の真のニーズをとらえ，彼ら，彼女らの力量形成の支援への意思が表明された．成人教育運動を展開し，成人教育現場のニーズにもとづいた成人教育の役割を追究していくことが明示されていたといえる．

上述の経緯から，1954年に合衆国成人教育協会の発展委員会は，成人教育に関する調査研究のため，財政的支援を得ることで，方向性を探索する調査を，継続的に実施しようとした．

そこで本章では以下，三つの調査報告（**表5-1**）を手がかりとして，1950年代の合衆国成人教育協会における成人教育と専門的職業との関係の議論の過程と内容を明らかにすることで，成人教育の方向性を考察する．

三つの報告書とは，*Adult Education* 誌上に掲載された二つの報告書，①1957年1月号の報告書「合衆国成人教育協会が直面する課題——社会概念と方向性探索」，②1957年6月号の報告書「成人教育分野の概要と歴史」と9月号の報告書「合衆国成人教育協会における方向性探索プロセス」の2回に分けて掲載された．そしてもう一つは，合衆国成人教育協会がコロンビア大学応用社会調査研究所に調査（1958-1959年）を依頼し，エドゥマンド・ブルンナー（Edmund deS. Brunner）他によって1959年に作成された，③報告書「成人教育における全国組織の役割：成人教育協会役員会への報告」，であった．

なお，三つの報告書を分析対象とする理由は，専門職会員が追加された1954年の会員制度の改定後に実施された調査であること，①，②は会員に対して，③は会員，元会員，非会員を対象に実施されたこと，さらに社会科学的手法，たとえば，郵送による質問誌調査，インタビュー調査が用いられたこと，そして三つの調査報告書が合衆国成人教育協会理事会，会員，一般に公開されていることがあげられる．また，ノールズがいずれも合衆国成人教育協会の幹部としてかかわった調査であることから，本論の分析対象の資料として扱う．

表 5 - 1　三つの調査報告書の概要

報告書タイトル（発行年月）	調査時期，実施者，目的
① 「社会概念と方向性探索委員会報告書（A Report from the Committee on Social Philosophy and Direction Finding）」(1957年1月[*1])	1955年，全国大会委員会において協会の目的について議論があり，次の全国大会委員会の中で，「200以上の分野の代表者」に5つの質問についての意見調査を実施.
	調査主体は，委員会の共同議長であるマックス・バーンバウム（Max Birnbaum）とエレアノーラ・コイト（Eleanor G. Coit）であった. 報告書の執筆は，委員会報告者であるオリーブ・マッケイ（Olive McKay）と回答のとりまとめをオリー・ペル（Orlie A. H. Pell），アメリカ労働者教育サービス（The American Labor Education Service）が担当した.
② 「合衆国成人教育協会方向性探索コンサルティング委員会報告書（A working paper prepared by the AEA consulting committee on Direction Finding[*2]）」(1957年6月と9月)	1957年に，合衆国成人教育協会内に特別コンサルティングプロジェクトが，シカゴ大学教育学部教授シリル・フール（Cyril O. Houle）を委員長として組織され，その委員会によって本報告書が提出された.
	プロジェクトメンバー：ラルフ・タイラー博士（Dr. Ralph Tyler, スタンフォード大学行動科学応用研究センター部長）／ウイリアム・マグロースリン博士（Dr. William McGlothlin, アトランタ 南部教育委員会）／フレッド・ホーブラー（Fred K. Hoebler, シカゴ市長のコンサルタント）／グッドウィン・ワトソン博士（Dr. Goodwin Watson, コロンビア大学ティーチャーズ・カレッジ教育学教授）／ポール・ミラー博士（Dr. Paul Miller, ミシガン州立大学農業エクステンションセンター部長）／ロビー・キッド博士（Dr. J. Roby Kidd, カナダ成人教育協会部長）／ハワード・メイオフ博士（Dr. Howard Meyerhoff, 科学的労働力委員会事務局長, ワシントンDC）／レオナルド・ブルーム博士（Dr. Leonard Broom, カリフォルニア大学ロサンゼルス校社会学部長）／エルバート・バアール（Elbert W Burr, 合衆国成人教育協会会長）／グレース・スティーブンソン（Mrs. Grace Stevenson, 合衆国成人教育協会会長―選出）／ウォーレン・キャノン（Warren Cannon, 合衆国成人教育協会財務部長）／マルカム・ノールズ（Malcolm S. Knowles, 合衆国成人教育協会事務局長）
	第一回報告書：報告書タイトル「成人教育分野の概要と歴史」本報告書は特別コンサルタンティング委員会と合衆国成人教育協会の会議のために用意されたもので，成人教育分野の役割の研究を目的としている. シリル・フールの助言にもとづき，合衆国成人教育協会事務局長 ノールズによって作成された.
	第二回報告書：報告書タイトル「合衆国成人教育協会における方向性探索プロセス」本報告書は，第一回報告書の続きとして，ノールズによって作成された. また，本報告は，サンディエゴで開催されたカンファレンスにおいて，会員向けに説明された調査内容であった.

報告書タイトル （発行年月）	調査時期，実施者，目的
③報告書「成人教育における全国組織の役割：成人教育協会役員会への報告(The Role of a National Organization in Adult Education, A Report to the Executive Committee of the Adult Education Association*³)(1959年)	調査者は，コロンビア大学応用社会調査研究所　エドゥマンド・ブルンナー(Edmund deS. Brunner) 他.
	調査方法（1958—1959年） ・合衆国成人教育協会の全国組織としての役割に関する質問紙調査（対象：合衆国成人教育協会会員，元合衆国成人教育協会会員，非合衆国成人教育協会会員） ・インタビュー調査（対象：成人教育分野のリーダー，他分野の全国組織の役員） ・合衆国成人教育協会の文書の検討 ・合衆国成人教育協会によって以前，実施された調査報告書の検討
	調査目的 ・成人教育者や成人教育現場のリーダーたちの協会事業に対するニーズを知ることが第一の目的であった.

注：＊1　Olive McKay and Orlie A. H. Pell, "Issues confronting AEA: a Report from the Committee on Social Philosophy and Direction-Finding," *Adult Education*, Vol. 7(2), 1957, pp. 99-103.

＊2　第一回報告書：Malcolm S. Knowles, "An Overview and History of the Field: Working Paper Prepared by the AEA Consultative Committee on Direction-Finding," *Adult Education*, Vol. 7(4), 1957, pp. 219-230. 第二回報告書：Malcolm S. Knowles, "Direction-Finding Processes in the AEA," *Adult Education*, Vol. 8(1), 1957, pp. 37-54.

＊3　Edmund deS Brunner, et al., "The Role of a National Organization in Adult Education," *A Report to the Executive Committee of the Adult Education Association*, Columbia University New York, Bureau of Applied Social Research, 1959.

出典：三つの報告書を基に筆者作成.

2．方向性探索プロセスの予備調査
──「社会概念と方向性探索」委員会報告書──

　第3章で詳説した1954年の専門職会員の新設が，成人教育運動にどのように影響しているかについての継続的検討は，協会にとって必要なことであった．1955年にセントルイスで行われた合衆国成人教育協会の年次大会において，「社会概念と方向性探索」委員会は，協会が，短期的，長期的な展望を描く必要があると提言した．その提言を踏まえ，1956年2月に郵送による文書によって，話し合いが開始された．年次大会委員会に参加した会員と，「成人教育に関する大きな意義（purposes）」について話し合いたいと考える個人やグループ

からの前委員会による要求でもあった[11].

　1956年2月28日に郵送された文書では，委員会が提示した合衆国成人教育協会の重要課題の五項目が示されている[12]（下線は筆者による）.

① 合衆国成人教育協会は何に焦点をあてるべきか：教育による社会的成果を目指すべきか，それとも長期的な個人の能力養成か．どの程度，地域コミュニティの成人教育に焦点をあてるべきか.

② 成人教育は，いかに学習者に対して，身近な経験を超えた複雑な国際的課題を含む成人教育分野の理解と関心を深めることができるのか.

③ <u>合衆国成人教育協会は専門的職業労働者をターゲットにすべきだろうか，もしそうでなければどの分野に広げていくべきなのか.</u>

④ 成人教育分野においてはどのような活動がその目的のためになされるべきなのか.

⑤ 成人教育分野は，合衆国成人教育協会の目的を成し遂げるためにどのように組織されるべきか.

　調査報告のまとめにおいて，上述の五つの問いに対して，回答者が一つ以上に回答したため，回答をまとめることは困難であったと説明がなされた．そのため「コミュニティか個人か」,「会員と協会の要求のバランス」,「目標」,「合衆国成人教育協会の事業」の，四つのカテゴリーについて，報告がなされている．

　まず，「コミュニティか個人か」に関して，「生涯学習概念の発展」を期待した専門職業人との関係に関する回答結果が報告された．たとえば，専門的教育を受けて成人教育者として活動する人々と，成人教育の正式な訓練が未経験であるアマチュアの成人教育者（lay adult educators）や成人指導者に向けた支援について，以下のように述べられた.

　　会員対象をどこにするかについては，合衆国成人教育協会が直面している最も重要な課題であった．そして，専門職業人（professional）とアマチュアとして成人教育に携わる人々の双方に働きかけるべきであるという主張があり，合衆国成人教育協会に未加入の成人教育に携わる専門職業人とアマチュア（lay adult educators）のいずれにも加入を働きかけることを求める意見があった[13].

また，「合衆国成人教育協会の事業」に関しては，以下の提案がなされた．

　　合衆国成人教育協会は，出版事業に関しては，専門職業人とアマチュアの成人
　　教育者双方の関心に寄り添い，読みやすい内容でアピールすべきである[14]．

　上述は，郵送アンケートにおいて提示された課題の一つである「③ 合衆国
成人教育協会は専門的職業労働者をターゲットにするべきだろうか，もしそう
でなければどの分野に広げていくべきなのか」に対する回答であり，成人教育
者である専門職業人，アマチュアの双方に継続的に働きかけるべきであるとの
意見が多数であったことを示すものであった．

　さらに本調査では，アンケートで投げかけられた五項目の設問に対する結論
をここではまとめず，会員に継続して，意見を求めることが報告文書で示され
た．一方で，読者に対しては，斬新な意見を編集宛てに今後も送付してほしい
旨が示され，成人教育の方向性に関して，全国の読者と誌面上で議論を続ける
ことが表明された．

　本調査は，1950年代に実施された合衆国成人教育協会の方向性を探索する調
査プロジェクトにおいて，予備調査の位置づけにあったといえる．

3．「方向性探索コンサルティング」委員会報告にみる 「成人教育のリーダーシップ」の位置づけと特質

　1956年から成人教育の今後の目標を検討する「方向性探索コンサルティン
グ」委員会の事務局メンバーとしてノールズは，調査に関与した．本委員会の
委員長はノールズのシカゴ大学大学院での主任指導教授であるフールであった．
一方で，ノールズとフールは合衆国成人教育協会の調査事業に取り組みつつ，
各々自らの研究関心に引き付けた成人教育の方向性に関する論文を *Adult Ed-
ucation* に掲載した．なお，個別の研究論文については，第 6 章において検討
する．

　本委員会による調査は合衆国成人教育協会の「方向性探索プロセス（Direc-
tion Finding Processes in AEA)」の一環であり，その成果は，*Adult Education*
（1957年 6 月号，9 月号）と年次大会において報告された．本項で分析する報告

書はコンサルティング委員会メンバーの一人であるノールズによって，フール
のアドバイスを受けつつ，二回に分けて執筆されたものである（表5‑1参照，
調査は，1956年に会員に対して実施された）．ここではその目的と調査結果から，「成
人教育のリーダーシップ（指導的役割）」の特質と位置づけを中心に考察する．

⑴　成人教育分野の学問領域としての成立

　本調査委員会の主要目的の一つが，成人教育の学問領域としての成立の確認
であった．「果たして成人教育分野は存在しているといえるのだろうか」とい
う問いに対し，二つの研究成果を示し，1956年時点の学問分野としての初期的
な状況が確認されている．理由として，一つにサーマン・ホワイト（Thurman
White, Dean, Extension Division, University of Oklahoma）の論文[16]があげられた．ホ
ワイトは，成人教育者の問題関心を明らかにするために，四つのタイプ（女子
学生のための大学協会，公立学校，私立学校，人事研修）の成人教育プログラムの指導
者（adult education leaders），すなわち成人教育プログラムに直接的責任をもつ
部門長，管理職，委員長，コーディネーターにインタビュー調査を行った．そ
してホワイトは成人教育プログラムの指導者たちの共通関心を以下の九項目に
まとめている．

　　① 教育プログラムに参加する成人の基本的なニーズをより理解すること
　　② 職業，宗教，家族，余暇活動，保健，そしてその他，生活にかかわる成人の
　　　 変化する関心を明確にとらえること
　　③ 目的の選択に心理的学問分野を適用する能力を高めること．
　　④ 教育プログラムを学習者のニーズや興味により密接に関連付けるための技術
　　　 を習得すること
　　⑤ 教育プログラムをコミュニティの一般的なニーズに密接に関連付けるための
　　　 技術を習得すること
　　⑥ 教育プログラムにとって重要なコミュニティのニーズとリソースをより巧み
　　　 に認識するようになること
　　⑦ 成熟した人々に最も適する教材についての理解を深めること．
　　⑧ 成熟した人々に最も適する教育方法についての理解を深めること

⑨ 教育プログラムを最新の内容に「維持するため」の手順をよりよく理解すること[17]

　上述の成人教育に関する社会科学としての研究成果が，教育科学としての成人教育概念を強化するためには重要な意味をもつと，コンサルティング委員会はとらえた．さらに成人教育プログラムの指導者たちの共通関心を明らかにすることで，より科学的な成人教育実践を成人教育分野に増やしていくことが必要であると考えた．しかし，そうした社会科学的成果はこれまでのところ，少ないことを問題視していた．

　二つには，成人教育分野が教育科学として認知されていることを示す証拠として，この31年間の地方自治体，州協議会，全国組織の活動を通して，個人や関連機関の強力な成人教育運動への参画が明確にみられることをあげている．たとえば，アメリカ成人教育協会と NEA 成人教育部から引き継いだ2160名から，1956年時点で１万名に会員が増加したことは成人教育が教育科学の分野の一つであることを示すものであるとしたが，成人教育の学問分野としての科学的な確認が必要であった．

　そこで本ワーキングの報告書は，成人教育者やリーダーの実像をとらえるため，成人教育への関心，関与の程度について調査結果をまとめ，報告した[18]．(2) では，成人教育者，リーダーたちの成人教育への関わり（involvement）と関与（commitment）についての報告内容を検討する．

(2)　成人教育のリーダーシップ——関心・関与への着目

　「方向性探索コンサルティング」委員会は，会員の職業的背景に関する調査を実施した．そこでは，様々な職業や社会活動において成人を指導する役割を担う人々を調査対象者とし，調査結果が成人教育のリーダーシップ（指導的役割[19]）のあり方として分類された．報告書では，ピラミッド図（図5-1）にたとえ，三分割によって説明がなされた．

　グループⅠは，最も人数が多いグループで，ボランティア（任意）として成人を指導する人々である．たとえば，ディスカッショングループにおける任意のリーダー，教育委員会の委員長，教会，グループワーク機関，学校，コミュ

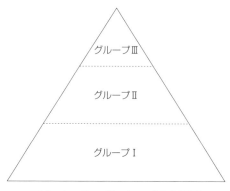

図5-1 リーダーシップの分類図
出典：成人教育のリーダーシップ分野の三分類の記述
(Cyril O. Houle, "Professional Education for Educators of Adults," *Adult Education*, Vol. 6(3), Spring 1956, p. 133.) から筆者作成.

ニティセンター，協同拡張サービスで自発的に活動するリーダーたちであった．また特定のテーマ，たとえばシティズンシップ，安全管理，保健，国際的課題，家族計画などの理解を深める活動のリーダー（指導的役割）が属する．

　グループⅡは，グループⅠよりも人数的には少ない．専門的職業（常勤雇用）に従事しつつ，成人を指導する役割をもつ人々が想定される．たとえば，図書館，博物館，セツルメントハウスの職員，成人と若者を教える学校，カレッジ，大学教員，軍隊の教育的仕事に従事する人々，政府，企業の人事・人材開発スタッフ，マス・メディアで雇用されている人々が含まれる．

　グループⅢは，最も人数が少ない．成人教育が第一の関心であり，この分野で基本的な職業キャリアを積むことを想定している人々である．たとえば，公立学校，博物館，図書館，社会事業，刑務所などの施設の成人教育に従事する人々，成人教育分野の研修，講座活動に主要な関心をもつ大学教員，特定分野に関心をもつ機関の成人教育に関する専門家（specialist），政府，企業，労働組合の研修責任者（director）さらに協同拡張サービスのスタッフを含む．グループⅢは，Ⅰ，Ⅱグループに影響力をもち，特別な地位にある．成人教育の主要な目的，専門性，グループⅠ・Ⅱに対する指導的役割（リーダーシップ），方向性，研修などを提供する役割を担う人々が属していた．

次に，成人教育活動への関心，関与はどの程度なのか，そして職業形態，た
とえば専門職業人かアマチュアか，常勤雇用者，あるいは非常勤雇用者別の成
人教育に対する関与や責任について説明がなされた．

第一の特性として，成人教育者は，専門職業人，ボランティア（任意），ある
いは常勤雇用，非常勤雇用という様々な職業・雇用形態に分かれていた．一方
で，成人教育者，または成人指導者の関心，関与の程度は，その活動内容，お
よび職業形態との関連性は，あいまいであった．

図5‐2は，成人指導者（教育者）の関心，関与の程度のイメージ図である．[20]
ただし，統計的な基盤（割合）を正確に表しているわけではない．図5‐2の斜
線は，成人教育分野で職業キャリアを積みたいと考える有給雇用者を，成人教
育に関するアマチュア（laymen）と専門職業人（professional）で分けた線である．
そして平行線は，表5‐2のA～Dを四つに区別した線である．

この図5‐2は，成人指導者（成人教育者）の成人教育への関心や関与の程度
は，専門職業人であるかアマチュアであるかとは，あまり関連がないことを示
している．成人教育に積極的にかかわる指導者には，専門職業人，アマチュア
双方の存在があった．図5‐2からは，成人教育への関心や関与の程度は，専
門職業人とアマチュアによって区別されるものではないことが示されている．
また，表5‐3は，合衆国成人教育協会会員の1953年と1956年を比較した会員
の職業別割合である．

加えて，表5‐4は，表5‐3の図書館を所属とする合衆国成人教育協会会員
の雇用形態の変化を示したものである．1956年において，図書館に所属する合
衆国成人教育協会会員は，ボランティア，パートタイム雇用者の割合が増加し
ていた．さらに*Adult Leadership* の購読者の22％が図書館勤務者であった．
図書館勤務者の多くは，雇用形態が不安定であったが，当時，合衆国成人教育
協会の会員として成人教育に関する専門書を購読する職業機関の最大分野で
あった．

表5‐3，表5‐4からは，以下の点についても読み取れる．まず1953年から
1956年までの状況において，成人教育者（指導者）の職業は流動的であったこ
と，また表5‐3は主に，熱心に活動する成人教育者（指導者）たちには，比較
的少数ではあるがパートタイム教師やボランティアが含まれていることが，図

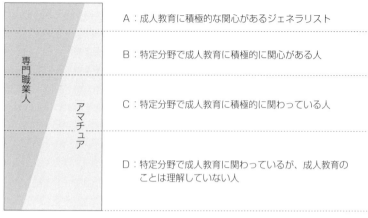

図5-2 成人教育分野への関心・関与の程度
——専門職業人とアマチュアの割合——

出典：Malcolm S. Knowles, "An Overview and History of the Field: Working Paper Prepared by the AEA Consultative Committee on Direction-Finding," *Adult Education*, Vol. 7(4), 1957, pp. 226-227.

表5-2　図5-2のA～Dに属する人々の説明

A	**成人教育全般に非常に関心を持つ層**：成人教育の一部に関心があるのではなく，成人教育全体に関心がある人々．たとえば，成人教育の大学教員，成人教育委員会や協会のスタッフ，基金のスタッフや理事会メンバー，成人教育の州政府の管理職など．
B	**部分的に成人教育に関心があり，活動的である層**：ある特定の活動を行っており，成人教育分野に積極的に関心がある人々．たとえば，地方，州，地域の成人教育協会や合衆国成人教育協会に所属している人々．
C	**部分的に成人教育の活動に参加し，関心をある程度持つ層**：ある特定の活動に参加し，成人教育分野の取り組みであることは理解している．しかし関心はあるものの，深く関与はしない．
D	**部分的に成人教育の活動に参加し，関心が低い層**：成人教育的なプログラムに参加する一方で，成人教育への関心は低い．たとえば，夜間学校教師，農業や家族支援機関で働く支援者，司書，学芸員，成人教育分野で活動するすべての人が含まれる．

出典：図5-2と同文献，p. 227の説明をもとに筆者作成．

5-2の関心や業務の責任の程度に影響していた．さらに図書館に勤務する合衆国成人教育協会会員の雇用形態状況において，成人教育者（指導者）の雇用形態は，パートタイム，ボランティアが，半数以上を占めるということも明らかになった．

第5章 1950年代の合衆国成人教育協会と成人教育の方向性　*135*

表5-3　合衆国成人教育協会会員の職業別割合

職業機関	1953年	1956年
カレッジと大学	25%	15%
公立学校	21%	8％
宗教機関	3％	16%
政府機関	11%	10%
図書館	10%	4％
ボランティア機関	8％	12%
保健福祉機関	8％	18%
ビジネスと産業	6％	7％
その他	8％	10%

出典：図5-2と同文献．p. 228.

表5-4　図書館勤務の合衆国成人教育協会会員の雇用形態

雇用形態	1953年	1956年
ボランティア	10%	20%
パートタイム雇用者	26%	43%
フルタイム雇用者	60%	54%

出典：図5-2と同文献．p. 230.

（3）　成人教育のリーダーシップの位置づけと特質

　「方向性探索コンサルティング」委員会による調査目的の一つは，成人教育の学問分野としての成立の確認であった．そこでは，学術論文における科学的な調査の有無，さらに成人教育への関心が高い人々の増加が，判断の基準とされた．その結果，学問分野としての成立を以下の点から委員会は確認した．

　一つは，合衆国成人教育協会の機関誌において質的調査を用いた社会科学的な手続きを経た論文が掲載されていること，二つには，大幅な会員数の増加とアメリカ成人教育協会が成立してから30年間を経て，公的な政策・財政支援の増加も成人教育分野の成立の要因として挙げた．一方で，社会科学として成人教育が広く認知されるためには，成人教育の専門性をさらに明確にすることが求められていることを，協会は認識した．

　さらに報告書では，成人教育者（指導者）の職業，その雇用形態の状況，成

人教育への関心や関与の程度が，明らかにされた．成人教育者（指導者）には，
公立夜間学校の教師，図書館職員，博物館職員など，それぞれの専門的職業の
中で仕事として成人教育に従事している人々，そのなかにはボランティアや
パートタイムで従事する人々もいた．職場のディスカッションリーダーや，教
育委員会のメンバー，協会の学習会リーダーなどボランティア（任意）で成人
への指導的役割を担っていた．彼ら，彼女らの成人教育への関与，関心，責任
の程度は，職位や雇用状態によるものではなかった．さらに，図書館勤務者と
して成人の教育や指導にかかわる人々には，ボランティアやパートタイムが半
数以上おり，その職業的地位は流動的であった．成人教育者（指導者）として，
任意でかかわる人々も，専門誌である *Adult Education, Adult Leadership* を
熱心に購読し，自分たちの実践をよりよくしたいという関心を持っていた．成
人教育への関心や関与は，職業や社会活動の種類，有給か，無給かに左右され
るものではなかった．加えて，様々な専門的職業や社会活動における日々の業
務の中で，成人を対象とした教育活動を担い，彼ら，彼女らの関心や関与の程
度は，地位や役割として固定されたものではなく，「動態的」であった．本調
査から，合衆国成人教育協会は，成人教育のリーダーシップ（指導的役割）とは，
職業の種類，職位といった固定的に示されるものではなく，成人教育への関心
や関与という動態性をもつものであるということが明らかになった．

4．「成人教育における全国組織の役割」報告書の検討
——成人教育と専門的職業の関係——

　4では，1950年代の継続的な成人教育に関する「方向性探索プロセス」プロ
ジェクトの結論を導き出すことを目的として，合衆国成人教育協会の常任理事
会が，コロンビア大学応用社会調査研究所に調査を依頼し，エドゥマンド・ブ
ルンナー（Edmund deS. Brunner）他によって作成された報告書「成人教育にお
ける全国組織の役割：成人教育協会役員会への報告[21]」を検討する．本報告書の
大きなテーマは以下の通りであり，報告書の構成はこの三項目にもとづいた内
容であった．

① 成人教育分野と合衆国成人教育協会の概要を明らかにすること

② 合衆国成人教育協会が抱える五項目の特別課題[22]の現状を明らかにすること

③ 成人教育の全国組織として合衆国成人教育協会が向かうべき方向性を示すこと

そこで，特に②の五項目の特別課題の中でも，「合衆国成人教育協会と専門職化の問題」[23]に焦点をあて，本報告書が，成人教育と専門的職業との関係をどのようにとらえたのかについて考察する．なお，本報告書は，第三者機関によって会員，元会員，非会員への調査が行われたことが特徴的であり，これまでの合衆国成人教育協会の調査の中では，その調査対象数から最大規模であった．

(1) 調査報告書の概要と目的

ノールズは，合衆国成人教育協会設立以降，最も総合的な研究成果は，コロンビア大学応用社会調査研究所が行った調査による本報告書であったと述べた[24]．本研究の調査概要は以下である．

表5-5にあるように調査対象は合衆国成人教育協会会員，元合衆国成人教育協会会員，非会員も含めた幅広く成人教育に関心ある人々であった．また質問紙調査とリーダーに対するインタビュー調査を実施するとともに，合衆国成人教育協会の記録文書の検討も行った．本調査報告の目次は**表5-6**の通りで

表5-5　調査報告書「成人教育における全国組織の役割」の概要

調査者	コロンビア大学応用社会調査研究所エドゥマンド・ブルンナー（Edmund deS. Brunner），ウィリアム・ニコルズ（William L. Nicholls Ⅱ），サム・サイバー（Sam D. Siber）
調査依頼者	合衆国成人教育協会理事会
調査方法	・合衆国成人教育協会の全国組織としての役割に関する質問紙調査（対象：合衆国成人教育協会会員，元合衆国成人教育協会会員，非合衆国成人教育協会会員） ・インタビュー調査（対象：成人教育のリーダー，他分野の全国組織の役員） ・合衆国成人教育協会の様々な記録文書の検討 ・合衆国成人教育協会によるこれまでの調査報告書の検討
報告書の構成	調査報告書は，付録も含めて総ページは481ページ，3部構成．（目次は，表5-6を参照）

出典：Edmund deS. Brunner, et al.,"The Role of a National Organization in Adult Education," *A Report to the Executive Committee of the Adult Education Association*, Columbia University New York, Bureau of Applied Social Research, 1959, pp. ⅰ-ⅵ. をもとに筆者作成．

表5-6　調査報告書目次

第一部　成人教育分野と合衆国成人教育協会の概要	頁
イントロダクション	I -V
1章　成人教育の定義	1
2章　成人教育者，成人教育者の要望，問題，そして希望	11
3章　合衆国成人教育協会の歴史・概要	43
4章　合衆国成人教育協会の会員	64
5章　合衆国成人教育協会における会員関係(1)	107
6章　合衆国成人教育協会における会員関係(2)	145
7章　元会員と会員候補者	175
第二部　合衆国成人教育協会の特別課題	
8章　全国組織における民主主義	205
9章　合衆国成人教育協会と組織関係	257
10章　社会運動としての成人教育	293
11章　合衆国成人教育協会と専門職化の問題	314
12章　合衆国成人教育協会の方向性	332
第三部　未来にむけて	
13章　成人教育の全国組織としての目的と目標	349
14章　合衆国成人教育協会のオルタナティブ	376
付　録	
付録A：調査方法	414
付録B：会員の意識調査	
付録C：表	

出典：巻末資料63（Edmund deS. Brunner, et al.,"The Role of a National Organiza-
tion in Adult Education,"*A Report to the Executive Committee of the
Adult Education Association*, Columbia University New York, Bureau of
Applied Social Research, 1959, "Table of Contents"）を筆者翻訳.

ある.

　本報告書の各部の目的は，次のように説明された.

　第一部では，成人教育者たちは，成人教育をどのように定義しているのか，
どのような人が成人教育者なのか，また成人教育者たちは，成人教育分野をど
のようにみているのかについて調査報告がなされた. また，合衆国成人教育協
会の歴史を会員や会員との関係性の視点から検討がなされており，過去，現在
においてどのように成人教育者を説明しているかについて，報告された.

　第二部は，合衆国成人教育協会における，設立以来の組織的な五つの課題が
あげられている. そのなかでも二つの課題は特に合衆国成人教育協会が「方向

性探索プロセス」において継続的に検討されてきたことであった．一つは，「民主的な組織をいかに構築するか」であり，二つには，「成人教育運動と専門的職業との関係」であった．

　第三部は，合衆国成人教育協会会員の目的と目標は何か，そして本調査で明らかになったことの要約であり，今後の合衆国成人教育協会の方向性の総括が報告されている．付録には，本調査の研究方法と会員の傾向，そして統計的データが掲載された．

　また本調査が実施された1958年から1959年は，ノールズが合衆国成人教育協会の事務局長を辞任した時期と重なる．そのため1958年はノールズ，1959年は後任の事務局長のグレン・ジェンセン（Glen Jensen）が，調査を支援した[25]．

　ノールズは，調査目的とその方法について次のように説明した．

　　本研究調査は，質問調査により，協会のもつべき11の可能な目標をとりあげ[26]，成人教育者（adult educators）にその順位を選ばせたもので，その回答結果は，驚くべき多数の一致を示した．質問紙に対する回答者の約5分の4は，全国組織としての協会の最も重要な二つの活動を，「成人教育と成人のリーダーシップに関する研究を促進すること」と「成人教育とリーダーシップの実践的技術を普及させること」であるとした．インタビュー調査を受けた少数の人々も，「研究」を第一位にあげ，次に「州，地域や地方の成人教育組織を構築するための実践への支援」を求めていた[27]．

　本調査が，成人教育者やリーダー（成人を対象に指導的役割を担う人々）の協会事業に対するニーズや関心を知ることが主要な目的の一つだったことが理解できる．また，協会の目標は調査対象者である会員も協会の目標をある程度，理解していたことが示されている．さらにノールズによれば，少なくとも1961年末時点では，本調査結果に基づいた会員ニーズに応じた事業を合衆国成人教育協会は継続し，達成しようとしていた．そして本調査のアメリカ成人教育の方向性に関する影響力は1960年以降も高かった[28]．

⑵　「成人教育（adult education）」の定義の困難性

本報告の第一部1章において，「成人教育の定義」に関する調査報告がなさ

れた．前述したように1924年にリンデマンは，アメリカ成人教育協会の理事会で，「(a)その（成人教育）プロセスに明確に関係していない人は，それ（成人教育）が何であるのかを知りたいと考えていること」が組織上の課題であるとしていた．「成人教育とは何か」は，1959年の調査においても依然として調査の重要なテーマであった．

　しかし，本調査報告においても調査結果にもとづく，明確な定義づけを避けていた．報告書は，あくまで「定義を行うことに関する合意形成を得た」とし，成人教育の定義そのものは，協会の理事会においても合意がいまだ得られず，探索過程にあるとした．ある理事会のメンバーは以下のように「成人教育の定義」について回答している．

　　　成人教育の基本的概念を定義することの困難性は，合意形成の難しさにあります．成人教育の定義への合意に到達することは本当に難しいことです．[29)

　報告書は，成人教育の定義の合意形成が困難である理由として，50年に及ぶ議論の過程において「成人教育」という言葉が急速に増加し，その意味が拡大し，過剰気味になっていることをあげた．

(3)　成人教育の専門的職業としての現状

　次に，「第二部11章　合衆国成人教育協会と専門職化の問題」（ウィリアム・ニコラス（William L. Nicholls Ⅱ）によって執筆）から，成人教育の専門的職業としての現状を整理する．

　第2部11章の調査上の大きな問いは，「成人教育は，専門的職業と考えることができるのか，それとも新しい専門的職業と考えるのか」というものであった．この問いは，合衆国成人教育協会における成人教育運動の方向性を考えるうえで，また事業と組織の方向性を検討するためにも重要であった．本報告では，専門的職業の定義（criteria）の参考として，社会学上の定義の引用，およびその養成方法に関する説明がなされた．

　　　社会学では，専門的職業は，成果のために技術的，科学的，理論的な知の体系が求められる職業であり，その職業メンバーと公共によって広く加入され維持さ

れる職業である．その専門職業人は，個人的な利益よりも，クライアントや公共利益のために知識を活用することが求められる．もちろん，専門職業人自身が，自分自身のために仕事をしてはいけないということを示しているわけではないが，金銭的利益に関する関心とは切り離された職業的義務が求められる．

　上述の二つの専門的職業の特質に加えて次の追加事項がある．専門職業人に必要な膨大な知識を獲得するためには，長い，集中的な正規の準備期間が必要であり，現代社会においては，学校や大学での特別なトレーニングが必要とされる．さらに専門職機関では，トレーニングのための基準が設定され，専門職業人のための倫理規程が執行される．また，専門的職業は個別の知の体系を備えていることから，他の職業と比較して，職業的な活動に対する管理や監督機能が弱くなる．そのため，管理・監督の欠如は，専門職業人にとっては特権とみなされている[30]．

　上述の専門的職業の定義は，成人教育の専門的職業としての可能性とその養成方法に関する評価指標の一般的な基準でもあった．報告書では上述の基準を踏まえたうえ，成人教育の専門的職業としての可能性について，① 理論的な知識があること，② 倫理的配慮，③ 専門職業人としての行動規範，の三つの観点から現状についての検討がなされた．

　まず，①「理論的な知識」の観点からみると，現時点での成人教育は，専門的職業として認識されつつある分野としている．しかし，成人教育に関する専門的な理論や技術があるかどうかについては，インタビュー調査回答を引用し，成人教育の専門性は今後の高等教育のあり方によるものであるとする回答がみられた．以下は引用されたインタビュー回答のうち，上述の見解が示された最も明確な回答例の三つである．

　　（成人教育における）専門的職業の概念には，定義が必要です．大学を通して提供される教育的な訓練が求められます．この用語は事実の前に無計画に借用されています．我々には専門職業人になるための知の体系が必要です．現時点では提供できていないでしょう．それゆえ専門的成人教育者（professional adult educator）は，存在しないと考えます[31]．

　一方で，回答者の多くは，成人学習と成人教育の理論的な核となる知識はす

でに存在しているとも考えていた．実際のところ，主要な大学のいくつかは，成人教育の学部が，学位を提供しており，大学と位置づけるに値する固有の知識体系が確立した分野，および成人を教える職業は専門的職業であるという意思は会員間で共有されていた．ただ，成人教育に関して，中核となる知識の重要性を議論する回答は少ない．さらに大学における訓練は実際には無関係で，実践現場での訓練や経験よりも，その価値が低いのではないかとみなされていた．そのため，すでに多くの成人教育者は存在しており，徒弟訓練で十分であると考えられている限り，成人教育の専門的職業としての地位には適合しないと報告書はまとめた．

　次に，②「倫理的配慮」の観点について，成人教育者は，基本的に人々を公共的に支援することを動機づけていることから，専門的職業としての倫理的側面では問題ないと位置づけた．あらゆる分野の専門的職業は，公共の要請に応じる責任があり，成人教育者の多くは，たとえば，社会福祉関係，公立学校，カレッジ，大学，図書館，健康福祉関連機関で働くため，公共の要請に配慮しており，倫理的対応は難しくない．しかし，利益を求める組織の成人教育者は，公共的機関の専門職業人や管理職などと比較すると，公共的な配慮は難しいとした．

　3つ目の，③「専門的職業としての規範（code）」は，成人教育では，存在しないとした．たとえば，医師や弁護士には，独立，あるいは雇用されているかにかかわらず専門職団体があり，規範，訓練基準があるが合衆国成人教育協会にはなかった．しかし一方で，合衆国成人教育協会専門職業人養成検討委員会において，以下の専門職業人養成に関する業務を実施していることが示された．

・専門職業人教育の地位，論文，基準，成人教育分野のニーズ，そして専門職業人に関する会員制度についての情報収集すること

・継続レビュー，評価，専門的職業の基準の開発を提供し，改善，強化を図ること

・理事会や委員会での検討のために専門職業人養成のための政策や活動に関する提案をすること

・合衆国成人教育協会専門職会員のための組織内コミュニケーションやプログラム開発を行うこと[32]

以上について，委員会が責任をもって実施することについて，協会内文書で確認がなされた．そのため，成人教育の専門職業人養成を支える機関としての初期事業を合衆国成人教育協会はすでに担っていると本報告書は評価している．さらに1957年以来，成人教育を専門分野とする大学教員が協会の委員会メンバーであること，その委員会が，成人教育の研修や内容に関する課題に適切にかかわっていること，成人教育分野の専門職業人としての基準や態度の育成の改善にかかわり，その活動に対して，ケロッグ（Kellogg）財団が財政支援を1961年まで行うことが決まっていることなどを，報告書は成人教育の専門性を高める指標として評価した．

本調査においてブルンナーら（1959）は，成人教育の専門的職業としての可能性を以下の四点にまとめた[33]．

一つは，成人教育は現在，一般的な専門的職業の定義には該当しないこと，二つには，専門的職業の地位を確立するための課題として，さらなる技術と理論的な知の体系化の必要性があること，三つには，他の課題として，公共的な成人教育の認知，倫理的規範の開発，専門的社会の構築への寄与，基礎的な養成システムの構築，成人教育の資格制度，倫理基準の作成の必要性があることをあげた．そして評価すべきこととして，四つに，成人教育分野はこれまでに成人教育の専門性を促進する上で支援の意思をすでに示していること，たとえば，専門職業人養成に関する全国組織をもち，代表的な大学で成人教育を教える学部を設置できていることを示した．

他方，成人教育がいまだ専門職化されていないことについて，一般的な専門的職業の歴史を知る限り，驚くことではないとした．成人教育は比較的最近の学問分野であり，正式な大学での訓練は限られ，成人教育の学位取得者は少ない．そして成人教育史が叙述され職業として成立したことはわずか数十年でしかないことを理由としてあげた．また，1950年代末において，成人教育よりも専門化の促進が進んでいる看護師，ソーシャルワーカー，図書館司書，外科医，会計士などもいまだ専門的職業の地位を得ることが難しい状況であることがそ

144

表5-7　質問「成人教育は専門的職業になるべきか」に関する質問紙調査の回答結果

選択肢	割合
専門的職業として成人教育を発展させることは合衆国成人教育協会にとって重要である	50%
専門的職業として成人教育を発展させることは合衆国成人教育協会にとってやや重要である	33%
専門的職業として成人教育を発展させることは合衆国成人教育協会にとって重要でない	10%
無回答	7%

出典：表5-5と同文献．p. 321.

の背景にあった．

　上述の要因から，一つの専門的職業として成人教育が認識されることは時期尚早で，専制的な専門職組織，倫理的規範，そして，訓練の基準構築が専門性獲得の過程を必ずしも早めるわけではないことは，これまでの他の専門的職業の状況からみても明らかであると報告書はまとめた．

(4)　成人教育者の専門職化に関する議論

　本節では，合衆国成人教育協会の活動にかかわる実践者や研究者たちが，合衆国成人教育協会の専門的職業への働きかけをどのようにとらえていたのかについて，第二部11章の質問紙調査，インタビュー調査の結果から整理する（表5-7）．

　8割の回答者が，専門的職業としての成人教育の発展を重要と考えていた．さらに，質問紙調査の合衆国成人教育協会の会員制度の個人的満足感の一つとして，29％の回答者が「成人教育の専門的職業としての発展に貢献できる機会があること」を選択している．これらの結果を踏まえると，回答者の多くは，成人教育の専門的職業しての発展を期待していることが理解できる．

　他方，報告書は，成人教育の専門的職業としての発展に反対，および慎重な意見を，インタビュー調査の回答結果として直接引用しつつ，賛同と慎重な姿勢の双方から成人教育の専門職化を検討した．以下は，引用された回答である．下線，鍵括弧は筆者による．

　　　ここには，人と役割の混乱があるように思います．「成人教育者（adult educa-tor）」を，様々な側面を持つことが可能な役割の一つの側面として定義していま

すか，それとも成人教育にフルタイムで従事している人として定義しているのでしょうか．知識や定義などが必要であることを示すことで，役割を「専門職化」しようとしているのであれば，私は大賛成です．しかし，成人教育以外の何もしないリーダーを育成するためであるとするなら，問題全体を放棄することになるでしょう[34)]．

　上述の指摘は，成人教育の専門的職業としての役割は，一つの職業として限定されるものではないということの指摘であった．たとえば，様々な専門的職業や社会活動のなかに，成人教育の役割が含まれていることを示している．公立学校の教師，カレッジの教員，ボランティア組織の教育部門長，企業の訓練部長などの専門的職業における成人教育者である．公立学校教師には教師の専門職組織があり，大学教員も別の専門職組織に所属している．協会があらゆる成人教育者のための組織となるために，成人教育者の職業上の多様な役割を支援するとすれば，専門的職業としての規程や基準を強いることは望ましくない．報告書は，合衆国成人教育協会の参考となる具体的な組織例として，科学発展アメリカ協会（American Association for the Advancement of Science）や社会福祉全国会議（The National Conference of Social Welfare）をあげた．これらの組織は，多様な専門的職業の人々が会員として所属し，活動していた．
　一方，報告書は「専門職化」することの成人教育にとっての利点と不利となる点についても具体例を示した[35)]．利点としては，実践者が，専門的技術を持っており，知識を倫理的に活用できるとみなされるようになることをあげている．その結果，専門的職業としての特権も当然のこととして得ることができる．特権とは，たとえば，様々な財政支援や適切な専門的職業の力量を備えているとみなされること，その分野で仕事に就きたいと考える人が増加することなどがあげられる．また訓練や資格の基準を，政府や他の職業に影響されることなく自分たち自身で決定することができるようになること，さらに資格取得を独占することによって，資格取得者，資格取得者の雇用者，そしてクライアントの倫理的規程に影響を及ぼすことが可能になる．
　不利な点としては，多様な目的を持った成人教育者のための共通概念の構築や社会運動の拡大を難しくすることを指摘した．たとえば，専門職業人とアマ

チュアの分断を招くことになり，一般的区分におけるアマチュアの立場にある
人々の分野で，価値ある貢献をしている人々を排除することにつながることが
想定された．また知の体系の構築以前に，訓練や養成の基準が設定されること
は，制約された知をいずれ役に立たないものとしたり，知の儀式化を招いたり
するなどの懸念が述べられた．

　それでは本報告書においてノールズが，かつて1949年に専門的成人教育労働
者（professional adult education worker）」と称した専門性を備えた成人教育者と
は，どのような教育者としてとらえられたのだろうか．

　成人教育の専門職化の困難さの一つは，すでに成人教育分野においては，実
践で経験を積んだ専門性をそなえた成人教育者が存在していることであった．
インタビュー調査時にも，「専門的成人教育者」という単語が，回答者のコメン
トの中で，しばしば使われている．またインタビュー時には，回答者自身の
言葉で「専門的成人教育労働者」について説明することが求められている[36]．以
下はその回答から抜粋した二つの回答である．

　　（専門的成人教育労働者）とは，大学で技術や概念に関するトレーニングを受け
　　た人だと思います．しかし基本的には，経験のみや組織内訓練だけの人を除外す
　　ることは考えていません．なぜなら特に正式な訓練をうけていなくてもとても良
　　い働きをしている成人教育分野で活動をしている人を知っているからです[37]．

　　「専門的成人教育労働者」とは，成人の学習や発達に関して広く訓練を受けた
　　り，活動することに取り組む訓練を受けた人そして／あるいは実践者でしょう．
　　訓練は，組織内の訓練でもアカデミックな訓練のどちらでも構いませんが，アカ
　　デミックな訓練だけでは不十分です[38]．

　上述の回答からも，回答者は，「専門的成人教育労働者」として「実践的な
活動」，「訓練」を重視していることがうかがえる．また成人教育で生計を立て
ることができている人，大学院レベルの訓練ができている人という回答もみら
れた．上述のインタビュー調査を経て，報告書には，新たな問いが二点追加さ
れている．一つは，「専門職化は，成人教育における多様な人々が存在する特
質を損なうのではないか」，二つには，「フォーマルな訓練は，成人教育者の能

力を本当に高めることができるのか」であった.

　以上のことから, 本調査報告において, 一般的な専門的職業の定義や養成方法とは異なる成人教育と専門的職業との関係があげられるとともに, 伝統的な専門職業人養成方法ではなく, 新たな養成方法の検討が成人教育に求められていることが示されていた.

(5)　本報告書における成人教育と専門的職業の関係

　ブルンナー他は, 調査結果から成人教育と専門的職業の関係に関するまとめと今後への示唆として, 次の三点にまとめた[39).

　一つは, 正規雇用の成人教育者が増えているならば, これまでのような運動ではなく, 成人教育の専門職業人教育を中心とした事業目標を持つことが賢明であるとした. しかし, 正規雇用職が少ない現状において, 月刊誌 *Adult Leadership* だけの購読によって合衆国成人教育協会とのつながりを持ち, 成人教育分野で指導的役割を獲得したいと考える非正規雇用の会員に, 専門的職業としての資格を要請することは推奨できないとした.

　二つには, 成人教育運動と成人教育の専門職化の双方を目標とすることへの課題であった. 専門職化をすすめることは, 第一にフルタイムの専門職業人の会員増を期待することになる. 一方, 社会運動に軸を置くとすれば, 様々な立場を対象とした広い会員制度の仕組みが求められることから, 専門職化を進めることと運動の拡大, つまり会員を増やすことの両立は難しいとし, 二つを目標とする合衆国成人教育協会の矛盾を指摘した.

　三つには, 合衆国成人教育協会が現在とるべき次の段階は, 専門的職業をめぐる課題, たとえば, 専門主義や機械化, 単一的な訓練や専門職業人の規範の確立を目指すことではないとした. その上で, 「成人教育と成人学習の知の体系を構築し, その知の体系を実践者に普及すること」であるとした.

　さらに本調査報告から, 成人教育と専門的職業の関係の方向性が明らかになった. 一つは, 会員は, 専門的職業としての確立には, 専門的な知の体系が求められると考えていた. また成人教育の知の体系には, 実践性が求められていた. たとえば, 「専門的成人教育労働者とは, 成人の学習や発達に関して広く訓練を受けたり, 活動したりすることに取り組む訓練を受けた人, そして／

あるいは実践者である」とし，実践者の特性を踏まえた専門的な知の構築が，成人教育と専門的職業の関係を検討する上での重要な課題とされた．

　一方，本節では，本報告書の「11章　合衆国成人教育協会と専門職化の問題」を中心として，その調査結果が検討されていた．大規模な質問紙調査，そしてインタビュー調査から成人教育と専門的職業の関係についての検討がなされ，成人教育者の専門職化に関する，協会にとっての利点と不利な点についての指摘がなされた．会員の多くは，成人教育の専門職化を支持していたが，ブルンナー他は，専門職化による成人を対象とする教育者の多様性が損なわれることを避けた．つまり成人教育の専門職化を推進することと専門的職業における成人教育の位置づけを整理し，様々な専門的職業の中にある共通的で汎用的な成人教育の性格の追究に協会が尽力することの重要性を示した．そして成人教育者の実像の特性を科学的にふまえ，成人教育の知の体系を見出していくことが成人教育の専門性を高めるために求められているとした．

　一方，合衆国成人教育協会の「専門職化」に関する議論は，いまだ合意がままならない「成人教育の定義」を模索する過程と同時並行的に検討される課題でもあった．成人教育の定義と専門的職業と成人教育の関係の議論が同時になされていたことが，本調査の特徴であった．成人教育と専門的職業の関係を検討する過程は，成人教育における専門的職業概念を確立し，成人教育と専門的職業の関係を協会自身が確認する過程でもあった．

5．合衆国成人教育協会と成人教育の方向性

　本節では，1950年代の合衆国成人教育協会による「方向性探索プロセス」に関連する三つの調査報告の内容の検討から，成人教育の方向性を考察する．

　合衆国成人教育協会設立時から継続された成人教育の「方向性探索プロセス」におけるねらいは，調査過程において変化していた．1954年当初は，専門職会員制度を新設した一方で，成人教育と専門的職業の関係は明確なものではなかった．成人教育と専門的職業との関係の議論は，合衆国成人教育協会にとって，成人教育の専門性を高める事業と成人教育運動の拡大を図るためには必要な調査事項であった．

第5章　1950年代の合衆国成人教育協会と成人教育の方向性　*149*

　一方で，本調査の目的には，フォード財団による成人教育基金の打ち切り予定も影響した．成人教育分野での合衆国成人教育協会の全国組織としての役割への疑義が生じていたためである．そのことは，協会が，事業活動を専属職員による運営ではなく，会費による運営やボランティアでの運営に切り替えることを意味した[40]．そのため協会にとって財政的な要因もあり，会員ニーズを探り，今後の成人教育の方向性を示すことは，組織運営上の喫緊の課題となった．合衆国成人教育協会はその発足時から，継続的に成人教育運動の拡大に取り組み，様々な専門的職業分野における成人教育者への働きかけを，組織運営上の大きな課題とした．三つの調査報告書を成人教育と専門的職業との関係の視点から検討することで明らかになった成人教育の方向性は以下である．

　一つは，様々な専門的職業や社会活動における成人教育者たちに向き合い続けること，成人教育への動態的な関与や関心の程度を把握することであった．たとえば，成人教育のリーダーシップ（指導的役割）とは，職業の種類，職位によって固定的に示されるものではなく，成人教育への関心や関与とは，成人教育者たちの実際の仕事や活動の実情であった．協会は，調査によって具体的な仕事や活動の中身を把握した．さらに関心や関与とは，成人教育者の多くは，成人教育に二次的にかかわっており，別の専門的職業に従事していたことを示すものであった．たまたま業務上，成人を教える役割，あるいは指導する役割を担っている成人教育者もいた．たとえば，図書館司書であり，成人を対象に指導的役割も担う人々であった．また図書館司書の場合，その半数は，特に専門的な教育を受ける機会もなく，成人教育の活動にかかわる人々（アマチュア）であった．一方，ボランティアやパートタイム雇用者として図書館で成人の教育に携わる人々の中には，成人教育に関する専門誌を購読し，成人教育への関心は高く，専門性を高めることに熱心な人々がいた．専門的職業の業務の中での成人教育者（指導者）は，伝統的な専門職業人の定義とは異なる新たな専門職業人像であった．

　二つには，アマチュアを含む成人教育者たちの教育的要求である専門性養成方法の探究であった．成人教育者たちは，自分たちの仕事の中で継続的に学び続け，成人を教え，指導するためのより高い能力，すなわち専門性を高めるために仕事を通して，学び続けたいと考えていた．そのため，伝統的な専門職業

人養成方法は適切ではなかった．調査では会員の多くは専門職化を望んでいたが，急激な成人教育の専門職化を図るべきではないと報告書は最終的にまとめている．理由として，伝統的な専門職業人養成にもとづく教育や資格取得を成人教育者に要求すれば，二次的な職業上の役割として，成人教育や指導に関わるアマチュアを含む多様な会員が，協会を離れていくことをあげ，成人教育運動の拡大にとって避けるべきであると考えていた．

　三つには，成人教育の今後の方向性を，当事者たち（成人教育者）自身によって決定するべきものであるとしたことであった．それは，成人教育が，学習者としての成人教育者たちのニーズにもとづいた教育活動であるというアメリカの成人教育の性格を示すものであった．ブルンナー他（1959）は，「成人教育が，その専門的地位を高めるためにどうするべきか，また合衆国成人教育協会がそうした試みにおいて役割を果たすべきかどうかということは，その分野に関わる当事者たちが，その分野への影響を十分に考慮しながら決定しなければならない[41]」とし，合衆国成人教育協会に所属する当事者自身の意思決定にもとづいた組織であることを強調した．そこには，合衆国成人教育協会のこれまでの事業の民主的な活動，実験と議論を継続すること，つまり会員の声に耳を傾け，議論の内容を事業に反映してきたその姿勢を尊重していたことがうかがえる．ブルンナーらの調査の途中で，事務局長のノールズは退任したが，本調査結果にもとづいた事業は，引き続き1961年においても合衆国成人教育協会によって継続された[42]．

　ブルンナー他は，その報告書において，合衆国成人教育協会が設立以来，成人教育の技能や知識の体系化を進めてきたことを，調査参加者たちが評価していたことを報告書のまとめにおいて引用した．合衆国成人教育協会が，成人教育と専門的職業との関係について，調査プロジェクトを通して議論し続けたことは，専門的職業における成人教育と成人教育の専門的職業を整理し，様々な職業や活動における成人教育の共通で汎用的な知を見出すことこそが全国組織である協会に要請されることを明確にした．調査研究プロジェクトそのものが成人教育の知の解明への糸口となり，後のアメリカの成人教育論の成立への形成過程となった．

おわりに

本章では，三つの調査報告書を成人教育と専門的職業の関係から検討し，成人教育の方向性を明らかにした．1 では，1950年代に合衆国成人教育協会の「方向性探索プロセス」調査事業の背景と概要を整理し，2 では，1956〜1957年にかけて実施された郵送アンケート調査による専門的職業についての回答をまとめ，3 では，方向性探索プロセスの *Adult Education* 誌上に掲載された事務局長ノールズによる2回の報告から，専門的職業における成人教育の位置づけと特質を明らかにした．4 では，コロンビア大学応用社会調査研究所が作成した調査報告書「成人教育における全国組織の役割[43]」を，成人教育と専門的職業の関係から分析し，成人教育の方向性について考察した．そして5では，2〜4の分析を踏まえ，成人教育と専門的職業の関係を位置づけ，成人教育の方向性を明らかにすることで，成人教育論の成立過程との関連について論じた．

分析から明らかになった成人教育の方向性は，以下の三つである．

一つ目は，様々な専門的職業における成人教育者のリーダーシップ論である．ここでのリーダーシップ（指導的役割）とは，職業の種類，職位によって示されるものではなく，教育への関心や関与の程度によるものであることを示した．

二つ目としては，アマチュアを含む成人教育者たちの専門性を養成する方法の探究である．成人教育者たちは，自分たちの仕事の中で継続的に学び続け，成人を教え，指導するためのより高い能力，すなわち専門性を高めるために学び続けたいと考えていた．一人ひとりの実践上の関心，関与にもとづく専門性を高めることを，合衆国成人教育協会が使命としてとらえていたことを確認した．

三つ目は，成人教育の今後の方向性を，当事者である成人教育者たち自身が決定していくことであった．すなわち自らも学習者である成人教育者の関心，関与にもとづいた活動にしていくことを示すものであった．

ブルンナー他は，その報告書において，合衆国成人教育協会が設立以来，成人教育の技能と知識の体系化を進めてきたことが，調査において実践現場の成人教育者たちから評価されていたことを指摘している．また，合衆国成人教育

協会が，様々な職業や社会活動における成人教育の共通かつ汎用的な知を見出すことこそが，全国組織である協会に要請されるとした．1950年代の調査プロジェクト事業そのものが成人教育の知の体系化への糸口となり，アメリカの成人教育論成立の一翼を担っていた．

ノールズは，本調査プロジェクトに合衆国成人教育協会の事務局長として7年間かかわり，合衆国成人教育協会の事業を通して，研究調査プロジェクトに積極的に関与した．1920年代からのアメリカ成人教育協会，NEA成人教育部，合衆国成人教育協会の50年にわたる成人教育への組織的貢献について，実質的に成人教育分野に結束と専門意識を育成することができたとノールズ自身は評価した．[44]

次章では，1951年から1961年のシリル・フールの論文とノールズの論文，著書から，1950年代のノールズの成人教育観を明らかにし，成人教育論の成立過程との関連を考察する．

注

1 ）Wilber C. Hallenbeck, "Training Adult Educators," in Ely, M., *Handbook of Adult Education in the United States*, New York: Institute of Adult Education, 1948, pp. 243-252.

2 ）Olive McKay and Orlie A. H. Pell, "Issues confronting AEA: a report from the Committee on Social Philosophy and Direction-Finding," *Adult Education*, Vol. 7 (2), 1957, pp. 99-103.

3 ）*Adult Education* 誌上で二回に分けて報告されている．フールの指導下で，ノールズが執筆した報告書である．一回目は，Malcolm S. Knowles, "An Overview and History of the Field: Working Paper Prepared by the AEA Consultative Committee on Direction-Finding," *Adult Education*, Vol. 7(4), 1957, pp. 219-230. 二回目は，Malcolm S. Knowles, "Direction-Finding Processes in the AEA," *Adult Education*. Vol. 8(1), 1957, pp. 37-54.

4 ）Edmund deS. Brunner, et al., "The Role of a National Organization in Adult Education," *A Report to the Executive Committee of the Adult Education Association*, Columbia University New York, Bureau of Applied Social Research, 1959.

5 ）ノールズは合衆国成人教育協会の事務局長のタイトルで執筆した．合衆国成人教育協会の前身であるアメリカ成人教育協会から継続して行われている成人教育の方向性検

第5章 1950年代の合衆国成人教育協会と成人教育の方向性　*153*

討プロジェクト過程を紹介した（Malcolm S. Knowles, *op. cit.*, "Direction-Finding Processes in the AEA," pp. 37-54).

6) **巻末資料54**（*Ibid.*, p. 38）を筆者が翻訳した.

7) **巻末資料55**（*Ibid.*, p. 39）を筆者が翻訳した.

8) **巻末資料56**（*Ibid.*, p. 40）を筆者が翻訳した.

9) **巻末資料57**（*Ibid.*, p. 40）を筆者が翻訳した.

10) **巻末資料58**（*Ibid.*, p. 40）を筆者が翻訳した.

11) Olive Mckay and Orlie A. H. Pell, *op. cit.*, p. 99. Malcolm S. Knowles, *op. cit.*, "Direction-Finding Processes in the AEA," p. 43.

12) 5 項目は，**巻末資料59**（Olive McKay and Orlie A. H. Pell, *op. cit.*, p. 99）を筆者が翻訳し，要約したものである.

13) **巻末資料60**（*Ibid.*, p. 100）を筆者が翻訳した.

14) **巻末資料61**（*Ibid.*, p. 102）を筆者が翻訳した.

15) 報告書名「A working paper prepared by the AEA consulting committee on Direction Finding」を筆者が翻訳した.

16) Thurman White, "Some common interests of adult education leaders," *Adult Education*, Vol. 6(3), 1956, pp. 155-162.

17) **巻末資料62**（*Ibid.*, p. 160）を筆者が翻訳した.

18) Malcolm S. Knowles, *op. cit.*, "An Overview and History of the Field: Working Paper Prepared by the AEA Consultative Committee on Direction-Finding," pp. 219-230.

19) 「leadership in adult education」の訳である.

20) Malcolm S. Knowles, *op. cit.*, "An Overview and History of the Field: Working Paper Prepared by the AEA Consultative Committee on Direction-Finding," p. 227. を基に作成.

21) Edmund deS. Brunner, et al., *op. cit.*

22) 五つの特別課題とは，「全国的組織における民主主義」，「合衆国成人教育協会と組織関係」，「社会運動としての成人教育」，「合衆国成人教育協会と専門職化の問題」，「合衆国成人教育協会の方向性」であった.

23) Edmund deS. Brunner, et al., *op. cit.*, pp. 314-331.

24) Malcolm S. Knowles, *The Adult Education Movement in the United States*, New York: Holt, Rinehart and Winston, Inc., 1962, p. 222.

25) *Ibid.*, p. vi.

26) 報告書によれば，11の項目は，① 社会的哲学の構築，② 研究推進，③ 実践技術の普及，④ 専門職の促進，⑤ 情報交換の場所，⑥ 地方機関のコーディネーター，⑦ 全国

組織としてのコーディネーター，⑧社会ムーブメントの促進，⑨地方への助言を提供する，⑩コミュニティ開発の促進，⑪新しい地域団体の育成，であった（*Ibid.*, p. 368）．

27) 巻末資料64（Malcolm S. Knowles, *op. cit.*, *The Adult Education Movement in the United States*, p. 222）を，邦訳，マルカム・ノールズ／岸本幸次郎訳『アメリカの社会教育——歴史的展開と現代の動向』全日本社会教育連合会，1975年，231頁，の訳を参考に筆者が，翻訳した．

28) Malcolm S. Knowles, *op. cit.*, *The Adult Education Movement in the United States*, p. 222.

29) 巻末資料65（Edmund deS. Brunner, et al., *op. cit.*, p. 1）を筆者が翻訳した．

30) 巻末資料66（*Ibid.*, pp. 314-315）を筆者が翻訳した．

31) 巻末資料67（*Ibid.*, p. 316）を筆者が翻訳した．

32) 巻末資料68（*Ibid.*, p. 319）を筆者が翻訳した．

33) *Ibid.*, pp. 321-326.

34) 巻末資料69（*Ibid.*, p. 322）を筆者が翻訳した．

35) *Ibid.*, pp. 324-326.

36) インタビュー時間に制限があったため，本質問については省略された場合もあった．そのため，80人のインタビュー回答者のうち，本質問に回答したのは52人であった．

37) 巻末資料70（*Ibid*, p. 327）を筆者が翻訳した．

38) 巻末資料71（*Ibid.*, p. 329）を筆者が翻訳した．

39) *Ibid.*, pp. 330-331.

40) Harold W. Stubblefield and Patrick Keane, *Adult Education in the American Experience : from the Colonial Period to the Present*, San Francisco: Jossey-Bass Publishers, 1994, p. 296.

41) 巻末資料72（Edmund deS. Brunner, et al., *op. cit.*, p. 330）を筆者が翻訳した．

42) Malcolm S. Knowles, *op. cit.*, *The Adult Education Movement in the United States*, p. 243.

43) Edmund deS. Brunner, et al., *op. cit.*

44) Malcolm S. Knowles, *op. cit.*, *The Adult Education Movement in the United States*, pp. 244-245.

第 6 章

ノールズの成人教育観
——合衆国成人教育協会の事務局長として——

　アメリカにおける成人教育の定着，そのための理論化に貢献したのはノールズであった．本章では，1950年代のノールズの成人教育観について，ノールズの論文と著書 (1962) を中心に，合衆国成人教育協会の事務局長時代の事業活動との関連を分析する．そのために *Adult Education* 誌上に掲載されたノールズ (Malcolm Shepherd Knowles) の論文 (1955, 1957)，および，彼の指導教授であったフール (Cyril Orvin Houle: 1913-1998) の成人教育者 (educators of adults) の養成に関する論文 (1956, 1957)，加えて，1959年に博士論文として提出され，出版されたノールズの成人教育史に関する著書 *The Adult Education Movement in the United States* (1962) を検討対象とする．

　本章で，フールの成人教育者養成に関する研究をとりあげる理由の一つは，ノールズのシカゴ大学大学院における修士課程入学 (1946年) から博士学位論文提出 (1960年) までの主任指導教授を，フールが担ったことであった．また，フールが合衆国成人教育協会の副会長として，事務局長ノールズと共同事業に取り組んだことは，1950年代のノールズの成人教育観の形成過程を検討するために必要であると考える．

　そこで 1 では，ノールズとフールの共同研究者としての取り組みの背景を整理する．2 では，フールの略歴と1950年代に *Adult Education* に投稿された論文を中心に，フールの成人を対象とする教育者のための専門職業人教育構想から，フールの成人教育観と専門職業人教育について考察する．3 では，1950年代に *Adult Education* に投稿された成人教育概念に関するノールズの論文から，ノールズの成人教育観の特質についてまとめ，さらに 4 では，ノールズの成人教育史に関する著書 (1962) における成人教育観と専門的職業の関係を考察する．最後に 5 では，2，3，4 での考察を踏まえ，1950年代における

ノールズの成人教育観と合衆国成人教育協会の事務局長としての活動との関連を考察することで，職業教育に関連付けられた成人教育論の成立過程を論証する．

1．ノールズとフールの成人教育観の背景
——共同研究者としての取り組み——

　イギリスの成人教育研究者ジャービスによれば，ノールズの古いメンターの一人がフールであった[7]．ノールズのフールとの出会いは，1946年であった．アメリカ海軍を除隊したノールズは，成人教育について大学院（修士課程）で学ぶため，当時，成人教育プログラムをもつ12の大学院の中から，シカゴ大学大学院への入学を決めた[8]．修士課程，博士課程を通して，ノールズの指導教授となったのがフールであった．ノールズの自伝によれば，二人の関係は，子弟関係というよりも，ジャービスが指摘したようにメンター，あるいは共同研究者に近い関係であった．同年齢でもあり，互いから学び合う関係であった[9]．またフールにとってノールズは，成人教育の実践経験をもつ社会人大学院生であり，成人を指導するモデルケースでもあった．ノールズが社会人大学院生として学ぶ環境を整えるために，フールは，時に大学の規則を変えながら支援した[10]．

　ノールズが，合衆国成人教育協会幹部として協会運営にかかわるきっかけを作ったのもフールであった[11]．ノールズの自伝によれば，合衆国成人教育協会の設立準備に携わることを推薦したのは，フールであったと推測している．その後，合衆国成人教育協会運営において，二人はともに協会の運営メンバーとなった．フールは，合衆国成人教育協会の副会長を1954年から1955年まで務め，*Adult Education, Adult Leadership* に，「高等教育における成人教育のための専門職業人教育，教養教育のあり方」に関する論文・記事を定期的に投稿し，合衆国成人教育協会の活動に積極的にかかわった．

　第5章で述べたように，ノールズは，1956年からの成人教育の大きな目的，すなわち合衆国成人教育協会の今後の方向性探索に関する調査委員会の事務局メンバーとして関与し，フールは1956年の方向性探索に関する調査委員会の責任者となった．

第6章 ノールズの成人教育観　　*157*

　二人は，協会運営に関わる一方で，同時期に研究者としても，それぞれが *Adult Education* に論文を投稿した．そこで，本章では，*Adult Education* 誌上に掲載された二人の論文とノールズの博士論文にもとづいた成人教育史に関する著書[12)]を中心に考察することで，1950年代のノールズの成人教育観を明らかにする．

2．フールの成人教育観と専門職業人教育

(1)　シリル・フールの略歴[13)]

　フール（Cyril O. Houle, 1913-1998）は，アメリカ成人教育成立に影響を与えた主要研究者の一人である．シカゴ大学大学院博士課程で1940年に博士学位（教育学）[14)]を取得した．博士号を取得する1年前の1939年から1978年までの39年間をシカゴ大学で研究・教育に従事し，学部長，大学拡張部長など大学運営に携わる一方で，ノールズを含めた成人教育の博士号取得者68名，修士号取得者250名の指導主査を担った．研究においては，生涯を通して成人教育分野全般に関する研究に取り組み，その業績として，14冊の著書，21本の特定研究論文，最低でも145本にわたる論文がある．その他，社会活動として，1976年までケロッグ財団のアドバイザーを務め，さらにホワイトハウス，国務省，厚生・教育・福祉省の委員会，米国教育協議会，ユネスコなどの国内外組織で委員を歴任した．2023年現在まで，アメリカ成人継続教育協会（合衆国成人教育協会の後継組織：America Adult and Continuing Education Association）の年次大会においてシリル・フール賞が，成人教育に関するその年の最優秀図書に与えられている．

　1950年代のフールは，シカゴ大学の広報担当を務める傍ら，合衆国成人教育協会では副会長に就任し，協会運営にもかかわった．大学での研究・教育だけでなく社会活動にも多忙な状況の中で，フールの研究関心は，成人教育の学問分野としての方向性，特に成人を対象として教育に関わる人々のための専門職業人教育（professional education）[15)]であった．そこで，*Adult Education* に投稿された論文[16)]から，1950年代のフールの成人教育思想と専門職業人教育について考察する．

(2) 1950年代におけるフールの成人教育観と専門職業人教育

フールは，成人教育の中核は，実践の科学（practical science）であると考えていた[17]．

> この新しい「極めて実践的な科学」の基礎は，成人教育の中心的な考え方そのものである[18]．

上記の引用文は，トーマス・ウイルソン（Thomas Woodrow Wilson, 1856-1924）の行政学研究に関する論文[19]の一節を引用し，成人教育研究と実践科学の関係についてフールが述べたものである．実践の科学を，成人教育における専門職業人教育にいかに位置づけるかが，フールの関心であった．彼の実践の科学への関心は，第二次世界大戦中に，陸軍と海軍在籍する非番の兵士向けとして戦後の職業を見据えた自発的な学習のためのプログラム開発に携わった経験が関係していた[20]．フールは，自身の研究と成人教育に関する知見から，成人教育の実践原理を打ち立てようとしていた[21]．成人教育方法論についてのフールの考えは40年後も有効であり，成人教育の原理と理論を精緻なものにしようとする成人教育者たちの戦後の取り組みに大きな転機を与えた[22]．

フールの実践原理構想の中心は，高等教育における専門職業人教育であった．そのために，成人教育と専門的職業研究に焦点をあて，成人教育分野における専門職業人教育の基盤教育機能が，教育機関，とりわけ高等教育に求められていると考えた[23]．フールは，1950年代の成人教育者（educators of adults）を，専門職業人として継続的な学びを求める第一世代として位置づけた[24]．また，成人に対して指導的役割を担う人々は，仕事の中での経験を通して，成人を教育する役割を得ていると考えた．そこで，実践者のニーズとして以下を示した．

> 成人教育者は，経験が自分の直接の仕事の慣れ親しんだニーズを提供する一方で，彼らが求めるバランスや見通し，ビジョンは十分に与えられないことに気づき始めている．そのため，より広い目標のために，彼らは大学に助けを求めるだろう．他方，大学は，成人教育分野のために，より強力で，明確な当該分野の専門的基礎を構築するニーズとともにある[25]．

フールの問題関心は，成人教育者や指導的役割を担う人々の多くが，成人を

対象とする教育の特質や分野の理解が不十分であることから，成人教育の専門性を教育するための高等教育向けのカリキュラムをいかにして構築するかにあった．そこで(3)では，フールが考える成人教育のリーダーシップ（指導的役割）の特質について整理する．

(3) 成人教育におけるリーダーシップの特質

　フールは，「成人教育者（educators of adults）」，「成人指導者（leaders）」を，「成人教育の十分な訓練の必要性がある人」[26]と定義した．また，成人教育者，成人指導者たちの備える特質として，リーダーシップ[27]に着目した．成人教育実践では，教える側と教えられる側が，二元論的に区分される傾向にあった．たとえば，教師と学習者，リーダー（指導的役割を担う人）とフォロワー，カウンセラーとクライアント，管理職と部下，計画者とその計画の実践者という対立的な区分があった．そこで，教師，リーダー，カウンセラーなどの教える立場，役割を示す単語として「成人指導者（leaders）」あるいは「成人教育者（educators of adults）」を一般的に使用するとした[28]．

　さらに，成人教育のリーダーシップの観点から次の三つにリーダーシップを分類している（**表6-1**）．**図6-1**の三角図のリーダーシップ三分類の境界線は，明確に区分できるわけではない．そのうえ，**図6-1**は，第5章で示した「方向性探索コンサルティング」委員会の報告書（1957）と共通している．フールは，委員会の報告書において，**図6-1**の *Adult Education* 誌上に投稿した「成人教育のリーダーシップ分野の三分類」を引用した．

　図6-1のピラミッドの三分割は，面積が大きいほど，属する人数の多さを示す．グループⅠは最も人数の多いグループで，主として任意（ボランティア）で，成人教育に携わる人々であるとし，成人教育分野への影響力も大きい．グループⅠの学習ニーズは，成人教育業務に直接役立つ専門的，かつ端的でわかりやすい研修を求めている層であった．たとえば，ディスカッションをどのようにまとめればよいのか，研修プログラムをどのように企画すればよいのか，選挙事務所をどのように解散すればよいのか，など組織的運動等の研修を求めている．彼ら，彼女らの関心は，いかにうまく役割を担えることができるのかが中心であった．

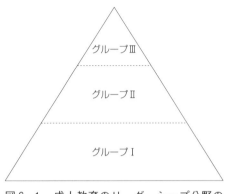

図6-1　成人教育のリーダーシップ分野の
　　　　三分類

出典：Cyril O. Houle, "Professional Education for Educators of Adults," Adult Education, Vol. 6(3), 1956, p. 133. をもとに筆者作成．

表6-1　各グループにおいて想定される成人教育者

グループ	想定される成人教育のリーダーシップを発揮する分野
Ⅰ（最多数）	ボランティアとして担当している者，たとえば，ディスカッショングループのリーダー（非専門家），ボランティア協会のリーダー，教会，学校，コミュニティセンター，協同拡張サービスのリーダー，シティズンシップ，安全管理，保健，国際的課題，家族計画などの理解を深める活動のリーダー（指導的役割）など
Ⅱ（中間数）	別の専門的職業に従事しているが，成人教育に業務上，関係している者（たとえば，公共図書館・セツルメントハウス・博物館スタッフ，若者，成人を教えている大学教員，軍隊での指導者，政府・企業の人材育成担当者，マス・メディアで働く人々）
Ⅲ（最小数）	第一の関心が成人教育であり，成人教育でキャリア形成を期待する者

出典：図6-1と同文献，pp. 133-134. をもとに筆者作成．

　グループⅡは，職業として他の業務に就く成人教育者たちであり，人数規模としては中程度に位置づけられる．成人教育が職務上必要な場合は，職務で役割を担う以前の教育と役割を担う途中での教育が求められる．研修カリキュラムには，成人教育に関する内容が含まれた．たとえば，夜間学級を担当する子どもを教えることを専門とする教師には，成人を教えるために必要な知識やスキルを学ぶことが求められる．また，公立図書館職員には，成人の読者が，的確に本を選ぶことができるように成人の読書支援を学びたいと考えている層で

あった.

　グループⅢは，最も対象者数が少ない．たとえば，公立学校，大学，図書館での成人教育プログラムに携わる人々，「成人教育」を教える大学教員，成人教育の研修活動に関心がある人々，専門機関スタッフとしての成人教育の専門家（specialist），政府関係，産業界，労働組合の研修を担当する管理職，農業拡張事業のスタッフなどである．グループⅢの学習ニーズには，評価，重要な目的意識，専門的な貢献が求められるだけでなく，グループⅠ，Ⅱに属する人々に対して，リーダーシップ，成人教育の方向性を示すこと，研修を提供する役割が求められる．そのため，グループⅢの人々は，成人教育に関する継続的かつ最大限の学習が必要となり，その学習が専門職業人教育によるものであるとフールはとらえていた.

　一方で，フールは，高等教育が，グループⅢの専門家（specialist）だけのための教育に特化するべきではないと考えた．あらゆるグループ，つまり成人教育の業務を任意で担うリーダー，成人教育者のための教育を保障すべきであり，そのためのカリキュラム構築を構想した．フールはグループⅠ～Ⅲの境界を明確に区別することには懐疑的であり，ピラミッド図の二本の境界線も明確な線ではなく，あいまいな線（図6-1では点線）であるとした.

　さらに今後の検討課題として，たとえば，任意（ボランティア）で成人を教える役割を担いながら，知識やスキルを向上したいと考えている人々に対する教育の可能性を検討する必要があることをあげた．また，専門家（specialist）とパートタイムの成人教育者の学習ニーズは，重複することも多いことを示しつつ，双方に対し，提供可能な成人教育の原理とは何かについて，多くの経験にもとづいた継続的検討が求められることを指摘した.

　上述については，第五章で述べたフールが委員長を務めた合衆国成人教育協会による調査プロジェクトによる報告書[29]の指摘と重なる.

　次に，主にグループⅢを対象としたフールによる専門職業人教育構想を整理する.

(4)　フールの専門職業人教育観

　フールは，当時，「専門職業人教育」という用語そのものの歴史は，まだ浅

いとしたうえで，成人教育における専門職業人教育の一般的な定義について，
以下のように説明した．

　　成人教育が第一の関心事でその分野で基本的なキャリア形成を期待している人
　のための高度な教育[30]

　ただし，同時に，当時の一般的な「専門職業人教育」の意味には，フールが
考える専門職業人教育とのズレがあることを指摘した．フールは，一般的な専
門職業人（professional）との成人教育者の専門性の異なる特質に気づいており，
成人教育の「専門職業人教育」を，一般的な基準で定義することに懐疑的で
あった．つまり，成人教育者の実像は，専門職業人教育の一般的な基準とは異
なっていた[31]．たとえば，成人教育者の多くが，他の専門職業人とは異なり，あ
る特定の職業に従事し，職務上「偶然に（たまたま）」成人を教える役割を担っ
ていた．それは青年期から注意深く教育される弁護士や医師などの教育・養成
方法とは異なっていた．しかし一方で，「本物」の専門的職業の水準と責任を
担うために，成人教育分野で指導的役割を担う職業キャリアを計画し，成人教
育分野での専門性を高めるための教育方法を検討する必要があった．

　フールが示した主としてグループⅢのための大学院での専門職業人教育の目
標を，表6-2に整理した．

表6-2　フールによる成人教育の専門職業人教育の標準的な目標

	標準的な目標
①	成人教育が達成すべき基本的価値に関する信念と主要な目的と課題にもとづいた成人教育概念の理解
②	教育学（特に成人教育）が置かれている心理的かつ社会的機能の理解
③	成人教育者が働く機関，またはプログラム開発の広い領域と複雑性の理解
④	教育の基本的プロセスに着手し，運営能力，目標の改善，方法と内容の選択と活用，リーダー（指導者）研修，ガイダンスとカウンセリングの提供，活動のコーディネートとマネジメント，学習成果の評価
⑤	個人がもつ能力の有効性をさらに伸ばし，個人，集団，社会において活動する上でのリーダーシップの力量形成
⑥	生涯を通じての自分自身の教育に，継続的に関心をもつこと

出典：巻末資料76（Cyril O. Houle, "Professional Education for Educators of Adults," *Adult Education*, Vol. 6(3), 1956, pp. 137-139）をもとに筆者が翻訳し，作成．

表6-2のフールによる専門職業人教育の目標において①から③については，教養教育的な目標であるが，④から⑥については実践性にもとづく目標である．さらに成人教育分野の専門職業人教育の特質として，フールは，成人教育者は「生涯学習の存在を理解する必要がある」とした．そのため成人教育を学ぶ学生，そして教授も大学院教育が成人教育のリーダーシップを育成する完璧なプログラムであると考えるべきではなく，「常に変容するもの」ととらえることが肝要であるとした．その上で，大学院教育の目的は，生涯にわたって学び続ける専門職業人としての目標に対しても役立つものであった．フールは，大学院における専門職業人教育を，成人教育者自身が生涯を通して学び続ける能力を獲得する学習機会とみなすこと，生涯を通しての継続的な学習を援助することこそが，成人教育分野の専門職業人教育の役割であるとした．

3では，以上のフールの専門職業人教育に関する考え方を踏まえ，ノールズが *Adult Education* に投稿した「アメリカの成人教育（Adult Education in the United States）」（Vol. 5(2), 1955）と「成人教育の思想的課題（Philosophical Issues That Confront Adult Educators）」（Vol. 7(4), 1957），アメリカの成人教育史に関する著書 *The Adult Education Movement in the United States*（1962）を中心に，ノールズの成人教育観と専門的職業の関係を検討する．

3．1950年代のノールズの成人教育観
──事務局長としての事業との関わり──

1950年代のノールズは，シカゴ大学大学院博士後期課程に在籍する大学院生としての役割と合衆国成人教育協会の事務局長の2つの役割を担っていた．大学院生として，アメリカ成人教育史研究に取り組み，*Adult Education* に投稿された「アメリカの成人教育（Adult Education in the United States）[32]」は，後の博士学位論文の一部であった．そして，事務局長としてフールとともに取り組んだ成人教育の方向性探索プロジェクトの検討結果が反映された論文が「成人教育の思想的課題（Philosophical Issues That Confront Adult Educators）[33]」であり，その論文の一部は，ノールズの主著とされる初版の *The Modern Practice of Adult Education: Pedagogy versus Andragogy*（1970），さらに改訂版の *The*

Modern Practice of Adult Education: From Pedagogy to Andragogy（1980）[34]
に，反映された．ノールズは，1950年代において専門的職業との関係をどのよ
うにとらえていたのだろうか．(1)では，ノールズの1970年までの略歴を概観し，
(2)，(3)でノールズの成人教育観と合衆国成人教育協会での事業実践との関連を
考察する．

（1）　ノールズの略歴——1960年代以前を中心として
　ここでは，本書の研究対象である1960年代以前のノールズの略歴について，
自伝書 *The Making of an Adult Educator: An Autobiographical Journey*
（1989）[35] を基に紹介する．
　ノールズは，1913年に米国モンタナ州で生まれ，父親は獣医であった．青少
年時代はボーイスカウトやセツルメント活動に取り組んだ．ハーバード大学卒
業後の1935年から，マサチューセッツ州の国民青年局（National Youth Adminis-
tration: NYA）の非常勤指導者として，18歳から25歳までの失業青年に対する雇
用のための職業訓練プログラム編成の仕事に就いた．同時期に，ニューヨーク
社会事業大学で教えていたリンデマンと出会う．リンデマンは，ノールズが仕
事で携わる「雇用促進局（Works Projects Administration: WPA）」のディレク
ターであり，上司でもあった．そのプロジェクトを通して，リンデマンと多く
の時間を過ごし，成人教育がどうあるべきかを話し合い，リンデマンはノール
ズのメンターとなった．ノールズにとって，リンデマンの *The Meaning of
Adult Education*（1926）と，ヒューイット（Hewitt, D）による *Adult Educa-
tion: A Dynamic for Democracy*（1937）は，常に指針を求めて読み返す本と
なった．
　1940年に，ボストンの YMCA（The Huntington Avenue）の管理職（Director）
となったが，1944年にアメリカ海軍に入隊し，除隊後の1946年に，シカゴ中央
YMCA のディレクターに就任し，同年，シカゴ大学大学院成人教育プログラ
ム修士課程に社会人大学院生として入学した．シカゴ大学大学院での主任指導
教員はシリル・フール（Cyril Orvin Houle, 1913-1998）で，成人教育に関する知
識，教育方法に関して影響を受けた．たとえば，フールは学生と同僚のように
接し，大学院の授業では，伝統的な大学の授業方法を採用せず，成人教育の実

践的研究を大学院授業で行っていた．またノールズは，カール・ロジャース（Carl Rogers, 1902-1987）の共同研究者であったアーサー・シェドリン（Arthur Jules Shedlin, 1913-1988）教授のグループカウンセリングの演習授業に参加した．その経験が，「教師（a teacher）」よりも「学習支援者（a facilitator of learning）」についての研究に着手したきっかけとなった．

　修士論文では，これまでの自分自身の実践経験と成人教育に関する論文から得た知見を統合することを目指し，結果として，最初の著書である *Informal Adult Education*（1950）の出版につながった[36]．1951年には合衆国成人教育協会の初代事務局長となり，成人教育への関心が，ある特定の教育プログラムから成人教育分野の動向へと移る．そして，合衆国成人教育協会の所蔵資料とそこで得た人脈を活かし，過去30年間の成人教育分野で活動してきた人々へのインタビューをもとに，アメリカの成人教育史に関する研究成果となる博士論文[37]を執筆し，1962年に *The Adult Education Movement in the United States* を出版した[38]．

　ノールズ研究者であるヘンリー（George William Henry, 2011）は，ノールズの経歴を以下の6期に分類している[39]．第1期（1950-1959）「初期の思考」，第2期（1960-1969）「概念の構想」，第3期（1970-1971）「概念の構築」，第4期（1972-1975）「概念の拡張」，第5期（1977-1984）「概念の完成」，第6期（1986-1995）「最期の思考」としており，本論は，ヘンリーによる分類を参考に，第1期の1950年から博士論文を基にした著書 *The Adult Education Movement in the United States*（1962）が出版された第2期の1962年までを検討対象とする．ノールズのアメリカ成人教育史研究は，第1期「初期の思考」の研究による成果であり[40]，同書の序章で，以下のように述べている．下線と括弧内の補足は筆者による．

　　（合衆国成人教育協会の事務局長としての経験から），各団体や機関の政策の多くは，成人教育の現場で働く人々や指導者の実際の関心，ニーズ，概念を静的にとらえていることに気づいた．そして各種の成人教育機関の歴史的起源や発展の動向といった問題についてはほとんど情報がなく，そのために成人教育を，各機関をとりまとめる要素としてとらえたり，継続的な発展過程の文脈のなかでとらえ

表6-3 ノールズの主要著書（編著書を含む）一覧

	出版年	著書のタイトル（日本語版のタイトル）
1	1950	*Informal Adult Education*
2	1954	*Teaching Adults in Informal Courses*
3	1955	*How to Develop Better Leaders* ※妻（Hulda Knowles）との共著
4	1959	*Introduction to Group Dynamics*（＝1960，永井三郎訳『グループ・ダイナミックス入門』日本 YMCA 同盟出版部）※妻（Hulda Knowles）との共著
5	1960	*Handbook of Adult Education in the United States*
6	1962	*The Adult Education Movement in the United States*（＝1975，岸本幸次郎訳『アメリカの社会教育——制度的発展と現代の動向』全日本社会教育連合会）
7	1969	*Higher Adult Education in the United States*
8	1970	*The Modern Practice of Adult Education: Pedagogy versus Andragogy*
9	1972	*Introduction to Group Dynamics*（Revied.）
10	1973	*The Adult Learner*（2nd ed.）
11	1975	*Self-Directed Learning*（＝2005，渡邊洋子・京都大学 SDL 研究会訳『自己主導型学習ガイド——ともに創る学習のすすめ』明石書店）
12	1977	*A History of the Adult Education Movement in the United States*（Revied.）
13	1978	*The Adult Learner*（3rd ed.）
14	1980	*The Modern Practice of Adult Education: From Pedagogy to Andragogy*（Revied.）（＝2002，堀薫夫・三輪建二監訳『成人教育の現代的実践』鳳書房）
15	1984	*Andragogy in Action*（4th ed.）
16	1986	*Using Learning Contracts*
17	1989	*The Making of an Adult Educator*
18	1990	*The Adult Learner*（4th ed.）（＝2013，堀薫夫・三輪建二監訳『成人学習者とは何か——見過ごされてきた人たち』鳳書房）
19	1994	*A History of the Adult Education Movement in the United States*（Reissue）
20	1995	*Designs for Adult Learning*

注：1950年の最初の著書 Informal Adult Education から，最後の著書である1995年の Designs for Adult Learning の46年間に計25冊を出版した（George W. Henry, *Malcolm Shepherd Knowles : A History of His Thought*, New York: Nova Science Publishers, 2011, p. 2）.

出典：ヘンリー（George W. Henry）の Table 2（*Ibid.*, pp. 4-5）を参考に，筆者作成.

たりすることが困難であった[41].

　上述のように，1950年代のノールズの研究関心は，成人教育者である実践者の関心，ニーズ，概念を静的にとらえることではなく，動態的にとらえようとするものであった．

(2)　ノールズの成人教育観の特質

　ノールズは，1949年の修士論文をもとにした著書 *Informal Adult Education* (1950) の冒頭で，成人教育労働者と専門的職業の関係について述べた．下線は筆者による．

　　インフォーマルな成人教育運動が生じている．そこでは多くの人々が自分たちの活動が何であるかに気づいていない．もちろん，YMCA，YWCA，大学拡張部，夜間高校，労働組合，産業界，地域機関などによって雇用されている多くの労働者たちが存在する．そして，その労働者たちの多くは，教育的な運動の中で，専門的労働者になることに関心がある[42].

　アメリカ社会において専門的職業への関心が高まり，1940年代末の成人教育労働者たちは専門性を高めたいと考えていた．そしてノールズは，当時の成人教育労働者がより良い仕事をするための学びを求めていることに着目した．

　　多くの成人教育労働者は，より良い仕事の仕方を学ぶことを切望している．彼ら，彼女らの学習の援助はいったいどこでできるのだろうか[43].

　ノールズは，成人教育労働者（adult education workers）たちのより良い仕事をしたいという学習ニーズにどう対応すべきかを問題意識として掲げ，成人を教育する実践者の学習援助に研究関心をもった．そして，ノールズは，成人教育とは何かについて，以下のように説明した．下線は筆者による．

　　成人教育は，拡大しており，明確な定義は避けられない状況となった．広義の意味において，成人教育は，成熟した男女が新しい知識，スキル，態度，関心，価値を獲得できるように援助するすべての経験を含む．この意味において，成人教育は個人，集団の学習につながるあらゆる生活上の経験を実践的に包含する[44].

生活上の経験を含むとは，本を読むこと，音楽を聴くこと，他者と会話する
ことも含む．そして何かを学習するために，計画されたり，組織化されたりす
る技術的なことをも網羅する．具体的には，授業，スタディグループ，講義の
企画・運営，読書プログラムの計画，計画されたディスカッション，カンファ
レンスなどを意味していた[45]．さらに当時のノールズの成人教育観の根底には，
それまでアメリカの教育分野では，子どもの学習が中心であったが，成人の学
習者が増加していること，つまり成人教育運動の拡大を確信し，初等教育，中
等教育，高等教育の次の第四の教育制度，すなわち成人教育を構想した[46]．それ
ではノールズの成人教育運動とは，何を意味しているのだろうか．下線は筆者
による．

　　　成人教育運動は，人生を豊かにし，より文明化する多くの活動の中でのあらゆ
　　る成人の幅広い個人の学習方法を含む．「運動」は，成人の学習過程の改善，成
　　人の学習機会の拡大，そしてアメリカの文化レベルの進歩につながる[47]．

　ノールズの成人教育運動の考え方は，あらゆる成人の学習機会を広げ，成人
学習者の学習過程を改善していくことであった．また，生涯を通して，学び続
ける成人の増加に対応していくことが運動の意味であり，そのことがアメリカ
の文化のレベルを上げ，成熟した社会につながると考えた．ノールズは合衆国
成人教育協会の事務局長として，成人学習者の増加，その職業の種類と雇用形
態の多様性を統計的に整理し，1924年以降の成人教育参加者の拡大を数値とし
て示した．表6-4と表6-5は，ノールズから引用した[48]．
　表6-4は，成人教育活動に参加する人々がこの30年間に急激に増加してい
ること，多様な機関によって成人教育活動が行われていること示していた．さ
らに表6-5は，そこでの労働者の雇用形態を示し，多様な職業機関における
成人教育者の雇用の実態を明らかにした[49]．ノールズは，成人教育者の雇用形態
調査においては，すべての機関からの数字ではないため推測であるとしつつ，
成人教育の労働者数は，フルタイムは約10万人，パートタイムで約500万人と
した．当時の成人教育者の雇用形態は不安定であった．
　ノールズが，1950年代に合衆国成人教育協会の成人教育運動のあり方を課題
とした理由には，リンデマンの影響があった．下記は，ノールズが，事務局長

第6章　ノールズの成人教育観　　169

表6‑4　成人教育プログラムへの年別参加者数（1924年‑1955年）

事業の種類	参加者登録者数（単位千人）			
	1924年	1934年	1950年	1955年
農業改良普及事業	5,000	6,000	7,000	8,684
公立学校成人教育	1,000	1,500	3,000	3,500
大学成人教育	200	300	500	1,500
社会通信教育	2,000	1,000	1,000	1,000
教育ラジオ・テレビ	500	5,000	6,000	5,000(5)
図書館	1,200	1,000	1,500	1,961
男子クラブ・婦人クラブ	1,000	1,000	(4)	1,525
PTA	15	60	(4)	350
宗教機関	150	200	(4)	15,500(6)
企業内教育	100	60	(4)	750
労働組合	13	15	(4)	850
軍隊内教育	(1)	(1)	250	388
健康福祉機関	(2)	(2)	(2)	6,500
その他(3)	4,681	6,156	10,000	2,000
計	14,881	22,331	29,250	49,508

注：1924年，1934年の概数は，アメリカ成人教育協会理事のカートライト（Morse A. Cartwright）が作成
し，1950年の概数は，コロンビア大学ティーチャーズ・カレッジ成人教育研究所の事務局長エサート
（Paul L. Essert）が作成し，1955年の概数は，ノールズが合衆国成人教育協会事務局長の職にあったと
きに作成した．以下は，表中の(1)～(6)の説明である．(1)1924年と1934年は未調査，(2)カートライトとエ
サートは，本項目を「その他」に含めた．(3)内訳：卒業生教育，コミュニティ組織，外国出生者組織，
フォーラム，ライシャムとシャトーカ，黒人教育，刑務所での教育，余暇活動，セツルメント，特別支援
教育，映画館，失業者教育，職業復職教育，博物館，(4)エサートは，これらの項目をすべて「その他」に
含めた，(5)減少は，視聴者が減少したわけではなく，「教育的な」基準をより厳密にしたため，(6)急激な
増加は，キリスト教会，シナゴーク（ユダヤ教）による成人教育的活動の増加によるものと参加者報告数
の申告手続きが改善したことによる．成人日曜学校の講座数も含まれる．
出典：Malcolm S. Knowles, "Adult Education in the United States," Adult Education, Vol. 5
(2), 1955, pp. 67‑76.

として合衆国成人教育協会の方向性探索プロジェクトの報告書で引用した1924
年にカーネギー財団で行われたアメリカ成人教育協会における委員会でのリン
デマンのコメントのメモである．そこにはリンデマンの成人教育の方向性に関
する問題意識が述べられていた．[50]

　1．アメリカにおける成人教育の本格的な研究が必要なのは，次の理由による．

表6-5　成人教育関連機関における雇用形態別労働者数（1955年）

成人教育関連機関	フルタイム雇用者	パートタイム雇用者
農業拡張事業	12,024	1,152,000
公立学校成人教育プログラム	2,500	83,500
大学拡張と夜間カレッジプログラム	1,000	35,000
図書館	1,100	19,000
教育的ラジオとTV	18,000	データ無し
国立健康福祉機関（66か所）	14,000	1,500,000*
合計（*ノールズの推定）	4,8624	2,789,500

　　(a)成人教育は，多様な機関によって推進されているが，それぞれが孤立化し
　　ており，運動を遅らせている．(b)成人教育の多様な形態はその真の意味を不
　　明確にする傾向がある，したがって，(c)成人教育の用語自体を定義し，かつ
　　帰納的に記述されて初めて現実性を持つようになる．
　2．成人教育研究は，より広い教育分野に関心を持つ主体（an agency）によっ
　　てなされるべきである[51]．

　ノールズは，リンデマンの考えを踏襲し，成人教育運動において，多様な成
人教育機関を孤立させず，成人教育の「本来の意味」をより広い成人教育分野
全体の統合によって追究することを目指した．

(3)　ノールズの成人教育観──成人の学習の自由を援助すること

　それではノールズは成人教育の「本来の意味」をどのようにとらえていたの
だろうか．1957年6月にノールズが *Adult Education* に投稿した論文「成人
教育者が直面する思想的課題（Philosophical Issues That Confront Adult Educa-
tors)[52]」において，成人教育分野が問われるべき問いを，以下の三つとした[53]．

　①何が教えられるべきなのか．
　②成人にどのように教えられるべきか．
　③民主主義社会における成人教育の適切な目標とは何か．

上述の問いに，ノールズは，成人教育の「深いレベルの思想」として以下のよ

うに説明した．中略は筆者による．

　　成人教育思想には解放（liberation）の概念が含まれる．成人教育は個人の成長
　プロセスと定義できる．個人が解放される（自由である）ことを援助する活動に，
　成人教育者は位置づいている．（中略）ある意味，この概念は「自由な人（free
　man）」のモデルを含むが，それは各個人が，自由になった時にどうするのかに
　ついてのステレオタイプなモデルではない．[54]

　ノールズは，子どもと成人の学習の違いは，何を教えられるべきなのか，ど
のように教えられるべきなのかを自己決定できること（自由であること）が最大
の違いであると考えていた．そして解放されること（自由であること）を援助す
ることこそが，成人教育者の役割であるとした．[55]
　一方，「自由であること」の援助を，教育者の役割とすることは，成人教育
分野の概念に緊張を生みだすことにもなる．その緊張を和らげるために，ノー
ルズは以下の四つの要件を成人教育に求められる基本的要件とした．

① 自分自身を，絶対的で排外的な言葉によって決めつける習慣から離れる訓練
　をすること
② 違いについて容認するだけでなく，望ましいことであるという態度を教育す
　ること
③ 違いが生み出す緊張関係に寛容であること，そして成長を生み出し，より真
　実を追究する創造性にこそ，緊張関係が用いられるようにならなければなら
　ないこと
④ 目的と方法のために，より効果的な選択がなされるために研究成果にもとづ
　く知識を獲得すること[56]

　成人教育は，何が教えられるべきか，どう教えられるべきか，どのような目
標に向かうべきかに関して合意を求めない点において，子どもや青少年に対す
る教育とは異なるということをノールズは強調した．そして，「有能かつ客観
的に成人学習者に援助（ガイダンス）できる能力」こそが，成人教育者に必要な
能力であり，不可欠な専門性であるとした．

4．ノールズの成人教育史研究にみる成人教育観
——専門的職業との関わり——

3ではノールズの1950年代の成人教育観と合衆国成人教育協会での事業との関わりを検討した．そこで4では，ノールズが合衆国成人教育協会での8年間の幹部としての任期を終え，1960年に提出した博士論文を基にした著書 *The Adult Education Movement in the United States*（1962）における専門的職業との関わりについて検討する．特に，ノールズの成人教育に関する思想が記述されている「第3部　成人教育運動の特質と将来の展望」に焦点をあて，ノールズの1950年代の成人教育観を検討する．

⑴　ノールズの成人教育史研究の目的と概要

ノールズが成人教育史を執筆した目的は，アメリカの成人教育史の叙述のみならず，むしろその中で成人教育の歴史展開を推進する原動力を明らかにすることであった[57]．スタブルフィールドとキーンは，ノールズによるアメリカ成人教育史は，制度史の観点から分析したものであると指摘しており[58]，ノールズの分析の視点とは，制度や組織での成人教育を動態的にとらえることであった．

アメリカ成人教育史を整理するためにノールズは三つの観点からの問いをたてた．

① 今日まで現れてきた成人教育分野の性格（nature）は何か．その各領域や構成要素や一般的特質は何か．それはいかに展開し，どのような発生の原則がその発展を導いているのか．

② 成人教育分野の力動性（動態）は何か．連携組織の必要性は何か．連携組織を推進し，また妨げる力は何か．

③ 成人教育分野の将来はどのようなものになるか[59]．

表6‐5は目次である．この目次にあるように，本著（1962）の構成は三部構成であった．

第一部は[60]，成人教育機関の出現した歴史をたどり，成人教育分野の構成要素

第6章　ノールズの成人教育観　　*173*

表6-6　*The Adult Education Movement in the United States* 目次

序文
第一部　成人教育機関の歴史的発達
　第1章　植民地時代の社会と教育（1600～1779）
　　　　　社会的背景
　　　　　初期の教育活動：徒弟制度―大学―コモン・スクール―私立職業学校―中等学校―図
　　　　　　書館―教会―タウン・ミーティング―農業団体―フランクリンとジャントークラブ
　　　　　　―その他の機関
　　　　　要約
　第2章　国民の成長と知識普及への努力（1780～1865）
　　　　　社会的背景
　　　　　民主的市民の教育
　　　　　知識の増大と普及：商工図書館および講習所―ロウエル協会とクーパーユニオン―ラ
　　　　　　イシャム運動―大衆の読書と公共図書館―博物館―有志団体―教会―農業教育
　　　　　国民教育制度の形成
　　　　　要約
　第3章　国民の成熟と成人教育機関の増加（1866～1920）
　　　　　社会的背景
　　　　　成人教育機関の発達：シャトーカ運動―通信教育―農業教育―労働者教育―企業内教
　　　　　　育―大学とカレッジ‐図書館―公立学校―有志団体―宗教団体―博物館
　　　　　要約
　第4章　現代における成人教育機関の発展（1921～1961）
　　　　　社会的背景
　　　　　成人教育の制度的発展：企業内教育―大学とカレッジ―協同改良普及事業―財団―政
　　　　　　府諸機関―民間の保健福祉機関―独立成人教育センターおよび宿泊センター―労働
　　　　　　組合―図書館―マス・メディア―博物館と美術館―私立学校―公立学校―宗教団体
　　　　　　―有志団体
　　　　　要約

第二部　成人教育の組織化と連携組織の形成
　第5章　成人教育の各領域の連携組織
　　　　　関係機関の連携組織：企業内教育―大学とカレッジ―協同改良普及事業―財団―政府
　　　　　　機関―保健福祉機関―独立成人教育センターと宿泊センター―労働組合―図書館―
　　　　　　マス・メディア―博物館と美術館―私立学校―公立学校―宗教団体―有志団体
　　　　　主題別領域の連絡組織
　　　　　地理的な連携組織：地域の連携組織―州の連携組織―広域地方の連携組織
　　　　　要約
　第6章　成人教育の全国組織の実現
　　　　　全国組織の理念
　　　　　アメリカ成人教育協会（AAAE）：設立―目的と政策―会員―組織構成―事業内容―財
　　　　　　政
　　　　　全米教育協会成人教育部
　　　　　合衆国成人教育協会（AEA）：設立―目的と政策―会員―組織構成―事業内容―財政
　　　　　要約と評価

第三部　成人教育運動の特質と将来の展望
　　第7章　成人教育の特質とダイナミックス
　　　　成人教育分野の特質
　　　　発生の原則
　　　　成人教育の発達過程の概念
　　　　連携組織と成人教育のダイナミックス
　　　　連携組織の概念
　　　　連携組織の活動に影響する諸力：連携組織の活動を推進する諸力―連携組織の活動を妨げ
　　　　る諸力

　　第8章　将来の展望
　　　　現在の動向と仮説にもとづく将来の予測
　　　　新しい仮説にもとづく将来の可能性：青少年教育に関して必要な新しい仮説―成人教育の
　　　　新しい展望
　　　　成人教育の進むべき道

　参考文献
　訳者あとがき

> 出典：巻末資料86（Malcolm S. Knowles, *The Adult Education Movement in the United States,*
> New York: Holt, Rinehart and Winston, Inc, 1962, pp. ⅵ-ⅶ）の目次を，マルカム・S・ノール
> ズ／岸本幸次郎訳『アメリカの社会教育——歴史的展開と現代の動向』全日本社会教育連合会，1975年,
> pp. 9-11, を参考に，筆者翻訳.

となる各機関がどのように始まり，また成人教育機関がどのように発展してき
たかを見出すことを目的とした．成人教育機関の起源に関する資料は，たとえ
ば，農業改良普及事業，公立学校，大学拡張，夜間大学，図書館に関しては資
料が豊富にあった．しかし，多くの成人教育機関については，資料がない場合
があり，たとえば，企業，政府機関，マス・メディア，民間の有志団体などは
質問調査や手紙で照会し，情報や資料を入手したものの限界があったとしてい
る．
　　　　61)
　第二部は，成人教育の全国組織（アメリカ成人教育協会，NEA成人教育部，合衆国
成人教育協会）の成り立ちについて述べている．第二部の目的は，成人教育分野
のそれぞれ異なった構成要素を相互に関連づけるために試みられた様々な方法
を検討することであった．前述したように，ノールズ自身が合衆国成人教育協
会の事務局長だったことから，所属資料を入手しやすく，成人教育分野の研究
者や関係者へのインタビューを研究方法とした．
　　　　62)
　第三部では，成人教育の動向に関する特質，発生，発展，および傾向に関す
る検討結果をまとめている．そして，成人教育分野の特質としてあきらかに

なったことを基に，成人教育の課題を示し，成人教育の将来についての予測を試みた．

第三部では本著の歴史研究の成果として，成人教育分野の特質を次の五つの項目にまとめた．

① 成人教育の領域は，きわめて展開性や柔軟性に富む．
② 成人教育の分野は，多元的な社会制度の形態をとる．
③ 成人教育の分野はきわめて相互作用的な社会組織である．
④ 成人教育分野は，独特なカリキュラムや方法を発展させつつある．
⑤ 成人教育は，ますます明確に定義された研究と実践の分野となりつつある[63]．

ノールズは，本著において，アメリカの成人教育研究と実践の関係を明確に定義できるところまで到達したと考えていた．また，成人教育分野を静止的なものとしてではなく，実践を基盤とした展開や柔軟性に富む動態的なものとしてとらえるべきであると結論づけた．

そこで(2)では，ノールズが，成人教育史研究 (1962) において，成人教育と専門的職業の関係をどのように描いたかについて考察する．

(2) ノールズの成人教育観の職業的特質

これまで日本の成人教育研究の中では，ノールズとリンデマンは，職業教育のとらえ方が異なるとされてきた．すなわち，リンデマンは，成人教育において労働と教養の統合を唱えており[64]，ノールズの成人教育は，人材育成 (human resource development) とアンドラゴジー論[65]の融合を試みる職業的性格をもつとされてきた[66]．

では，ノールズの成人教育観は，なぜ職業的性格をもつようになったのか．

一つは，アメリカにおける初期（植民地時代）の労働観との連続性を，ノールズは史的研究過程でとらえ，そのことが彼の成人教育観に影響を与えた．ノールズはアメリカの最初の成人教育活動を徒弟制度の中に見出し，この徒弟制度の時代にいくつかの成人教育機関の種子がまかれたと考えた．

　　確かに誰でもよろこんで一生懸命に働けば出世することができるという考え方

が——この国の成人教育の発達に大きな影響を及ぼしたのだが——この時期に発達しはじめたのである[67]

　第1章の冒頭で，上述の植民地時代の労働観を踏まえ，ノールズは，「生存することは，当然，生活に不可欠な物を生産する能力に依存するから，移住民の教育の第一の重点が職業訓練であったのはごく自然のことである[68]」とし，アメリカの労働観の成人教育への影響について示した．

　二つには，成人教育活動が行われるすべての機関（組織）・制度を研究対象とすることを試みたことであった．ノールズは，成人のための教養教育のみを提供する機関を，成人教育機関の対象として全国組織が取り扱うことに違和感を持った[69]．そのため，特に，本著の第1章から第5章では，成人教育機関の歴史的発達の分析対象に，企業内教育，労働者教育，学校，協同改良普及事業，保健福祉機関などの職業関係団体，専門職団体など成人教育機能をもつ職業教育機関を対象に含めた．ノールズが，あらゆる成人教育機関を分析対象としてとらえ，特に職業教育を中心に据えた背景には，成人教育の全国組織（アメリカ成人教育協会）における政策立案の検討過程の記述にその影響がみられる．

　たとえば，1926年にアメリカ成人教育協会が設立され，5年計画で協会における政策や運営方針が検討されていた．その政策に関する議論の中で，成人教育における職業教育の位置づけの方向性に関する論争があり，以下の確認がなされている．

　　第五の政策決定は，1930年から1931年に，明確な論争の結果作られたものである．これは，「協会の運動の方向は，実用的な職業指導（vocational instruction）の方向にあるべきだとする人々と，教養の尊重が支配的になるべきだとする人々との間の論争」であった．そのために，協会は，「職業的要求，教養的要求と余暇の要求も認めるような，成人のためのよく調和のとれた理想的な教育機会の計画」という考え方を結論として導きだした[70]．

　ノールズは，本著において，アメリカ成人教育協会の議論の中に，職業の要求，教養の要求，余暇の要求の論争があったことを示し，アメリカ成人教育史の連続性のなかに，一つ特定分野に偏るのではなく，あらゆる機関の成人教育

活動を対象にした歴史を描く必要性があると考えた.

　三つには，成人教育分野を相互作用的な動態的な社会組織としてとらえていたことであった．たとえば，表6-4の成人教育プログラムへの参加者数には，複数の成人教育機関に所属する成人が含まれる．ノールズは，成人の教育活動の重層的な教育・学習機会の相互作用に着目した．たとえば，ある家庭生活に関する専門職業人は，企業，大学，農業改良，政府機関，健康福祉機関，公立学校，宗教機関などの各機関で活動している場合もあった．関心あるテーマは一つでも，成人教育の活動を行う機関は異なる．また，ある成人は，生活上の必要性から，農業改良普及事業と，社会通信教育に参加し，それぞれの成人教育活動が幾重にも重なったり，互いに関連しあったりしていることに着目した．その場合，職業における成人教育活動も検討対象であり，ノールズにとっての成人教育史研究とは，職業生活を含むあらゆる生活の中の成人の学習機会を対象とする重層的なアメリカの成人教育史を描くことであった．

　ノールズの成人教育史研究は，1950年代までに急拡大したアメリカの成人教育活動を複雑な社会システムの活動として史的過程の中でとらえることで，成人教育観を構築する基盤的研究であったといえる．そしてYMCAでの管理職の経験，合衆国成人教育協会の事務局長の実践的経験にもとづく成人教育に関する経験との接合を試みたといえる．

　以上をまとめると，ノールズの成人教育史研究における職業的特質として以下の三点があげられる．一つは，アメリカにおける成人教育活動のルーツを，職業教育，すなわち植民地時代にルーツをもつ徒弟制度とあるとし，史的過程の連続性を示したこと．二つは成人教育活動が行われる職業機関を含めたあらゆる機関を研究対象としたこと．三つは，成人教育分野を一つの分野の活動ではなく，相互作用的な社会システムの活動として動態的にとらえたことであった．

　ノールズにとっての成人教育は，成人の生活におけるあらゆる教育・学習活動を含むことであり，職業生活を成人教育活動の周縁におくことではなかった．成人教育活動が，職業的か非職業的であるかということよりも，あらゆる成人の生活を総体としてとらえ，成人を教える活動を統合的にとらえることが，ノールズの成人教育観であったといえる．このことは後のアンドラゴジー論に

も影響した．たとえばノールズのペダゴジーとアンドラゴジーの比較のために示された四つの概念「学習者の概念」，「学習者の経験の役割」，「学習へのレディネス」，「学習への方向づけ」には，「職業的であること」という項目はない．いずれの概念にも日常の職業的な経験，ニーズ，課題との関連を示した項目である．成人のあらゆる生活上の教育・学習活動が対象であり，そこに職業が関わり，それは植民地時代にルーツをもつアメリカの労働観にも沿ったものであった．

　以上，ノールズの成人教育観における職業的特質を理解したうえで，次にノールズの1950年代の成人教育観における専門的職業の位置づけを考察する．

⑶　ノールズの成人教育観における専門的職業の位置づけ

　ノールズは，専門性を備えた成人教育労働者（professional adult education worker）について以下のように述べた．下線は筆者による．

> 　第4章では，様々な機関において，これらの専門的な成人労働者の役割がますます多様化しているという現場での確固たる傾向があることを示すエビデンスが繰り返し示されていた[72]．

　ノールズは，フールのリーダーシップ分類によるピラミッド（図6-1）を参照しつつ，専門的職業にかかわる成人教育者の実像は，多様であり，それぞれの所属する様々な機関において発展してきていることを指摘した．つまり成人教育活動は，高度に相互的な社会システムの中で構成されていることが確認されたといえる．たとえば，大学の労働者教育プログラムのディレクターであれば，労働組合と大学の双方に所属しており，ディレクターの成人教育活動を，一つの職業に特化した専門的職業としてとらえることは難しい．

　また専門職業人教育においても，ノールズはフールの考えを参考にしつつ，成人教育の特質を検討した．たとえば，「5．成人教育は，研究と実践の内容をもった明確な一つの分野になりつつある」の説明において，成人教育が極めて明確に研究と実践の内容を持つ学問領域の一つであることを示し，大学院における専門職業人教育を取り上げた．1935年にコロンビア大学ティーチャーズ・カレッジにおいて，高等教育での最初の学位プログラムが開始されて以来，

1960年時点では，アメリカ，カナダにおいて14大学に学位プログラムが設置されていた．さらに50以上の大学に成人教育分野の専門職業人プログラム（professional study）が存在し，大学教育の中での成人教育の専門職業人教育が推進されていることを示した．

　そのうえで成人教育における専門職業人教育をノールズはどのように考えていたのだろうか．本著（1962）の最終章内の「現在の動向と仮説に基づく将来の予測」において，六項目が述べられており，その一つが以下であった．下線は筆者による．

　　　成人教育者の役割は，他の役割とますます明確に区別されるようになり，この役割のための訓練はますます専門化されるであろう[73]．

　上述の説明として，成人教育者は様々な専門的職業，たとえばビジネス分野の管理職，ユース指導者，ソーシャルワーカー，牧師，そして軍人である一方で，成人教育者としての「専門化された（specialized）」能力が求められるとノールズは考えた．そのため，成人教育の大学院教育や組織内で行われる訓練が増加することを予測した．そのことは，多様な専門的職業が増加するアメリカの職業社会において，成人教育の専門性を高めたいという要請に応えることこそが，成人教育分野の研究者たちに求められていることであるというノールズの考えを示すものであった．

　他方，中世以来，子どもと青少年の教育である初等教育，中等教育，高等教育の「固定化した学習」の性格が，実質的には変化していなかった．そのため成人教育と専門職業人教育との融合には，緊張関係があることをノールズは成人教育の大きな課題ととらえ，いまだ成人教育分野の中にも緊張関係が潜んでいると考えていた．

　ノールズは，最終章で，成人教育分野に要請されることの一つとして「教育的コミュニティ（educative community）[74]」の構築をあげており，そこでの教師像と学習者像は，以下であった．

　　　完全な教育的コミュニティにおいては，すべての人が，いつでも部分的に教師であり，部分的に学習者である[75]．

成人教育の「教育的コミュニティ」においては，そこに存在するあらゆる人々が部分的に教師であり，部分的に学習者である．上記は，まさにリンデマンが「この種の教育では，教科書と教師は，二次的な新しい役割を担う．その役割は，第一義的な学習者の背後に位置付けられる[76]」とした成人教育像と重なる．ノールズの成人教育像は，より具体的なあらゆる成人教育者に共通して求められる成人教育者像であった．そしてだれもが，教師と学習者の双方になりうる空間（コミュニティ）を，「教育的コミュニティ」と表した．加えて，成人教育の専門性とは，教育環境の変化を生み出し，「教育的コミュニティ」を創造する能力だとした[77].

ノールズは，合衆国成人教育協会での事業実践の経験を反映し，アメリカの成人教育を史的過程における職業と社会システムの相互作用の中に位置づけた．そのことによって，アメリカの成人教育者の実像を把握するとともに，その多様な専門的職業で構成される社会システムの中に，成人教育の「専門的な役割」を明らかにした．「専門的な役割」とは，成人の学習の自由を援助する能力であり，成人の学習の自由を援助することとは，学習者自身が，自分で学びたいこと，学ぶことを決定できる自由を保障するために学習者の自己決定を援助することであった．さらにノールズは，子どもや青少年に対する既存の教育観とは異なる教育観が求められることを，成人教育者自身が認識し，「教育的コミュニティ」を創造することが成人教育者には求められると考えた．

しかし一方で，成人教育者にとって自身が経験した子ども，そして青少年期の教育経験は，影響力が大きいことから，ノールズが示した「だれもが，いつでも部分的に教師であり，部分的に学習者である」という教育観への変容は，多くの成人教育者にとって，容易なことではないと考えていた．

5．ノールズの成人教育観の生成
——事務局長時代の実践・研究との関わり——

1950年代の専門的職業への注目が高まる中で，成人教育の役割をノールズはどのようにとらえたのか．ノールズは，成人教育者の実態をとらえるため，合衆国成人教育協会の事務局長として成人教育運動拡大に尽力し，自身の成人教

育観を追究した．その過程には，リンデマンの成人教育思想，フールの専門職業人教育を実践の科学とする思想や合衆国成人教育協会の事業実践との関わりがあった．

フールの「実践の科学」による成人教育は，成人教育分野の拡大の中で混沌とした多様な成人教育者（指導者）に求められる特性を，リーダーシップとしてとらえた．成人教育者の関心と関与は，職業の種類や勤務形態によって一様ではなかった．成人教育者たちの多様な関心と関与は，職種や勤務形態にとらわれるものではなく，成人教育者の養成には，関心と関与を動態的にとらえることの意義をフールは明らかにした．つまり，成人教育者たちの日々の職業や社会活動過程における仕事（実践）の中での関心に大きな違いはなく，彼ら，彼女らは，実践の中でさらにより良い仕事をしたいと考えていた．そのため，成人教育者のより良い仕事をしたいというニーズに応えることこそが，大学院プログラムに要請されることであった．さらに，フールは，従来の専門職業人教育，たとえば知識を体系的に教えることが中心となる専門職業人教育とは異なる教育プログラムを構想した．専門職業人教育における最も重要な項目の一つが，成人教育者自身の「生涯を通して学び続ける」能力を育むことであり，「生涯を通して学び続ける」能力養成を援助することこそが，成人教育の新しい専門職業人教育のための学習プログラムであると考えた．

ノールズは，フールの成人教育分野における専門職業人像と専門職業人教育思想を踏まえ，成人教育の核となる概念を，合衆国成人教育協会の事業活動の中で追究した．ノールズの成人教育観は，リンデマンの成人教育思想を基にした「成人の学習の自由を援助すること」であった．そして成人教育においては，「成人を教育者と学習者で区別しないこと」，つまり「だれもが，いつでも部分的に教師であり，部分的に学習者である」を強調し，このことは後のノールズのアンドラゴジー論の中核概念となる．「成人の学習の自由を援助すること」が，成人教育者の専門性であるととらえていた．

また，「教育者が，同時に学習者である」とのノールズの成人教育観は，子どもに対する教育との大きな違いでもあった．一方で，子どもの教育から生み出される教育者像は，成人にとっても非常に根強いものであるため，成人教育の実践現場に緊張関係を生み出す．そのため緊張関係を調整する（コーディネー

トする）能力が，成人教育者の専門性として求められるとノールズは考えた．
緊張関係を調整する能力は，合衆国成人教育協会の事務局長として，事業実践
の中での教育者と学習者，たとえば専門職業人や研究者とアマチュアの間の緊
張関係を調整するノールズ自身の実践の中で必要とされた技術と能力であった．
協会の事業活動を通して，成人教育における課題について，様々な職業や社会
活動に従事する成人教育者たちとの「議論を続ける（talk it over）」場を構築し，
民主的な運営と専門性を高めていくことの両立に挑戦し続けたノールズの実践
知であったともいえる．

　ノールズが，合衆国成人教育協会での事務局長としての事業活動を通して，
見出した教育的コミュニティという概念とは「学習の自由を援助する」，すな
わち「成人の学習を援助する技術と科学」であるアンドラゴジー概念の基盤形
成につながる理論的背景を事務局長としての実践過程の中で獲得した知であっ
た．

おわりに

　本章では，1950年代におけるノールズの成人教育観の検討を行った．１では，
ノールズとフールの共同研究者としての取り組みの背景を整理し，２では，
フールの略歴と1950年代に *Adult Education* に投稿された２本の論文を中心
に，成人教育者（educators of adults）のための専門職業人教育構想から，フー
ルの成人教育における専門職業人教育思想を明らかにした．そして３では，
ノールズの1950年代に *Adult Education* に投稿された成人教育概念に関する
論文から，ノールズの成人教育観の特質について示し，さらに４ではノールズ
の博士論文にもとづいた著書（1962）における成人教育観について，専門的職
業との関わりの視点から分析した．５では，２，３，４の考察を踏まえ，ノー
ルズの成人教育観を，1950年代の合衆国成人教育協会の事務局長としての事業
運営との関わりから論じた．

　本章で検討した1950年代のノールズの成人教育観は，専門的職業に向き合う
合衆国成人教育協会の事業の中で，リンデマンの成人教育思想，フールの実践
の科学にもとづいた専門職業人教育構想の影響を受け，形成されたものであっ

た.

　ノールズの成人教育観とは，生活上の経験を包含し，成人を教える活動を統合的にとらえることであった．また，成人を教える活動を統合的にとらえる成人教育者の専門性とは，成人の学習の自由 (liberation) を援助することであった．このことは，アンドラゴジー論の中核となる「成人の学習を援助する技術と科学 (the art and science of helping adults learn)」の概念につながるものであった．ノールズは，成人の学習の自由を援助するためには「教育的コミュニティ (educative community)」の構築が必要であり，教育的コミュニティに参加するあらゆる人々は，「いつでも部分的に教師であり，部分的に学習者である」ことが求められていると考えた．教育的コミュニティ構築を援助する技術と能力は，成人教育者に要請される専門性であり，リンデマンが課題提起した専門主義社会における成人教育像のあり方への応答でもあった．子どもの教育から生み出される教育者像は，成人にとっても根強いものであるため，成人教育の実践現場に緊張関係を生み出す．そのため緊張関係を調整する（コーディネートする）能力が，成人教育者の専門性として求められるとノールズは考えた．緊張関係を調整する能力は，合衆国成人教育協会の事務局長として，事業実践の中での教育者と学習者，たとえば専門職業人や研究者とアマチュアの間の緊張関係を調整するノールズ自身の実践の中で獲得された能力であった．協会の事業活動を通して，成人教育への関心，関与を題材とし，様々な職業や社会活動に従事する成人教育者たちの「議論を続ける (talk it over)」場を構築し，民主的な運営と専門性を高めていくことの両立に挑戦し続けたノールズの実践知であったともいえる．

　ノールズは，1950年代の合衆国成人教育協会による成人教育者たちとの共同的な事業の中で，成人教育の性格と実像を追究し，「専門家 (specialists)」による専門分化した社会における成人教育の方向性を形作った．ノールズの成人教育観とは，成人教育への関心があり，関与する成人教育者たちが，問題解決に協同する技術と能力（協同のアート）を養成する教育的な活動であった．

　本書で論じた1950年代は，職業の専門職化が生じ，専門職業人が増加する社会変動期において合衆国成人教育協会の事業活動そのものが，成人教育の性格を形成し，その実情を明らかにする過程であった．ノールズとフールは，実践

と理論の両面から成人教育の専門性，すなわちその性格を追究し，成人教育者の実情を明らかにした事業に関与することで，成人教育の方向性を形作り，その活動過程が，職業教育に関連する成人教育論成立への契機となった．

注

1 ） Malcolm S. Knowles, "Adult Education in the United States" *Adult Education,* Vol. 5(2), 1955, pp. 67-76. Malcolm S. Knowles, "Philosophical Issues That Confront Adult Educators," *Adult Education,* Vol. 7(4), 1957, pp. 234-280. Malcolm S. Knowles, "Direction-Finding Processes in the AEA," *Adult Education,* Vol. 8(1), 1957, pp. 37-38.

2 ） Cyril O. Houle, "Professional Education for Educators of Adults," *Adult Education,* Vol. 6(3), 1956, pp. 131-150. Cyril O. Houle, "Education for Adult Leadership," *Adult Education,* Vol. 8(1), 1957, pp. 3-17.

3 ） Malcolm S. Knowles, "The Department of a Co-ordinated Adult Educational Movement in the United States," unpublished doctoral dissertation, Department of Education, University of Chicago, 1960.

4 ） 1962年に出版された *The Adult Education Movement in the United States* は1960年にフールの指導下でシカゴ大学に提出された博士学位論文を基にして執筆された．邦訳は，マルカム・ノールズ／岸本幸次郎訳『アメリカの社会教育——歴史的展開と現代の動向』全日本社会教育連合会，1975年．

5 ） Cyril O. Houle, *op. cit.,* "Professional Education for Educators of Adults, pp. 131-150. Cyril O. Houle, *op. cit.,* "Education for Adult Leadership," pp. 3-17.

6 ） Malcolm S. Knowles, *op. cit.,* "Adult Education in the United States," pp. 67-76. Malcolm S. Knowles, *op. cit.,* "Philosophical Issues That Confront Adult Educators," pp. 234-280. Malcolm S. Knowles, *op. cit.,* "Direction-Finding Processes in the AEA," pp. 37-38.

7 ） Peter Jarvis, "Malcolm Knowles (1913-97): an appreciation," *International Journal of Lifelong Education,* Vol. 17, No. 2, 1998, p. 70.

8 ） ノールズは，家族を養うため，シカゴの YMCA のディレクターとしての仕事も同時に開始したことから，社会人大学院生としてシカゴ大学大学院に入学した．フールは，当時，学部長と成人教育学科長でもあった．また，当時の成人教育研究者たちのリーダーであった．Malcolm S. Knowles, *The Making of an Adult Educator: An Autobiographical Journey,* San Francisco: Jossey-Bass Inc., 1989, p. 12. 参照．

9 ） *Ibid.,* p. 13. フールの授業は演習のみだったが，フールの学生や学習に対する研究

者としての姿勢は，ノールズにとってシカゴ大学での最も大きな学びとなった．彼の学生を尊重する態度，たとえば，卒業後，常に著書を郵送する際には，「Malcolm Knowlesへ，あなたからは本当に多くのことを学ばせてもらっている」といつも書かれていたという．フールは大学教員してのロールモデルであったとノールズは述べている．

10）*Ibid.*, p. 14. ノールズがシカゴYMCAで日中は勤務していたことから，フールは夜間に授業を履修できるようにするなど社会人学生として学業と職業生活を両立できるよう支援した．

11）*Ibid.*, p. 14.

12）Malcolm S. Knowles, *op. cit.*, *The Adult Education Movement in the United States*.

13）オクラホマ大学による成人教育・継続教育分野で国際的に活躍した人物の略歴を紹介するインターネットサイトから引用した．翻訳は筆者による．https://halloffame. outreach.ou.edu/（2022年8月8日取得）.

14）フールの博士論文は，Cyril O. Houle, "The Co-ordination of Public Adult Education at the State Level," unpublished doctoral dissertation, Department of Education, University of Chicago, 1940. であった．

15）たとえば，グレイト・ブックス運動を展開していたモーティマー・J. アドラーに働きかけ，シカゴ公立図書館で，図書館司書や，教職経験のない人々を対象にしたディスカッション・リーダーの養成に1940年代後半から取り組んでいた．安藤真聡「モーティマー・J・アドラーの成人教育論」『日本社会教育学会紀要』43号，2007年，15頁，参照.

16）Cyril O. Houle, *op. cit.*, "Professional Education for Educators of Adults," pp. 131 -150.

17）ノールズは1980年に，「研究や実践の独自の学問領域としての成人教育も25周年を祝うようになった」と述べていることから，1955年頃には成人教育の中核が，実践の科学であり，一つのディスシプリンとして認識されていた．Malcolm, S. Knowles, *The Modern Practice of Adult Education: from Andragogy to Pedagogy,* New York: Association Press, 1980, 邦訳，マルカム・ノールズ／堀薫夫・三輪建二監訳『成人教育の現代的実践──ペダゴジーからアンドラゴジーへ』鳳書房，2002年，p. iii，参照.

18）巻末資料73（Cyril O. Houle, *op. cit.*, "Professional Education for Educators of Adults," p. 131）を筆者が翻訳した．

19）Thomas W. Wilson, "The study of administration," *Political Science Quarterly*, Ⅱ, 1887, pp. 197-222.

20）Harold W. Stubblefield and Patrick Keane, *Adult Education in the American Experience: from the Colonial Period to the Present,* San Francisco: Jossey-Bass Publishers, 1994, p. 245.

21) A. Grace, "Educational Lessons from Wartime Training," *The General Report of the Commission on Implications of Armed Services Educational Programs* Washington D. C.: American Council on Education, 1948. 直接には，Harold W. Stubblefield and Patrick Keane, *op. cit.*, p. 245. から引用し，戦時のプログラムに肯定的な評価を与える意見とそれを民間教育に活用することについては多様な意見があるとした.

22) *Ibid.*, p. 246.

23) Cyril O. Houle, *op. cit.*, "Professional Education for Educators of Adults," p. 141.

24) *Ibid.*, p. 131.

25) 巻末資料74（*Ibid.*, p. 132）を筆者が翻訳した. 括弧内は筆者が追記した.

26) 序章で示したように本書では「成人を対象とする教育者（educators of adults）」について「成人教育者」もしくは，文脈によっては「成人指導者」の訳を与える．フールは，「成人教育者（educators of adults）」を，成人教育の十分な訓練の必要性がある位置づけにある人々を意味するとした（*Ibid.*, p. 132）.

27) フールが使用するリーダーシップの意味については，別の論文（Cyril O. Houle, *op. cit.*, "Education for Adult Leadership," pp. 3-17）に詳しい．リーダーシップの特性として一般的には三つ（他者からの信頼と他者への献身，ある集団の目的を成し遂げるスキルや能力，あるヒエラルキーのトップにいること）が言われるものの，個性といわれることが多いとしたうえで，フールが最も重視する特性は，「リーダー（指導者）としての自分自身の教育（self-education）に継続的関心があること」としている.

28) Cyril O. Houle, *op. cit.*, "Professional Education for Educators of Adults," p. 132.

29) フールが委員長を務めた合衆国成人教育協会方向性探索コンサルティング委員会（The AEA consulting committee on Direction Finding）による第一回報告書（1957年6月）．Malcolm S. Knowles, *op. cit.*, "An Overview and History of the Field: Working Paper Prepared by the AEA Consultative Committee on Direction -Finding," pp. 219-230, 第二回報告書（1957年9月）Malcolm S. Knowles, "Direction-Finding Processes in the AEA," pp. 37-54, があった.

30) 巻末資料75（Cyril O. Houle, *op. cit.*, "Professional Education for Educators of Adults," p. 134）を筆者が翻訳した.

31) フールは専門的職業には，一般的に次の基準があったとした．たとえば，普遍的かつ社会的に認識されていること，高度に複雑な知の体系をもっていること，行動基準を守ることを組織し，厳しい規律を訓練する機関が存在していること.

32) Malcolm S. Knowles, *op. cit.*, "Adult Education in the United States," pp. 67-76.

33) Malcolm S. Knowles, *op. cit.*, "Philosophical Issues That Confront Adult Educators," pp. 234-280.

34) 邦訳，マルカム・ノールズ／堀薫夫・三輪建二監訳『成人教育の現代的実践——ペ

ダゴジーからアンドラゴジーへ』鳳書房, 2002年.

35) Malcolm S. Knowles, *The Making of an Adult Educator: An Autobiographical Journey*, San Francisco: Jossey-Bass Inc, 1989, pp. 1-21.

36) 修士論文は, 成人教育理論の第一段階の構築を目指した内容であった. 修士論文の作成途中で, フールが知り合いの編集者に, ノールズの修士論文の内容を話したことから, 編集者が関心を持ち, 出版となった.

37) Malcolm S. Knowles, "The Development of a Co-ordinated Adult Educational Movement in the United States," unpublished doctoral dissertation, Department of Education, University of Chicago, 1960.

38) ノールズ, 前掲書,『アメリカの社会教育――歴史的展開と現代の動向』.

39) George W. Henry, *Malcolm Shepherd Knowles : A History of His Thought*, New York: Nova Science Publishers, 2011, pp. 3-4.

40) ノールズによるアメリカの成人教育史研究は, 合衆国成人教育協会に保存された多くの記録や主要メンバーとの会話による成果であった. また, 本著は, シリル・フールの指導による博士学位論文を基にしたものであった(Malcolm. S. Knowles, *op. cit., The Adult Education Movement in the United States*, p. x .).

41) 本引用(*Ibid.*, p. vii)は, 邦訳(ノールズ, 前掲書,『アメリカの社会教育――歴史的展開と現代の動向』)を参考にして筆者が翻訳した. 下線も筆者による.

42) **巻末資料77**(Malcolm S. Knowles, *Informal Adult Education: A Guide for Administrators, Leaders, and Teachers*, New York: Association Press, 1950, p. vii) を筆者が翻訳した.

43) **巻末資料78**(*Ibid.*, p. vii)を筆者が翻訳した.

44) **巻末資料79**(Malcolm S. Knowles, *op. cit.*, "Adult Education in the United States," p. 67)を筆者が翻訳した.

45) *Ibid.*, p. 67. の同様の説明が, Malcolm S. Knowles, *The Modern Practice of Adult Education: Andragogy versus Pedagogy*, New York: Association Press, 1970, p. 9. においてもなされている.

46) Harold W. Stubblefield and Patrick Keane, *op. cit.*, p. 296.

47) **巻末資料80**(Malcolm S. Knowles, *op. cit.*, "Adult Education in the United States," p. 67)を筆者が翻訳した.

48) *Ibid.*, p. 76.

49) ただし, 一人が複数のプログラムに参加している可能性があるとした. また1957年10月のアメリカの人口が921万2000人であったので, 全人口の8％が成人教育プログラムに参加したことになる(Malcolm S. Knowles, *op. cit., The Adult Education Movement in the United States*, p. 250).

50) Malcolm S. Knowles, *op. cit.*, "Direction-Finding Processes in the AEA," pp. 37-38.

51) 巻末資料81 (*Ibid.*, pp. 37-38) を, 筆者が翻訳した.

　　さらにリンデマンは, 成人教育研究に必要な第一の研究課題は次の二つであるとした. 成人教育のプロセスに関係していない人々は成人教育が何であるかを知りたい, そして運動に参加している人々は成人教育が何のためにあるのかを知りたいと考えている.

52) Malcolm S. Knowles, *op. cit.*, "Philosophical Issues That Confront Adult Educators," pp. 234-280.

53) 巻末資料82 (*Ibid.*, p. 234) を筆者が翻訳した

54) 巻末資料83 (*Ibid.*, p. 238) を筆者が翻訳し, 中略は筆者によるものである.

55) シャラン・メリアムはアメリカの成人教育思想史を検討する中で, ノールズの「自由であること」について, 個人が解放されると思えば, どのようなタイプの成人教育も可能になることから, ノールズの概念では, 成人教育は, 学習者にあらゆる選択肢を提供するための手段としてしか存在しないことになると考えた. つまりノールズは, 学習者に, 学習機会や情報を提供する際には, 必然的にある程度の選択性が影響することを見落としているとし, 個人が「解放」されるために何を選択するかは, 既存の社会規範や価値観にある程度依存することがあると指摘した. Sharan Merriam, "Philosophical Perspectives on Adult Education: A Critical Review of the Literature," *Adult Education*, Vol. XXVII(4), 1977, pp. 195-208. 参照.

56) 巻末資料84 (Malcolm S. Knowles, *op. cit.*, "Philosophical Issues That Confront Adult Educators," p. 239) を筆者が翻訳した.

57) 邦訳の「日本語訳への序文」においてノールズが述べた. マルカム・S. ノールズ, 前掲書, 『アメリカの社会教育——歴史的展開と現代の動向』, 1頁, を参照.

58) Harold W. Stubblefield and Patrick Keane, *op. cit.*, p. 4.

59) 巻末資料85 (Malcolm S. Knowles, op. cit., *The Adult Education Movement in the United States*, p. vii.) を筆者が翻訳した.

60) *Ibid.*, pp. 3-154.

61) *Ibid.*, pp. 157-244.

62) *Ibid.*, pp. 249-279.

63) 巻末資料87 (*Ibid.*, pp. 257-268) を, マルカム・S. ノールズ／岸本幸次郎訳, 前掲書, pp. 257-264, を参考に筆者が翻訳した.

64) リンデマン (1926＝1996) が, *The Meaning of Adult Education* の中で掲げた成人教育の特徴は, 次の四点であった. ①教育は生活 (life) である. ②成人教育は, 非職業的な性格をもつ. ③成人教育は状況を経由するものであって, 教科を経由するものではない. ④成人教育の重要な資源は, 学習者の経験に求められる. Eduard C.

Lindeman, *The Meaning of Adult Education*, New York: New Republic, Inc, 1926. 邦訳, エデュアード・リンデマン／堀薫夫訳『成人教育の意味』学文社, 1996年, 参照.

65) ノールズのアンドラゴジー論 (1980) は, 成人学習者に関する次の五つの仮説にもとづいている. ① 自己概念の自己決定性, ② 豊かな学習資源としての経験, ③ 社会的役割に向けた学習へのレディネス, ④ 応用の即時性としての学習への方向付け, ⑤ 学習の内発的動機付け. Malcolm, S. Knowles, *op. cit., The Modern Practice of Adult Education: from Andragogy to Pedagogy*. 邦訳, マルカム・ノールズ／堀薫夫・三輪建二監訳, 前掲書, 参照.

66) 堀薫夫「アンドラゴジーと人的能力開発論」日本社会教育学会編『成人の学習』(日本の社会教育第48集) 東洋館出版社, 2004年, 28頁. エデュアード・リンデマン／堀薫夫訳, 前掲書, 7頁.

67) **巻末資料88** (Malcolm S. Knowles, op. cit., *The Adult Education Movement in the United States*, p. 4) について, マルカム S・ノールズ／岸本幸次郎訳, 前掲書, 14頁, を採用し, 下線のみ筆者が修正した.

68) **巻末資料89** (*Ibid.*, p. 4) について, 同上書, 15頁, を参考に, 筆者が翻訳した.

69) 堀薫夫「解説」マルカム・ノールズ著／堀薫夫・三輪建二監訳, 前掲書, 562頁.

70) **巻末資料90** (Malcolm S. Knowles, *op. cit., The Adult Education Movement in the United States*, pp. 195-196) を, 筆者が翻訳した.

71) マルカム・ノールズ／堀薫夫, 三輪建二監訳, 前掲書, 39頁.

72) **巻末資料91** (Malcolm S. Knowles, *op. cit., The Adult Education Movement in the United States*, p. 253) を筆者が翻訳した.

73) **巻末資料92** (*Ibid.*, p. 271) を筆者が翻訳した.

74) ノールズは, 社会科学であるとした者たちが, 人間の行動の最も重要で永続的な変化は, 個人に対する直接的な教育ではなく, むしろ環境に変化を働きかけることで達成されることが証明されつつあるとし, 教育的コミュニティについて説明した.

75) **巻末資料93** (*Ibid.*, p. 279) を筆者が翻訳した.

76) Eduard C. Lindeman, *cp. cit.*, pp. 8-9.

77) ノールズは, 教室で連続講座を受講することよりも, 地域コミュニティに生活し, 市民参画 (civic participation) によって考え方やスキルを育成する可能性を指摘した (Malcolm S. Knowles, *op. cit., The Adult Education Movement in the United States*, p. 279).

78) Malcolm S. Knowles, *The Modern Practice of Adult Education: Andragogy versus Pedagogy*, 5th ed., New York: Association Press, 1974, p. 38.

終 章

職業教育を中心とした成人教育の成立

1. アメリカの成人教育の特質

　本書の目的は，アメリカにおける成人教育の特質をその歴史的及び理論的な観点から明らかにすることにあった．終章では，最初に各章の考察をふまえ，その上で，序章で挙げた三つの課題に対する本書の結論を述べたい．

　各章の考察とその成果は以下の通りである．

　第1章においては，1950年以前の成人教育分野の職業教育，および全国組織の動向を把握することで，1950年以前の成人教育と専門的職業の関係についての認識を明らかにした．

　一点目としては，20世紀初期は，イギリス・ヨーロッパ型の成人教育の伝統に影響を受けつつも，アメリカの成人教育が後に，職業的特質をもつ萌芽期であったことである．第一次世界大戦，大恐慌，第二次世界大戦という社会の大きな変動期において，成人教育の機能を有する多様な機関が生じ，専門職団体，専門的職業に従事する人々が増加したことであった．

　二点目は，多様な機関や専門職団体は，それぞれに成人を教える機能を備えていた．そのため，成人教育機能をまとめようとする全国組織であるアメリカ成人教育協会とNEA成人教育部が1920年代に登場し，成人教育に関する専門的な研究，出版活動，教育指導技術に関する情報提供を開始した．

　三点目として，1920年代半ばの進歩主義とデューイの影響を受けたリンデマンら成人教育者が登場し，アメリカ社会における成人教育像の大きな目的を示したことであった．そのことは，成人の実生活の状況に即した学習を重視するアメリカ独自の成人教育概念の生成へとつながり，1950年代以降のアメリカの

成人教育論の成立とかかわりがあったことが明らかになった。

　以上の三点から，産業構造の変化に伴う大きな社会変動を経験した1920年代から1950年までは，専門的職業との関わりを持つ成人教育の萌芽期としてとらえられる。

　第2章では，1950年代の専門的職業の拡大と成人教育に関する議論の展開を明らかにした。

　1945年から1960年の，長期かつ安定的な好景気下において，農業，製造業などの産業構造の変化に起因する専門的職業が増加した。また，国民所得拡大と平均的な分配が，大学への進学率を上昇させ，大学に入学することで若者は，高度なスキルを求める専門的職業へ就職することを目指した。さらに，第二次世界大戦後の復員軍人の高等教育への進学を政府が支援したことで，若者だけでなく成人（復員軍人）も専門的職業に就くことを目指し，専門職業人増加の要因となった。

　こうした状況を受けて，1950年代において専門的職業の機能や専門職化に関する議論が活発化した。成人教育研究者たちのなかには，職業と専門的職業を区別する研究者もいた。他方，職業と専門的職業の区別はあいまいなものであるとし，あらゆる職業が継続的な教育活動によって，専門職化する可能性があると考える研究者たちがいた。

　また，合衆国成人教育協会の事業活動の多くが，多様な専門職業人に向けて行われ，伝統的な専門的職業の状況と異なる成人教育の実践者像が確認された。具体的には，1930年代から大学院教育において，成人教育の専門職業人養成が開始され，1950年代末には，複数の専門的職業群の中に役割をもつ成人教育の固有の性格を，成人教育研究者たちは見出した。このことは1950年代に，専門的職業における成人教育と成人教育の専門職化を議論する具体的な実践と研究の検討過程があったことを示すものであった。

　第3章では，合衆国成人教育協会の発足とその展開の意義について，その事業目的と教育内容からの論証を目指した。特に，合衆国成人教育協会の設立期（1951-1959年）に着目し，専門的職業と専門職業人の増加に対応した事業内容と教育内容を検討することで，以下の三点が明らかになった。

　一つは，1950年代を通じて合衆国成人教育協会は，成人教育者の技術や能力

を高める教育事業を行うことを主たる目的としたことであった．それはかつて
アメリカ成人教育協会が行った全国組織が求める教育事業を行うことではなく，
成人教育者たち自身が求める教育事業を，民主的な運営によって行うことを意
味していた．

　二つは，当時急増した専門的職業における成人教育者たちを広く会員として
受け入れるために，専門職会員制度を新設したことであった．会員制度新設は，
より広い分野で多くの成人教育者が協会の事業に参加し，成人教育の理解を深
めることを促した．また，出版事業や分科会事業への参加を通して，成人教育
者たちが，成人教育の専門性を高めていくことを援助しようとした．

　三つは，協会の目指す成人教育の専門性を確認したことであった．その専門
性とは「成人教育に関連したより社会的，哲学的な学問領域を熟知し，人間の
成長と問題解決を援助する技能（the arts of facilitating）」であった．協会は，専
門性養成のための民主的組織の構築を目指し，1950年代の事業活動を通して，
「実験」と称した事業活動を継続した．

　第4章では，合衆国成人教育協会の機関誌の一つである *Adult Leadership*
（Vol. 1-25, May 1952- June 1977）に着目し，AL誌の初期の編集活動のあり方と
読者の投稿内容から，成人教育者の実像を明らかにした．

　合衆国成人教育協会は，全国組織と地方組織をつなぎ，読者である成人教育
者たちの課題解決を援助する組織であろうとした．その主たるコミュニケー
ション手段が出版事業のAL誌であった．1952年から1958年の同誌は，協会の
事業目標である民主的活動，すなわち編集者と読者間，読者同士が集う双方向
コミュニケーションにもとづいた探究の場であった．ノールズは，同誌の初期
の編集者として，後に合衆国成人教育協会幹部として，編集活動を支えた．

　AL誌の民主的かつ具体的な共同編集活動の内容から，以下の，成人教育像
が示された．

　一つは，様々な専門的職業や社会活動における成人教育者の多様な属性で
あった．そのことは成人教育が，多様な専門的職業群の中に位置づけられるこ
とを示すものであった．また属性の多様な成人教育者たちの実践にもとづいた
投稿内容は，後の成人教育の知の体系構築の基盤となる内容でもあった．たと
えば，成人教育者たちは，より学びたい，知りたいという探究心を持続し，自

律的な学習機会を求めていた．そのため AL 誌上の読者は，教育者としての自らの権利の確保よりも，仕事の中で直面している課題解決のための技術を獲得し，能力を養成したいと考えており，成人の自律的な学習特性を明示していた．

　二つには，成人教育者としての専門性を高めることは，一般的な専門職化の過程とは異なる特質をもつことが明らかになった．投稿内容にみる成人教育者たちは，専門職業人，アマチュアを問わず成人を教える技術や能力において，豊富な経験やそれにもとづく専門的知見をすでに備えていた．そのため最初に知識を習得した上で，基礎的な実践経験を積む職業準備教育ではなく，実践経験を踏まえた専門職業人養成プログラムを求めていた．たとえば，いわゆるアカデミックな専門用語による教育ではなく，実践経験との接合を見出す教育活動を期待していた．

　一方，AL 誌の活動は，民主的な運営と専門性を高めることの両立の難しさを表出させ，結果として，1950年代末には，組織としての財政的基盤を失い，出版活動などの組織活動をボランティア運営に頼ることとなった．しかし，その過程で，様々な立場や専門的職業，社会活動における成人教育者と指導者たちが AL 誌上に集い，成人教育の課題を議論し続けた．加えて，その議論の場の構築を，ノールズを含む協会のリーダーたちが「援助する（facilitating）」活動の中で，成人教育者たちの実像をとらえることができたといえる．

　第 5 章では，1950年代の合衆国成人教育協会における成人教育の理論形成を跡付けた．1954年から1959年に実施された調査研究プロジェクト「成人教育の方向性探索プロセス（Direction Finding Process）」に関連する三つの報告書「『社会概念と方向性探索委員会』報告書（1957年 1 月），『合衆国成人教育協会方向性探索コンサルティング委員会』報告書（1957年 6 月と 9 月），『成人教育における全国組織の役割』報告書（1959年）」を分析対象として，成人教育論の成立過程について論じた．

　分析から明らかになった成人教育の方向性は，以下の三つである．

　一つ目は，様々な専門的職業における成人教育者のリーダーシップ論である．ここでのリーダーシップ（指導的役割）とは，職業の種類，職位によって示されるものではなく，教育への関心や関与の程度によるものであることを示した．

　二つ目としては，アマチュアを含む成人教育者たちの専門性を養成する方法

の探究である．成人教育者たちは，自分たちの仕事の中で継続的に学び続け，成人を教え，指導するためのより高い能力，すなわち専門性を高めるために学び続けたいと考えていた．一人ひとりの実践上の関心，関与にもとづく専門性を高めることを，合衆国成人教育協会が使命としてとらえていたことを確認した．

　三つ目は，成人教育の今後の方向性を，当事者である成人教育者たち自身が決定していくことであった．すなわち自らも学習者である成人教育者の関心，関与にもとづいた活動にしていくことを示すものであった．

　ブルンナー他は，その報告書において，合衆国成人教育協会が設立以来，成人教育の技能と知識について議論を通して体系化を進めてきたことが，調査において成人教育者たちから評価されていたことを指摘している．また，合衆国成人教育協会が，様々な職業や社会活動における成人教育の共通かつ汎用的な知を見出すことこそが，全国組織である協会に要請されるとした．調査プロジェクト活動そのものが成人教育の知の体系化への糸口となり，アメリカの成人教育論成立の一翼を担っていた．

　ノールズは，本調査プロジェクトに合衆国成人教育協会の事務局長として7年間かかわり，合衆国成人教育協会の事業を通して，調査研究プロジェクトに積極的に関与した．1920年代からのアメリカ成人教育協会，NEA成人教育部，合衆国成人教育協会の50年にわたる成人教育への組織的貢献について，実質的に成人教育分野に結束と専門意識を育成することができたとノールズ自身は評価した．

　第6章はノールズの成人教育観の検討を行った．

　本章で検討した1950年代のノールズの成人教育観は，専門的職業に向き合う合衆国成人教育協会の事業の中で，リンデマンの成人教育思想，フールの実践の科学にもとづく専門職業人教育構想の影響を受け，形成されたものであった．

　ノールズの成人教育観とは，生活上の経験を包含し，成人を教える活動を統合的にとらえることであった．また，成人を教える活動を統合的にとらえる成人教育者の専門性とは，成人の学習の自由（liberation）を援助することであった．この成人教育観は，アンドラゴジー論の中核となる「成人の学習を援助する技術と科学（the art and science of helping adults learn）」の概念につながるも

のであった．ノールズは，成人の学習の自由を援助するためには「教育的コミュニティ（educative community）」の構築が必要であり，教育的コミュニティに参加するあらゆる人々は，「いつでも部分的に教師であり，部分的に学習者である」ことが求められていると考えた．教育的コミュニティ構築を援助する能力とは，成人教育者に要請される専門性であり，リンデマンが問題提起した専門主義社会における成人教育像のあり方への応答でもあった．子どもの教育から生み出される教育者像は，成人にとっても根強いものであるため，成人教育の実践現場に緊張関係を生み出す．そのため緊張関係を調整する（コーディネートする）能力が，成人教育者の専門性として求められるとノールズは考えた．緊張関係を調整する能力は，合衆国成人教育協会の事務局長として，事業実践の中での教育者と学習者，たとえば専門職業人や研究者とアマチュアの間の緊張関係を調整するノールズ自身の実践の中で獲得された技術と能力であった．協会の事業活動を通して，成人教育への関心，関与を題材とし，様々な職業や社会活動に従事する成人教育者たちの「議論を続ける（talk it over）」場を構築し，民主的な運営と専門性を高めていくことの両立に挑戦し続けたノールズの実践知であったともいえる．

　ノールズは，1950年代の合衆国成人教育協会による成人教育者たちとの共同的な事業の中で，成人教育の性格と実像を追究し，「専門家（specialists）」による専門分化した社会における成人教育の方向性を形作った．ノールズの成人教育観とは，成人教育に関心をもち，関与するあらゆる成人教育者が，問題解決に向けて協同する技術と能力（協同のアート）を養成する教育的活動であった．

　本書で論じた1950年代は，職業の専門職化が生じ，専門職業人が増加する社会変動期において合衆国成人教育協会の事業活動そのものが，成人教育の性格を形成し，その実情を明らかにする過程であった．ノールズとフールは，実践と理論の両面から成人教育運動の拡大と成人教育の専門性を追究し，成人教育者の実像を明らかにした事業に関与することで，成人教育の方向性を形成した．そしてその活動過程が，職業教育に関連する成人教育論成立への契機となった．

2．アメリカにおける成人教育の意図とその帰結

　本書では，アメリカにおける成人教育の特質をその歴史的及び理論的な観点
から明示するために三つの課題，すなわち，1950年代の合衆国成人教育協会の
事業の教育的意図，合衆国成人教育協会の事業に参加していた成人たちの実像，
および，ノールズの成人教育思想と事業活動との関連，を挙げた．ここでは，
三つの課題に本書がどのように応えたかを明らかにする．

　第一の課題である，合衆国成人教育協会の事業の教育的意図とは，協会が，
成人教育の実践者のための全国組織として活動を行ったことであった．それま
でのように職能団体の中での教育に側面から関わる活動ではなく，成人教育の
実践者である成人教育者のために特化した取り組みを行ったことを明らかにし
た．具体的には，成人教育者としての職業生活における問題認識を把握し，協
会の事業に反映していくことであった．たとえば，機関誌 *Adult Leadership*
による読者との共同編集活動であり，AL誌上は，成人教育の課題を成人教育
者たちと議論し続ける活動のための集いの場であった．また調査研究プロジェ
クトは，成人教育の方向性を，会員である成人教育者たち自身が，議論の過程
において見出していく民主的な活動であった．つまり，1950年代の合衆国成人
教育協会の発足と事業の展開は，民主的な運営と専門性を高めることの両立を
目指した教育活動であった．

　第二の課題である成人教育者たちの実像として，様々な専門的職業や社会活
動において成人の教育に携わる成人の姿が見出された．協会は，事業活動に参
加する成人教育者たちの関心や関与にもとづいた学習要求を把握し，彼ら，彼
女らのための教育活動を確立した．その際，成人教育者像は，一つの専門的職
業として括られるわけではなく，多様な専門的職業群に属する成人を対象とす
ることから生じる多面的な教育機能が含まれている，という立場であった．

　また，事業に参加していた成人教育者たちは，豊富な経験とそれにもとづい
た専門的知見を実践の中で獲得している．したがって，彼ら，彼女らが求めて
いたのは，職業準備教育として基礎的な知識を得ることのみでなく，実践にお
ける経験を活かしながら継続的な教育活動を担うことを可能とする力の獲得で

あり，自らにも生涯にわたって継続的に学びつづけることを課していた．

　第三の課題であるノールズの成人教育思想と事業活動の関連については，ノールズが，成人教育者のための事業活動を事務局長として統括する立場にあり，その実践経験を通じて独自の成人教育観を形成していたことが示された．ノールズは，成人教育を「個人，集団の学習につながるあらゆる生活経験を実践的に包含する」と捉え，成人にとっては，職業生活を含むあらゆる生活経験が個人，集団の学習につながることを指摘している．ここで，職業生活を成人の学習の中にとらえていたことは，活動の場であった合衆国成人教育協会の構成員たちが多様な職業における成人の教育を担う専門家たちであったことに起因していたことを明らかにすることができた．また，成人教育者の専門性については，「成人の学習の自由（liberation）を援助すること」と述べ，学習の自由を援助するための「教育的コミュニティ（educative community）」を創造する技術と能力を専門性の中心に位置づけた．1950年代の合衆国成人教育協会を通じて培われたノールズの成人教育観は，後のアンドラゴジー論（1970, 1980）の基盤概念「成人の学習を援助する技術と科学」につながるものとなった．

　以上，1950年代の合衆国成人教育協会の事業は，成人教育者を対象とした民主的な活動によって，成人教育の専門性とその養成方法を追究したことにその独自性があった．一方で，民主的な運営と専門性を高めていくことの両立は，事業に参加する成人たちの間に緊張関係を生み出し，様々な職能集団において教育活動を展開する成人教育機関の連携と協力を掲げた協会の目的達成への道程を難しくしたことも事実であった．

　1950年代を通して協会の目的がすべて達成されることはなかったが，協会は，あらゆる職業に関与する成人教育者に関心を持ち，事業を通して成人教育の課題を開示し，議論し続ける場を提供した．さらに，そこに集う成人教育者たち自身が持つ学習者としての要求に応える教育活動を援助することで，成人教育の理論形成に一定の方向性を与えるものとなった．1950年代の合衆国成人教育協会の事業活動そのものが，継続教育としての職業教育のあり方についての試みであり，その試みが職業教育のための成人教育論が成立する契機となったのである．

おわりに

　職業教育のための成人教育論の確立は，日本の生涯学習における現在の課題の一つである[1]．1990年代以降の生涯学習政策によって，成人の生涯学習は，一定程度進展したとされる．しかし，大部分の職業教育は企業内教育として実施され，成人の生涯学習は余暇・教養活動としてみなされている[2]．職業教育が企業内教育で実施されたのは内部労働市場，性別役割分業などいわゆる日本型雇用システムを背景としたものであり，正規雇用者以外は，職業教育を受けることができないという大きな課題を生じさせた[3]．さらに余暇・教養活動としてとらえられてきた生涯学習の性格は，学習の受益者負担論を支え，成人の学ぶ権利の公的保障が脆弱な，いわゆる日本型生涯学習の背景にもなっている[4]．

　近年の労働政策における高度なスキルと知識の獲得に即した変化は，生涯学習政策とも密接に関連する．そのため，職業教育のための成人教育が政策としても注目され，成人教育理論，実践面での研究が要請されている．本書では，アメリカの産業構造の変動期に，専門的職業の拡大に着目し，成人教育の役割を探究した合衆国成人教育協会の事業活動内容を明らかにした．1950年代の合衆国成人教育協会による実践者との共同の探究過程は，職業教育のための成人教育論成立の契機となったことが明らかになった．1950年代のアメリカの成人教育にかかわる実践者と研究者による職業教育と成人教育の関係をめぐる共同的探究過程は，日本における職業教育のための成人教育の再考に示唆を与えるものであると考える．

　最後に，今後の研究課題として二点を述べておきたい．

　第一は，現在，女性がリーダーとして指導的役割に就けないことが大きな社会的課題として指摘されている．そこでは正規雇用と非正規雇用の格差が存在し，女性の多くは非正規の立場で働くことを余儀なくされている．非正規雇用者は従来の専門職業人養成において，アマチュアに位置づけられ，専門性獲得のための女性の学習機会は乏しい．本書において，1950年代の急激に増加した成人教育にかかわる専門的職業群の中に，女性が専門職業人，あるいはアマチュアの立場で合衆国成人教育協会の事業を通して，自律的に学習をすすめて

いる姿を確認した．今後は，ノールズが主張したような「教育的コミュニティ（educative community）」の視点から，日本の女性たちの学習機会について考えていきたい．

　第二は，学び直し，リスキリングが政府や企業によって繰り返し要請される日本社会において成人教育に求められることは何かを探究することである．現代日本においては，人々が生涯を通じて自分自身の教育に継続的に関心を持つことが難しい状況にある．1950年代の合衆国成人教育協会が成人教育者たちの実像をとらえることで，成人教育の方向性を決定したように，日本の成人教育者たち（educators of adults）の多様な実像をとらえることで，生涯を通じて自分自身の教育に継続的な関心をもつことを援助する教育機会を探究していきたい．

注

1）　2015年に UNESCO は，生涯学習，成人学習および成人教育との関係に言及する職業教育（Technical and Vocational Education and Training）に関する勧告を示した．生涯を通して学び続けるための動機や能力の育成に貢献する職業教育のためには，学術的観点にもとづく成人を対象とする職業教育の内容・目的・学習の方向と，その適切性に係る実証的研究が求められる．吉本圭一「教育と職業の界をつなぐ学位・資格枠組み」『職業教育学研究』第50巻2号，2020年，1-18頁．杉村芳美「成熟社会で〈働く〉こと」猪木武徳編『〈働く〉はこれから——成熟社会の労働を考える』岩波書店，2014年，32-37頁，参照．

2）　倉内史郎編『日本の社会教育 第14集 労働者教育の展望』東洋館出版社，1970年，1頁．大串隆吉「労働者の権利と社会教育」『講座 現代社会教育の理論Ⅱ 現代的人権と社会教育の価値』東洋館出版社，2004年，152-165頁，参照．

3）　廣森直子「労働の場における排除と非正規専門職女性の力量形成の課題——図書館司書を事例に」日本社会教育学会編『日本の社会教育 第57集 労働の場のエンパワメント』東洋館出版社，2013年，106-117頁．拙稿「人材育成に対する社会教育的アプローチの再検討——女性管理職研修を題材として」日本社会教育学会編『日本の社会教育 第65集 ワークライフバランス時代における社会教育』東洋館出版社，2021年，99-110頁．

4）　岩崎久美子「『学び直し』に至る施策の変遷」『日本労働研究雑誌』No. 721, 2020年，4-14頁．

あ と が き

　なぜ，いまアメリカの成人教育の特質をその歴史的観点から明らかにするのか．

　職業教育の視点からみる成人教育の歴史叙述は，周辺的なものではなく，アメリカの成人教育史においてまさに中心的な主題である．本書には，職業教育の存在を周辺化し続けてきた従来の日本における成人教育／社会教育研究の枠組み自体を問い直したいという筆者の想いも込められている．

　上述の理由から，本書はアメリカの成人教育思想の史的過程に着目した．マルカム・ノールズのアンドラゴジー論にみる職業教育を中心とする成人教育思想の成立過程は，成人の学び直しやリカレント教育が繰り返し要請される日本社会において，成人教育研究のあり方への確かな手掛かりとなる．

＊　＊　＊　＊

　本書は，早稲田大学に提出した博士学位請求論文「合衆国成人教育協会の研究──職業教育を中心とした成人教育の成立過程」に加筆修正を行ったものである．また，本書は以下の研究助成による成果の一部である．日本学術振興会科学研究費補助金基盤研究(C)「女性リーダー育成をめぐる学習課題の解明とその教育方法の構築」（平成28年─令和元年度，研究課題番号 16K04567），日本学術振興会科学研究費補助金基盤研究(C)「省察的実践に基づく女性リーダー育成方法の構築に関する実証的研究」（令和3年─令和6年度，研究課題番号 21K02223）による助成を受けた．ここに記して感謝したい．

＊　＊　＊　＊

　本書の執筆にあたって，多くの方々にご指導とご協力をいただいた．

　特に，主査を引き受けてくださった早稲田大学の矢口徹也教授の温かくも時に厳しい励まし，そして継続的なご指導なくしては本研究をまとめることはできなかった．実践研究への強いこだわりを持つ筆者に，その根底に流れる成人

教育思想の史的過程に目を向けることの重要性を教えていただいた．副査を担ってくださった同大学の吉田文教授，佐藤隆之教授，北海道大学教育学研究院の辻智子教授からは，ご多忙を極める中，何度も原稿に目を通していただき，貴重なご助言と丁寧なご指導を賜わった．改めて厚く御礼を申し上げる．早稲田大学大学院教育学研究科矢口ゼミの先輩である常葉大学の新井浩子講師，日本大学の梶野光信教授，吉村厚子さんからの，論文構想，草稿への的確なコメント，執筆に行き詰った際の温かい励ましやご助言に深く感謝する．矢口ゼミの皆さんの協力にはいつも励まされ，力を頂いた．

お茶の水女子大学院生時代の同期である大阪市立自然史博物館外来研究員の菅井薫さんからの第一稿への有益なコメントと激励には，大いに勇気づけられた．北海道大学の宮﨑隆志名誉教授，明治大学の大高研道教授からは，職業教育と成人教育思想との関係を博士論文としてまとめることへの励ましと示唆をいただいた．

また資料閲覧・収集に関しては，多くの方にご協力いただいた．なかでも，東洋大学附属図書館のレファレンスカウンターの職員の皆さんには，コロナ禍で海外の資料収集が困難な折，適切かつ丁寧に支援いただき，論文執筆のモチベーションを維持することができた．職員の皆さんのプロフェッショナルな支援に感銘を受けた．

本書の刊行にあたって，晃洋書房の徳重伸さんに編集をお引き受けいただいた．編集上の細かい質問に，いつも誠実に対応いただき，深く感謝申し上げる．

最後に，家族の協力と励ましなくしては18年にわたる博士論文執筆の旅を終えることはできなかった．身近で応援しつづけてくれた家族に心からの感謝を伝えたい．

皆さん，本当にありがとう．

2024年8月

堀本　麻由子

資料（引用原文）

本文中では，巻末資料1，2，3…と記す．

序　章

1　Largely through the work of professionals, life expectancy has been increased, productive years have been increased, productive years have been prolonged, and more goods and services have been made available to more people than ever before.

第1章

2　The approach to adult education will be via the route of situations, not subjects. Our academic system has grown in reverse order: subjects and teachers constitute the starting point, students are secondary. In conventional education the student is required to adjust himself to an established curriculum; in adult education the curriculum is built around the student's needs and interests. Every adult person finds himself in specific situations with respect to his work, his recreation, his family-life, his community-life, et cetera- situations which call for adjustments. Adult education begins at this point. Subject-matter is brought into the situation, is put to work, when needed. Texts and teachers play a new and secondary role in this type of education; they must give way to the primary importance the learner.

3　That education for adults is a desirable form of education extension under public auspices, and that the chief responsibility for the education of adults as well as children is public. To supplement the service of public education agencies, private and quasi-public initiative, enterprise and effort are needed. But in the extension of all three forms of educational service among adults common ideas, ideals; cooperative, coordinated effort; and clearly defined notions of interdependence and inter-responsibility are desirable.

4　Since life means growth, a living creature lives as truly and positively at one stage as at another, with the same intrinsic fullness and the same absolute claims. Hence education means the enterprise of supplying the conditions which insure growth, or adequacy of life, irrespective of age.

5 Adult education will become agency of progress if its short-time goal of self-improvement can be made compatible with a long-time, experimental but resolute policy of changing the social order. Changing individuals in continuous adjustment to changing social functions-this is the bilateral through unified purpose of adult learning.

6 The evils of specialism have been duly noted by college presidents, publicists and philosophers-noticed, verbally proscribed and left multiply. Here stands a real dilemma: the division of knowledge goes speedily on with infinity as its goal whereas man's comprehending capacity is distinctly limited.

7 My conception of adult education points toward a continuing process of evaluating experiences, a method of awareness through which we learn to become alert in the discovery of meanings.

8 Every adult person finds himself in specific situations with respect to his work, his recreation, his family-life, his community-life, et cetera-situations which call for adjustments. Adult education begins at this point. Subject matter is brought into education, is put to work, when needed. Texts and teachers play a new and secondary role in this type of education; they must give way to the primary importance of the learner.

第2章

9 It might, I think, be reasonably said that the thing we call prosperity and the state of mind we refer to as happiness can both be attributed – insofar as we attain them – to the professions: To their growth, to their ever- increasing assumption of responsibility for the needs and wants of the people.

10 A profession worker is (1)one who advisory, administrative, or research work which is based upon the established principles of a profession of science and which requires professional, scientific, or technical training equivalent to that represented by gradation from a college or university of recognized standing, or (2)one who performs work which it based upon the established facts, or principles, or art, and which requires for its performance an acquaintance with these established facts, or principles, or method gained through academic study or through extensive practical experience, one or both.

11 It includes the occupations "concerned with the theoretical or practical aspects of fields of endeavor that require rather extensive educational or practical experience for the proper performance of the work" but "are the □demanding with respect to background or the need for initiative or judgement in dealing with complicated work situations than those fields which are considered a "professional".

12 The professions have become essential to the very functioning of our society.

13 In the period between 1963 and 1981, the expression of lagging understandings, unsuitable remedies, and professional dilemmas has become the norm, and the note of triumphant confidence in the knowledge industry is hardly to be heard at all. For in these years, both professional and layman have suffered through public events which have undermined belief in the competence of expertise and brought the legitimacy of the professions into serious question.

14 Professionalization has been one of the most perplexing concerns facing those who engage in the education of adults. Indeed, since the 1920s few issues have provoked more debate and controversy in adult education than whether or not professionalization is good for the field. Sharan B. Merriam, *The Profession and Practice of Adult Education: an Introduction.*

15 Each of us who is involved in the education of adults has a stake in the debate over professionalization. While a simple solution to this issue will not likely be on the horizon soon, we must each be willing to examine the question of what it means to professionalize and, more specifically, what it means for adult education to professionalize.

16 A need for status, a sense of commitment or calling, a desire to share in policy formation and implementation ... a feeling of duty, a wish for fellowship and community, and a zest for education.

17 Both groups of workers, professional and volunteer, find that informal adult education is exciting and baffling. It is exciting because of the joy it brings to people who discover new interest in life. It is baffling because it is full of problem more complex than they appear on the surface to be. Most of these adult education workers are anxious to

206

learn how to do their jobs better. where can they go for help?

18　Those who occupy positions of responsibility in adult education must operate in a far more complicated pattern than do those who practice a traditional profession. The educators of adults belong potentially not to a single profession but to a family of professions. Moreover, the future is probably one of increased diversification rather than greater simplification.

19　The AEA's failure to become the prime national organization in the field does not diminish its achievements and the contribution through AAACE. Among its important achievements was the creation of scholarly apparatus for graduate education and the dissemination of research. Harold W.

第3章

20　In addition to an interest in improving their common methodology and providing for leadership training, adult educators have a growing sense of the social significance of their calling and a desire to develop adult education on a scale adequate to bridge the gap between the adult community to deal with its personal and social problems and the growing seriousness of these problems in the present-day world. These common concerns provide the basis in interest and in need for a national association.

21　The purpose of the association shall be to further the concept of education as a process continuing throughout life by affording to educators of adults and to other interested persons opportunities to increase their competence; by encouraging organizations and agencies to develop adult education activities and to work together in the interests of adult education; by receiving and disseminating education information; by promoting the balanced development of educational services needed by the adult population in the United States; and by cooperating with adult education agencies internationally.

22

1. Raising the level of competency of workers in the field of adult education
2. Increasing public understanding of adult education and support for it.
3. Strengthening relationships between organizations on all levels.
4. Deepening and extending knowledge about adult education

資料（引用原文）　　*207*

5．Encouraging the innovation and refinement of specialized institutions and subject areas.
6．Strengthening the organizational structure and core services of AEA.

23　For years the field has reflected a wild variety of attitudes toward professionalism, ranging from rejecting it completely (on the assumption that professionalism implies lack of the common touch and disparagement or neglect of voluntary leadership) to relying upon it exclusively (on the assumption that lack of professional training imphes low standards and incompetence). There are probably few today who would accept either of these extreme positions. But the question still remains of arriving at some generally agreed-upon definition, however broad and tentative, of the nature and role of the professional in adult education.

24　It is not yet possible-and may never be possible-to arrive at common standards of professionalism for all those who are being paid for performing educational services for adults. There are no standardized prerequisites for taking up adult education as a profession.

25　Adult education, then, has been a development and extension of previously existing social functions and institutions. Partly for this reason, the self-identification as adult educators of persons engaged in the deliberate modification of adult behavior has not been a spontaneous or uniform development. Similarly, a common body of knowledge and skills and commonly accepted goals and values have been slow in arising.

26　These essentials of a profession cannot be legislated into existence.

27　It is to help us to move toward the development of this more numerous and better equipped corps of professional adult educators that the AEA has instituted a "Professional Membership". As befits an emerging profession, uncertain as yet of the scope of its functions, the qualifications appropriate to its members, and its relationship to the older professions and fields of social practice from which adult education workers have emerged, no legalistic limitation has been placed on membership. Professional membership is for all those who want to further the development of an adult education profession.

28 These thousands must be better versed in the social and philosophical disciplines relevant to adult education and more skilled in the arts of facilitating human growth and problem-solving than most of us are at present.

29 As long as the service relationship of the profession to the broad field of social practice we call adult education is fully accepted, we can develop a profession free from the stultifying formalism and isolation from social reality that have been the curse of some other professional fields.

第 4 章

30 ⟨Means of Communication⟩

The second major problem of interrelationships within the Adult Education Association is communication, for only through the free interchange of issues and ideas can the interest of membership be continued. This requires that the national organization not only encourage the free interchange of issues and ideas, but also assure the influence of communications from the basic groups upon the national structure. A medium through which communications can be disseminated in the form of a house organ is essential. The present publication, ADULT EDUCATION, has not been able to meet this requirement, for it involves principally one-way communication in its articles, news, etc. At this point policy will need to be determined. If ADULT EDUCATION is to be a house-organ of the Association, it will serve primarily as a medium of communication among the groups making up the Association. If, on the other hand, it is to be a publication of literary and Professional quality restricted to editorially acceptable contributions of high caliber then it will need to be supplemented by a more frequent and less imposing medium to carry on the process of intercommunication.

31 Verner & Hallenbeck propose that face-to-face groups be the membership basis of the AEA and that "relationships of local, regional, or national groups to the Association must determined by the groups themselves in whatever way they may desire to participate-in toto, or through their own pattern of representation ..."

They propose further that a major publication of the AEA (either this journal, our newsletter, or some other) "serve primarily as a medium of communication among the groups making up the Association." (中略) Major questions for discussion seem to be:

(1) What kind of organization would best implement our democratic and professional

goals ?

(2) How can the AEA be transformed into such an organization ?

These are problems worthy of our closest attention and most careful thought.

32 It is not enough that the AEA merely become a sounding board for the individuals and organizations that constitute its eclectic membership, but it must assume responsibility for practicing the method that it preaches.

Certainly, communication is a two-way business. But the communication of the AEA must, if it is to give meaning to the whole concept of adult education, be designed to provide to its membership everything that has been imparted by adult educators to the world LEADERSHIP. Moreover, the much needed professionalization of the field of adult education is not going to come solely by sensitizing the AEA to the reactions of the laymen whose participation the organization has wisely welcomed.

I would like to see your newsletter attempt to fulfill the function suggested by the two authors, but certainly not your professional journal.

33 In retrospect, it seems clear that many of these difficulties in constructing instruments of communication for the field was itself in the process of metamorphosis, a condition which, indeed, the AEA helped to induce. Tensions over communications policies were probably partly a reflection of resistances to these changes and partly a reflection of confusion as to the true nature of the functional population groupings within the field and their differentiated needs and interests.

34 The publication of ADULT LEADERSHIP is an experiment in leadership training and in journalism.

35 How to plan a meeting.

How to get people to come.

How to make the best use of the ideas and abilities of each member.

How to get some people to talk - and others to keep quiet.

How and when to use films, pamphlets, speakers, panels.

How to turn thought into action.

36 By printing a digest of problems submitted;

By analyzing a few of them in a "Problem Clinic",

By reporting reactions of readers to the magazine.

37 Only if you make Adult Leadership your magazine by taking part in its development will it help you in your job of helping others to meaningfully, productively, and peacefully in our modern world.

38 What is the AEA ?

The Adult Education Association of the U. S. A. is America's fastest growing education movement. It was formed less than a year ago at Columbus, Ohio, after four years' study by hundreds of adult education leaders, lay and professional.

They created a national organization that would advance the development of a fourth level of education, rounding out elementary, secondary, and higher education with a widely diversified educational program for all adults.

The AEA is a grass-roots organization. In addition to school and university teachers and administrators, its membership consists of librarians, extension service personnel, public health workers, leaders of civic organizations, church groups, men's and women's clubs, and leaders of industrial and union educational programs.

The AEA believes that you, too, belong on its membership rolls, because you are already active in the dynamic movement to keep adults learning throughout life. And you are eager to improve your own knowledge and effectiveness as a community leader - otherwise you would not be reading this magazine.

You can join merely by signing the membership blank inside the front cover of this magazine. DO IT NOW !

39 Secondly, I am leaving with a feeling that a great deal has been accomplished. The first completely comprehensive and unifying national organization in the history of our field is firmly established. Financially we are independent and programmatically we are our own masters. The old schisms and communications barriers have mostly disappeared. The largest corps of adult educators ever brought together for a common cause are in our membership. We have found the proper soil for our roots in our joint membership plan with state associations and our special interest sections. We have a set of publications that is working effectively with a minimum of outside resources. The AEA has become what I have always felt it should be, a fraternity of adult educators helping one another and working together for a better society.

40 Congratulations to you and your associates for an excellent first issue of ADULT LEADERSHIP. I am especially impressed by its practical approach and the absence o jargon in most of the material included. I hope you will continue to emphasize effective methods and let the "glittering goals" have a well-deserved rest. We all know what we want to do but need plenty of help in finding better way to accomplish the task.

41 The first copy of your new magazine ADULT LEADERSHIP, reached my desk today and I can without question ay that it is surely an excellent one. I feel that it will meet a great need for all type of workers and organizations. It gives definite, concise information which, I believe, will be of great help to all. I am so impressed with it that I want to bring it before the members of the West Virginia Business and Professional Women's Clubs when they meet in state convention next week.

42 Dear Editors,

The June issue of ADULT LEADERSHIP has had a prominent place on my study desk during recent days. I have been responsible for organizing two different discussion groups and have found the material in this issue of great value in planning such conferences. One group is made up medical men and persons interested in public health. We were discussing better means of reaching the public with preventive health measures. Ideas obtained from this issue of ADULT LEADERSHIP worked so well with the small group that they spontaneously decided to use the same devices with larger discussion groups of lay people.

43 Last Spring we were happy to hear about the forthcoming ADULT LEADERSHIP and enlisted as an early subscriber. At no time since mailing that first check have we been anything but elated over the investment. Later we joined the AEA now get an extra copy which we share among other lay and professional workers with whom we come in contact.

The first issue is full of underlining and marginal notes, and the evaluation card was filled. But, during the summer we were so involved in our own projects that we have only scanned and accumulated the other issues. The most recent issue (No. 6) on "getting and keeping members" snapped us out of our routines, however, and we feel moved

212

to utter a few remarks.

There seems to be too much emphasis in "The Tool Kit" on getting, keeping, holding members. As a member of a few organizations and as a pursued prospective of other groups of people. I say with feeling that I don't like to be "got". I don't like to be "kept". I don't ever except to be "held" to an organization.

I want to be interested, challenged, and shown some opportunity for expression; warranted an opportunity to explore ways of improving or imitating the old; assured help if I should stumble while attempting the new, but not over-protected or limited or minutely guided by those who have already "learned the answers".

(中略) As usual, "The Tool Kit" is full of proven and useful tools for getting our human-relations and human development job done, but we must be careful what attitudes or purposes we have while finding new members or maintaining the interest of regular members. This magazine is forming attitudes as well as techniques.

44 "I was pleased to see Burr Roney's 'A Way to Freedom' in the January issue of Adult Leadership. For liberal adult educators, technical education seems to be a tolerated necessary evil. As a result, very little material has appeared in the literature exploring the potentialities of technical instruction as a vehicle for achieving those values inherent in liberal education. It seems to me that further steps might be taken to stimulate the interest of this large group of adult educators who teach technical subjects. Adult Leadership might well provide a forum for their problems.

45 I want to congratulate you on the "Initiating Social Action" issue of ADULT LEADERSHIP. (February, 1953.) (中略) In fact, after thirty years of close association with the adult education movement, it has seemed to me that the past two years represent by far the most vital and socially purposeful period. I might mention two respects in which I feel this issue is a definite advance. The first is in the matter of format and illustration. The present issue seems to me to use illustration effectively to add reality and force to the thought. A good deal of the earlier illustration seemed to several of us to fall under the head of distracting layout and not too expressive and often rather mechanical pictorial devices. The second, more serious point has to do with getting social purposefulness and thought-stretching into live balance with method. The current issue seems to me to succeed admirably in this. (中略) My desire is simply to convey my impression that this issue represents a long advance and is indeed one of the best contributions to education in social action to date.

46 I was pleased with the March issue of ADULT LEADERSHIP. You covered every phase of discussion leading with sound practical material. I have yet to see a single publication which covered the subject as thorough ! as you have.

Dr. Cantor's article was not new to me, because I have read several of his books in which the same basic theme is carried out: yet, in this issue, surrounded by the topic of discussion, it took on new meaning.

I am engaged personnel development with the General Electric Company in Cincinnati. In most of our training programs we attempt to apply the general concepts of adult education seminar, discussion and role playing techniques. I find ADULT LEADERSHIP lacking in cases and formation directed toward adult education in industry. Knowing the trends of adult leadership in industry and business would be helpful. (以下，略)

47 When average adults join evening classes, their motivation stems from interests in learning which they feel will have an immediate application in their daily lives, things which will bring quick satisfactions. They do not particularly want to discover how erudite the instructor might be (who cares ?): they want direction and help in satisfying those "felt needs." They present any effort, on the part of the adult who is on the other side of the desk, to tell them what they should know. The instructor is welcome to expound his theories as to what they should know, but they do not feel any compulsion to buy. If they do not get what they came for. They drop out. They will not sit and be lectured at.

In the case in question. Mr. Fleming tries to justify the lecture method which "covers everything." It is doubtful whether there was a meeting of the minds here. Teaching, being a collective art — a process of guided interaction – must focus toward goals which the particular group has in mind, the interests which motivated them to enroll. At the start, at least, it should try to guide them from where they are to where they think they want to be, regardless of the professor's comprehensive grasp of the whole field. The professor's main responsibility is to his students, not himself. His job is to know how to guide them toward their desired goals. What the professor thinks they ought to know, is relatively unimportant. In an informal adult evening program, the customers are always right, or should be. (以下，略)

214

48 It seems to me that it is time that we had a full discussion of adult education's major and if need be ADULT LEDERSHIP. I should like to see an issue of your magazine devoted to philosophy or philosophies of adult education.

"Thus far there has been a heavy ADULT LEADERSHIP. I realize the danger of methodological emphasis in trying to separate practice and theory. But there is such a thing as emphasis, and up to the point we have had an over emphasis upon method and an under-emphasis upon philosophy or theory.

"In a relatively few years adult education in the United States has moved from a field devoted largely to citizenship. domestic and shop skills to in all-embracing activity. The earlier concerns did not require the kind of thoughtful exploration and goals which the present comprehensive movement does. Several new dimensions have been added to adult education and thus far the theoretical work has by no means been commensurate with this expansion of activity.

Adult education is hellbent on "broadening the base"; and on becoming "research-minded" and perhaps "group dynamics centered." Unless there is an improvement in communication, unless there is careful interpretation, these trends can work to the disadvantage the adult education movement. I seem to detect in adult education occupational disease which we may call 'terminology in-breeding."

"Perhaps, I am alone in my concern, my worries about philosophy for adult education. Perhaps you have already had many letters. Perhaps others will write you. I know the Social Philosophy Committee of Adult Education Association is interested, but how many more are it interested ?

49

1 . The focus is on adults.

2 . The purpose is to change or influence them.

3 . Educators and leaders are agents for encouraging change.

4 . Adults are responsible participants in the learning process.

5 . Toole are needed to do the job.

6 . The educative jobs are done in the setting of the organizations and the communities in which people live and work.

7 . Educators and leaders have goals for their work.

Adult Leadership cannot say what the goals should be - what the "good life" is; it can say that each person has the responsibility to decide for himself whether his leadership or educative influence is really contributing to the goals which he has, on reflection, chosen as most worthwhile.

These are major common interests of adult educators - interests which can unite them despite differences in content setting, and in specific methods and techniques.

The first job

Adult Leadership's first job is to do whatever the printed word in periodical form can do help all of our readers work more effectively with the processes of adult education.

The second job

Adult Leadership has another job, too. It is the official organ of the Adult Education Association of the U. S. A., and has a responsibility to help build the adult education movement. More than two-thirds of the 19,000 readers are members of the Association.

50 "Please do not make any radical change in Adult Leadership, The Common goals and material on methods are of particular interest to volunteer groups. 'Personalities and interesting developments' are of secondary importance and tend to make it too professional in tone, in my opinion. It is of invaluable service to anyone interested in developing intelligent leadership ..."

51 "Personally, I think we must keep Adult Leadership as a publication serving both lay and professional people ...

"If Adult Leadership is to meet the challenge of adult education, if professional and lay people really are going to have a partnership in solving common problems - we have got to start talking the same language. Whether that means professional contributors are going to start making sense to us laymen or that you pay enough and give enough patient help to the professional writer who can translate scientific gobbledegook into plain talk- I don't know. But if any publication should try to cure the schizophrenia, it is you of Adult Leadership."

52 I have just received my second copy of your magazine ... . I am a member of a WHO education project particularly concerned with the basic nursing education of young Malayan men and women. What a field we have here for the development of "workshop" methods of education ! However, such methods being so controversial and unconventional, we find great difficulty in establishing them. We are trying hard, and each group leaves us demonstrating interest, and who knows but what the many problems of this

land are discussed more intelligently for our initial guidance. The ideas and opinions that I have read so far have done much to help me in my work.

53 Perhaps (the magazine) intends to completely avoid all theological theses ... But the more I read it and the more I work with adults, the more emphatic it becomes for me to re-examine my basic beliefs about God, man, men, good, and evil, and to help those I contact to begin thinking "deep." Adult Leadership needs to come to such a maturity: to discover real ways to change and unite adults, singularly or in groups. To "change" people undoubtedly assumes some direction, someone's goals, and it seems important to me – and I would assume likewise to others doing such work – to ask: Which way? Whose goals? Why?

第5章

54 (a)those not definitely related to its processes wish to know what it is, and (b) those who are definitely in the movement wish to know what it is for ...

55

1. To further the idea of education as a continuing process through- out life.
2. To serve as a clearing house for information.
3. To assist enterprises already in operation.
4. To help both organizations and groups to initiate adult education activities.
5. To aid and advise individuals who desire to continue learning by themselves.

56

1. Diagnosis of the real needs and interests of the adult community.
2. Evaluation of existing programs and services.
3. Planning more adequate programs and developing better coordination of community programs.
4. Identification and servicing of all adult education activities (formal and informal).
5. Discovery, development, and utilization of community program resources.
6. Development of programs of research.
7. Pre-service and in-service education and training for professional adult education workers.
8. Involvement, selection, and training of non-professional workers.

資料（引用原文）　*217*

9. Development of a functional philosophy of adult education.

10. Development and safeguarding of professional status, economic security, and academic freedom of adult educators.

11. Stimulation and involvement of the clientele of adult education.

12. Interpretation of adult education to the public

57

(1) Affording to educators of adults and other interested persons opportunities to increase their competence

(2) Encouraging organizations to develop adult education activities and to work together in the interest of adult education

(3) Receiving and disseminating educational information

(4) Promoting the balanced development of educational services needed by the adult population of the U. S.

(5) Cooperating with adult educational agencies internationally

58

1. To develop a greater unity of purpose in the adult education movement.

2. To help individual adult educators increase their competence.

3. To bring agencies of adult education into closer working relationship.

4. To detect needs and gaps in the field and to mobilize resources for filling them.

5. To make the general public more aware of the need and opportunities for adult education.

6. To assemble and make available knowledge about adult education.

7. To serve as a voice for the adult education movement.

59

1. What should be the focus of the AEA: concern for the social results from education, or the long -range development of the individual? How far should the local community be the focus of adult education?

2. How can adult education help individuals enlarge their area of understanding and concern to include complex international issues beyond their immediate experience?

3. Should our target in the AEA be the professional worker, or, if not, how wide an

area of the population ?

4 . What kind of activity will help the group we choose to reach its goals ?

5 . How should the field of adult education be organized to accomplish our purposes ?

60 To determine the target of our membership is considered "one of the most impor-
tant issues facing AEA," which should work with both professional and lay adult educa-
tors. In fact, the opinion was expressed that we should try to reach out and stimulate
those who are engaged in one form or another of adult education but are not yet affiliat-
ed with the AEA.

61 A specific suggestion to AEA was that of improving the readability and appeal of its
publicationist (原文 マ マ) to meet the interests of both professional and lay adult educa-
tors.

62

1 . To gain a better understanding of the basic needs which cause adults to participate
in educational programs.

2 . To gain a clearer insight into the changing interests of adults in vocations, religion,
family, leisure time activities, health, and other areas

3 . To increase one's ability to apply psychological principles to the selection of objec-
tives.

4 . To acquire techniques for relating our program more closely to the needs and inter-
ests of adults.

5 . To acquire techniques for relating our program more closely to the general needs of
the community.

6 . To become more skillful in recognizing the community needs and resources that are
important to adult education programs.

7 . To develop a better understanding of the kinds of educational materials most suit-
able for mature people.

8 . To develop a better understanding of the kinds of educational methods most suit-
able for mature people.

9 . To become more familiar with the procedures for "keeping up" with new develop-
ments and materials for adult education programs.

資料（引用原文）　*219*

63

Part Ⅰ　The Field of Adult education and the AEA	page
Introduction	Ⅰ - Ⅴ
Ⅰ　The Definition of Adult Education	1
Ⅱ　The Adult Educator, His Gratifications, Problems and Hopes	11
Ⅲ　The Overview of AEA History	43
Ⅳ　The Membership of the AEA	64
Ⅴ　Members' Relationships to the AEAs Part Ⅰ	107
Ⅵ　Members' Relationships to the AEAs Part Ⅰ	145
Ⅶ　Former and Potential Members	175
Part Ⅱ　Special Problems of the AEA	
Ⅷ　Democracy in a National Organization	205
Ⅸ　The AEA and Its Organizational Relationships	257
Ⅹ　Adult Education as a Social Movement	293
ⅩⅠ　The AEA and Problems of Professionalization	314
ⅩⅡ　Direction Finding	332
Part Ⅲ　The Future	
ⅩⅢ　Purposes and Goals of National Organization in Adult Education	349
ⅩⅣ　Alternatives for the AEA	376
Appendix	
Appendix A：Methodology	414
Appendix B：Membership Trends	
Appendix C：Tables	

64　This study showed a surprising amount of agreement among the adult educators queried regarding the priority order of eleven possible goals for the AEA. About four fifths of the respondents to a questionnaire specified the two most important activities for a national coordinative organization to be "to conduct and promote research related to adult education and adult leadership" and " to disseminate practical techniques of adult education and leadership." A smaller number of respondents to depth interviews also rated research as the first priority but gave second place to "filed service to built up regional state, or local adult education organizations."

65 One major difficulty has been a lack of agreement with respect to some fundamental concepts of adult education ... It is difficult to arrive at a consensus on the definition of adult education.

66 Sociologically speaking, a profession is an occupation which requires a large body of technical, scientific, and theoretical knowledge for its performance, and which maintains the ideal, widely subscribed to both by the members of that occupation and the public, that the professionals should utilize this knowledge for the general good of their clients and the public, rather than for personal gain. Of course this last requirement does not imply that professionals as persons are uninterested in supporting themselves, but rather that they have a duty to perform their profession apart from interests in monetary gain. These two broad characteristics of a profession imply additional attributes. The extensive knowledge the professionals are supposed to have means a long and intensive formal preparation, and in our society this implies specialized training in a school or university. Also, required is a professional society to set standards for this training and to enforce the professional ethics. In addition, since members of a profession possess a unique body of knowledge, they are less subject to direct and continuous external supervision of their occupational activities than persons in other occupations, and generally, this luck of supervision is seen as a right and privilege of the professional.

67 The concept of the profession [of adult education] needs definition. It should re- quire the kind of educational training provided through a university. The term has been borrowed haphazardly in an attempt to effect status before the fact. We need a body of knowledge to become professional. We are not now providing this. We therefore have no professional adult educators.

68 Assembles current information about the status of professional education, literature, and standards, and needs of adult education field and informs the membership on these matters; provides for continuing review, evaluation, and development of standards within the profession so that they may be improved and strengthened; formulates recommenda-

tions on policies and actions concerning professional development for the consideration of the Executive Committee and Delegate Assembly; takes special responsibility for the professional membership of the AEA.

69 Here you have a confusion of person and role. Are you defining "adult educator" as one dimension of a role which may have many different dimensions or as a person who is full-time in adult education? If you are trying to "professionalize" the dimension of the role by showing that is calls for knowledge, definitions, etc., that I'm all for .... But to develop a cadre of people who do nothing else but adult education, this is giving up the whole problem.

70 This is the person who has had training in techniques and philosophy from a university, basically, but I wouldn't want to exclude those people with experience and in-service training. I know many people in the field who have had no formal training in the field who do good work.

71 This is the trained and/or practiced person engaged in training or working in the broad field of adult learning and academic training. For the great range of service, the academic training isn't sufficient.

72 The definition as to whether adult education should strive for increased professional status, and whether the AEA should play a role om such an attempt, must be determined by those involved and with due consideration for the consequences for the field.

第 6 章

73 The basis for this new "eminently practical science" lies in the central idea of adult education itself.

74 They (educators of adults) are now beginning to understand that while experience provides a necessary familiarity with their immediate field of work, it is seldom enough to give them (or their successors) the balance, the perspective, and the vision they require. For this broader and more purposeful view, they are turning to the universities for help, and it is with their needs in mind that universities for help, and it is with their needs in mind that the universities are trying to build a stronger and more solid profes-

sional base for the field of adult education.

75 The advanced education of persons who have a primary concern for adult education and basic career expectations in that field.

76

1. A sound philosophic conception of adult education based on a consideration of its major aims and issues and embodying convictions concerning the basic values which it should seek to achieve.

2. An understanding of the psychological and social foundations on which all education (and particularly adult education) rests.

3. An understanding of the development, scope, and complexity of the specific agency or program in which he works and the broad field of adult education of which it is a part.

4. An ability to undertake and direct the basic processes of education : the refinement of objectives; the selection and use of methods and content; the training of leaders; the provision of guidance and counseling; the promotion of program; the coordination and supervision of activities; and the evaluation of results.

5. Personal effectiveness and leadership in working with other individuals, with groups, and with the general public.

6. A constant concern with the continuance of his own education throughout life.

77 Informal adult education is a movement so vast and so formless that large numbers of people engaged in it do not realize that is what they are doing. There is, of course, a sizable core of workers employed by such institutions as the Y. M. C. A., the Y. W. C. A., university extension, evening high schools labor unions, industry, rural agencies, and many others. These persons are becoming increasingly conscious of being professional workers in an educational movement.

78 Most of these adult education workers are anxious to learn how to do their jobs better. Where can they go for help ?

79 Adult education is such a pervasive phenomenon that it eludes precise definition. In its broadest meaning, it includes all experiences that help mature men and women to ac-

quire new knowledge, understandings, skills, attitudes, interests, or values. In this sense, it encompasses practically all life-experiences, individual or group, that result in learning.

80　The adult education movement includes all the wide variety of mature individuals learning in infinite ways under innumerable auspices the many things that make life richer and more civilized. Those in the "movement" are dedicated to the improvement of the process of adult learning, the extension of opportunities for adults to learn, and the advancement of the general level of our culture.

81

1．A thorough-going study of adult education in the United States is needed because (a) it is now being promoted by a variety of agencies whose isolation retards the movement; (b) its variegated forms tend to obscure its real meaning; and hence (c) the term itself can be defined and takes on reality only after it has been inductively described.

2．The study should be made by an agency which frankly has an interest in the broader field of education.

82

① What ought to be taught

② How adults should be taught

③ The proper aims of adult education in a democratic society

83　It seems to me that inherent in the concept of adult education is the notion of liberation. By definition, adult education is a process of individual growth. All adult educators are in the business of helping individuals become liberated. (中略) In a sense, this conception implies a model of a "free man" but this is not a stereotypic model, since each individual himself defines what he will be when free.

84　① We must train ourselves out of the habit of defining our positions in absolute and exclusive terms. ② We must develop a generalized attitude in our field that differences are not only acceptable but are desirable. ③ We must develop a tolerance for the tensions that differences produce, and must come to see that tensions can used creatively

to produce growth and greater truth. ④ We must obtain more knowledge through re-
search that will enable us to make more effective choices of objectives and methods.

85

① What is the nature of the field of adult education as it has emerged to date ? What are
its dimensions, its component parts, its general characteristics ? How did it evolve,
what genetic principles seem to be guiding its development ?

② What are the dynamics of the field of adult education ? What are its needs for coordi-
nation ? What forces seem to be favoring and opposing coordination ?

③ Where does the field of adult education seem to be going ?

86

Contents

PART I   THE EMERGENCE OF INSTITUTIONS FOR THE EDUCATION OF
ADULTS

I   Colonial Foundations and Antecedents (1600～1779)

The Social Setting

Early Beginnings of Education

*Apprenticeship · Universities · Common Schools · Private Vocational Schools · Second-
ary Schools · Libraries · Churches · Town Meeting · Agricultural Societies · Benjamin
Franklin and the Junto · Prototype of other Institutions*

Summary

II   The Growth of a Nation And Its Quest For the Diffusion of Knowledge (1780～1865)

The Social Setting

The Education of Democratic Citizens

The Growth and Diffusion of Knowledge

*Mechanics and Mercantile Libraries and Institutes · Lowell Institute and Cooper
Union · The Lyceum Movement · Popular Reading and Public Libraries · Museums ·
Voluntary Associations and Agencies · Churches · Agricultural Education*

The Shaping of a National Education System

Evening Schools

Colleges and Universities

Summary

資料（引用原文） *225*

Ⅲ The Maturation of a Nation and Multiplication of Its Adult Educational Institutions
(1866～1920)

The Social Setting

Developments in Institutions

Chautauqua · Correspondence Courses · Agricultural Education · Workers Education · Industrial Education · Colleges and Universities · Libraries · Public Schools · Voluntary Associations and Agencies · Religious Institutions · Museums

Summary

Ⅳ The Development of Institutions for the Education of Adults in the Modern Era (1921～1961)

The Social Setting

Institutional Developments in Adult Education

Business and Industry · Colleges and Universities · Co-operative Extension Service · Foundations · Government Agencies · Health and Welfare Agencies · Independent and Residential Centers · Labor Unions · Libraries · Mass Media of Communications · Museums and Art Institutions · Proprietary Schools · Public Schools · Religious Institutions · Voluntary Associations

Summary

PART Ⅱ THE SHAPING OF A FIELD OF ADULT EDUCATION

Ⅴ. The Development of Coordinative Organizations within Segments of the Field

Business and Industry · Colleges and Universities · Co-operative Extension Services · Foundations · Foundations · Government Agencies · Health and Welfare Agencies · Independent and Residential Centers · Labor Unions · Libraries · Mass Media of Communications · Museums and Art Institutions · Proprietary Schools · Public Schools · Religious Institutions · Voluntary Associations

Subject-matter Groupings

Geographical Groupings

Summary

Ⅵ. Strivings for a National Organization for Adult Education (1924-1961)

Emergence of the Idea

The America Association for Adult Education

Setting · Purposes, Goals, and Policies · Membership · Organizational Structure · Program · Finance

The NEA Department of Adult Education

The Adult Education Association of the U. S. A

Setting · Purposes, Goals, and Policies · Membership · Organizational Structure · Program · Finance

Summary and Assessment

PART Ⅲ THE NATURE AND FUTURE OF THE ADULT EDUCATION MOVE-
MENT

Ⅶ. The Characteristics and Dynamics of Adult Education as a Field

Characteristics of the Field

Genetic Principles

A Conception of the Developmental Process of the Field

The Dynamics of the Field as Related to its Coordination

Concepts of Coordination

Forces Affecting Coordination

Ⅷ. The Future of Adult Education

Some Predictions Based on Present Trends and Assumptions

Some Probabilities Based on New Assumptions

Some Required New Assumptions about Education for Children and Youth · New Perspectives for Adult Education

Which Way Will Adult Education Go

Notes

Bibliography

IndeX

87

① The adult education field is highly expansive and flexible.

② The adult educational field is taking the shape of a multidimensional social system.

③ The adult educational field is a highly interactive social system.

④ The adult educational field is in the process of developing a distinctive curriculum and methodology.

⑤ Adult education becoming an increasingly clearly delineated field of study and practice.

資料（引用原文）　227

88　And certainly the notion that every person can get ahead if he is willing and <u>works</u> hard — which has so greatly influenced the growth of adult education in this country — began to develop during this period.

89　Since survival depended upon the ability to produce the essentials of life, it is natural that the first educational priority of the colonist should have been vocational training.

90　A fifth policy decision resulted in 1930-1931 from an "apparent conflict ... between those who felt that the trend of the movement should be in the direction of practical vocational instruction and those who felt that cultural considerations should be dominant." The association came out with "a conception of a nicely balanced ideal program of educational opportunities for the adult in which recognition was given both to vocational and to cultural needs, and to recreational needs as well."

91　Repeated evidence was cited in chapter Ⅳ indicating that there is a strong trend in the field toward the increasing differentiation of roles of these professional adult workers in their various institutional settings.

92　The role of the adult educator will become increasingly differentiated from other roles and training for this role will become increasingly specialized.

93　In a totally educative community, everybody would be always partly a teacher and partly a learner.

文 献 目 録

1. 史資料

Adult Education Association. Annual Report, 1957, *Adult Leadership*, Vol. 7 (1), 1958, p. 27.

Adult Leadership, Vol. 1 (1). 1952, May. Adult Education Association of the United States of America.

Adult Leadership, Vol. 1 (2). 1952, June. Adult Education Association of the United States of America.

Adult Leadership, Vol. 1 (3). 1952, July-August. Adult Education Association of the United States of America.

Adult Leadership, Vol. 1 (4). 1952, September. Adult Education Association of the United States of America.

Adult Leadership, Vol. 1 (5). 1952, October. Adult Education Association of the United States of America.

Adult Leadership, Vol. 1 (6). 1952, November. Adult Education Association of the United States of America.

Adult Leadership, Vol. 1 (7). 1952, December. Adult Education Association of the United States of America.

Adult Leadership, Vol. 1 (8). 1953, January. Adult Education Association of the United States of America.

Adult Leadership, Vol. 1 (9). 1953, February. Adult Education Association of the United States of America.

Adult Leadership, Vol. 1 (10). 1953, March. Adult Education Association of the United States of America.

Adult Leadership, Vol. 1 (11). 1953, April. Adult Education Association of the United States of America.

Adult Leadership, Vol. 2 (1). 1953, May. Adult Education Association of the United States of America.

Adult Leadership, Vol. 2 (2). 1953, June. Adult Education Association of the United States of America.

Adult Leadership, Vol. 2 (3). 1953, July-August. Adult Education Association of the United States of America.

Adult Leadership, Vol. 2 (4). 1953, September. Adult Education Association of the United States of America.

Adult Leadership, Vol. 2 (5). 1953, October. Adult Education Association of the United States of America.

Adult Leadership, Vol. 2 (6). 1953, November. Adult Education Association of the United States of America.

Adult Leadership, Vol. 2 (7). 1953, December. Adult Education Association of the United States of America.

Adult Leadership, Vol. 2 (8). 1954, January. Adult Education Association of the United States of America.

Adult Leadership, Vol. 2 (9). 1954, February. Adult Education Association of the United States of America.

Adult Leadership, Vol. 2 (10). 1954, March. Adult Education Association of the United States of America.

Adult Leadership, Vol. 2 (11). 1954, April. Adult Education Association of the United States of America.

Adult Leadership, Vol. 3 (1). 1954, May. Adult Education Association of the United States of America.

Adult Leadership, Vol. 3 (2). 1954, June. Adult Education Association of the United States of America.

Adult Leadership, Vol. 3 (3). 1954, September. Adult Education Association of the United States of America.

Adult Leadership, Vol. 3 (4). 1954, October. Adult Education Association of the United States of America.

Adult Leadership, Vol. 3 (5). 1954, November. Adult Education Association of the United States of America.

Adult Leadership, Vol. 3 (6). 1954, December. Adult Education Association of the United States of America.

Adult Leadership, Vol. 3 (7). 1955, January. Adult Education Association of the United States of America.

Adult Leadership, Vol. 3 (8). 1955, February. Adult Education Association of the United States of America.

Adult Leadership, Vol. 3 (9). 1955, March. Adult Education Association of the United States of America.

Adult Leadership, Vol. 3 (10). 1955, April. Adult Education Association of the United

States of America.

Adult Leadership, Vol. 4 (1). 1955, May. Adult Education Association of the United States of America.

Adult Leadership, Vol. 4 (2). 1955, June. Adult Education Association of the United States of America.

Adult Leadership, Vol. 4 (3). 1955, September. Adult Education Association of the United States of America.

Adult Leadership, Vol. 4 (4). 1955, October. Adult Education Association of the United States of America.

Adult Leadership, Vol. 4 (5). 1955, November. Adult Education Association of the United States of America.

Adult Leadership, Vol. 4 (6). 1955, December. Adult Education Association of the United States of America.

Adult Leadership, Vol. 4 (7). 1956, January. Adult Education Association of the United States of America.

Adult Leadership, Vol. 4 (8). 1956, February. Adult Education Association of the United States of America.

Adult Leadership, Vol. 4 (9). 1956, March. Adult Education Association of the United States of America.

Adult Leadership, Vol. 4 (10). 1956, April. Adult Education Association of the United States of America.

Adult Leadership, Vol. 5 (1). 1956, May. Adult Education Association of the United States of America.

Adult Leadership, Vol. 5 (2). 1956, June. Adult Education Association of the United States of America.

Adult Leadership, Vol. 5 (3). 1956, September. Adult Education Association of the United States of America.

Adult Leadership, Vol. 5 (4). 1956, October. Adult Education Association of the United States of America.

Adult Leadership, Vol. 5 (5). 1956, November. Adult Education Association of the United States of America.

Adult Leadership, Vol. 5 (6). 1956, December. Adult Education Association of the United States of America.

Adult Leadership, Vol. 5 (7). 1957, January. Adult Education Association of the United States of America.

Adult Leadership, Vol. 5 (8). 1957, February. Adult Education Association of the United States of America.

Adult Leadership, Vol. 5 (9). 1957, March. Adult Education Association of the United States of America.

Adult Leadership, Vol. 5 (10). 1957, April. Adult Education Association of the United States of America.

Adult Leadership, Vol. 6 (1). 1957, May. Adult Education Association of the United States of America.

Adult Leadership, Vol. 6 (2). 1957, June. Adult Education Association of the United States of America.

Adult Leadership, Vol. 6 (3). 1957, September. Adult Education Association of the United States of America.

Adult Leadership, Vol. 6 (4). 1957, October. Adult Education Association of the United States of America.

Adult Leadership, Vol. 6 (5). 1957, November. Adult Education Association of the United States of America.

Adult Leadership, Vol. 6 (6). 1957, December. Adult Education Association of the United States of America.

Adult Leadership, Vol. 6 (7). 1958, January. Adult Education Association of the United States of America.

Adult Leadership, Vol. 6 (8). 1958, February. Adult Education Association of the United States of America.

Adult Leadership, Vol. 6 (9). 1958, March. Adult Education Association of the United States of America.

Adult Leadership, Vol. 6 (10). 1958, April. Adult Education Association of the United States of America.

Adult Leadership, Vol. 7 (1). 1958, May. Adult Education Association of the United States of America.

Adult Leadership, Vol. 7 (2). 1958, June. Adult Education Association of the United States of America.

Adult Leadership, Vol. 7 (3). 1958, September. Adult Education Association of the United States of America.

Adult Leadership, Vol. 7 (4). 1958, October. Adult Education Association of the United States of America.

Adult Leadership, Vol. 7 (5). 1958, November. Adult Education Association of the United States of America.

ed States of America.

Adult Leadership, Vol. 7 (6). 1958, December. Adult Education Association of the United States of America.

National Education Association, *Proceedings of the sixty-fifth Annual Meeting,* LXVI, 1928, p. 328.

2. 研究文献

Barnard, Chester I. *Organization and Management: Selected Papers,* Cambridge, Mass.: Harvard University Press, 1948. [C. I. バーナード／飯野春樹監訳『組織と管理』文眞堂, 1990年]

Becker, Howard. "Some Problems of Professionalization," *Adult Education,* Vol. 7 (2), 1956, pp. 101-105.

Blauch, Lloyd, E. *Education for the Professions,* Department of Health, Education, and Welfare, Washington, D. C., 1958, pp. 1-7. https://eric.ed.gov/?id=ED093240 [2022年12月31日取得]

Brunner, Edmund deS., et al. "The Role of a National Organization in Adult Education," *A Report to the Executive Committee of the Adult Education Association,* Columbia University New York, Bureau of Applied Social Research, 1959.

Cervero, Ronald M. *Effective Continuing Education for Professionals,* San Francisco: Jossey-Bass Publishers, 1988.

———— "Adult education should strive professionalization," In Galbraith, M. W. and Sisco, B. (eds.), Confronting controversies in challenging times: A call for action. *New Directions for Adult and Continuing Education,* No. 54, 1992.

Cranton, Patricia A. *Working with Adult Learners,* Toronto: Wall & Emerson, 1992. [パトリシア・クラントン／入江直子他訳『おとなの学びを拓く──自己決定と意識変容を目指して』鳳書房, 2003年]

———— *Professional Development As Transformative Learning: New Perspectives for Teachers of Adults,* San Francisco: Jossey-Bass, 1996. [パトリシア・クラントン／入江直子他訳『おとなの学びを創る──専門職の省察的実践を目指して』鳳書房, 2004年]

Dewey, John. *Democracy and Education,* New York: Macmillan, 1916. [Dewey, John; Boydson, JoAnn,; Baysubger, Patricia R; Levine, Barbara. *Democracy and education 1916: the middle works of John Dewey,* 1899-1924, Vol. 9, Carbondale, Ⅲ: Southern Illinois University Press, 1985, p. 56. Retrieved https://archive.org/details/middleworksofjoh09john/page/56/mode/2up

———— *The Public and its Problems,* New York: Henry Holt & Company, 1927. ［ジョン・デューイ／阿部齊訳『公衆とその諸問題——現代政治の基礎』筑摩書房〔ちくま学芸文庫〕, 2014年］

Dickinson, Gary and Rusnell, Dale. "A content analysis of adult education," *Adult Education,* Vol. 21 (3), 1971, pp. 177-185.

Dyer, John P. *Ivory Towers in the Market Place: The Evening College in American Education,* Indianapolis New York: The Bobbs-Merrill Company, Inc., 1956.

Editorial. "A Profession Serving a Movement," *Adult Education,* Vol. 4 (4), 1954, pp. 125-126.

Editor's note. *Adult Education,* Vol. 2 (4), 1952, pp. 139-140.

Elias, John., and Merriam, Sharan. *Philosophical Foundation of Adult Education,* FL: Robert E. Krieger publishing Company, 1980.

Ely, Mary L. (eds). *Handbook of adult education in the United States,* Institute of Adult Education, Teachers College, Columbia University, with the cooperation of the American Association for Adult Education, 1948.

Flexner, Abraham. "Is Social Work a Profession?" *School and Society,* 1, 1915, pp. 901-911.

Grace, A. "Educational Lessons from Wartime Training," *The General Report of the Commission on Implications of Armed Services Educational Programs,* Washington, D. C., American Council on Education, 1948.

Hallenbeck, Wilber C. "Training Adult Educators," In Ely, Mary L., *Handbook of Adult Education in the United States,* New York: Institute of Adult Education, 1948, pp. 243-252.

Henry, George W. *Malcolm Shepherd Knowles: A History of His Thought,* New York: Nova Science Publishers, 2011.

Houle, Cyril O. "The Co-ordination of Public Adult Education at the State Level," unpublished doctoral dissertation, Department of Education, University of Chicago, 1940.

———— *Major Trends in Higher Adult Education,* Chicago: Center for the Study of Liberal Education for Adults, 1959.

———— "Professional Education for Educators of Adults," *Adult Education,* Vol. 6 (3), 1956, pp. 131-150.

———— "Education for Adult Leadership," *Adult Education,* Vol. 8 (1), 1957, pp. 3-17.

———— "The Education of Adult Educational Leaders," In Knowles, M. (eds.), *Handbook of Adult Education in the United States,* Chicago, Ill.: Adult Education Association of the U. S. A., 1960, pp. 117-128.

――――― *Continuing Learning in the Professions*, San Francisco: Jossey-Bass, 1980.

Houle, Cyril O., Burr, E. W., Hamilton, T. W., and Yale, J. R. *The Armed Services and Adult Education*, Washington, D. C.: American Council Education, 1947.

Illich, Ivan, et al. *Disabling Professions*, New York: Marion Boyars, 1978. [イバン・イリイチ他／尾崎浩訳『専門家時代の幻想』新評論, 1984年]

Imel, S. "The field's literature and information sources," In S. B. Merriam and P. M. Cunningham (eds.), *Handbook of adult and continuing education*, San Francisco: Jossey-Bass, 1989, p. 134.

Jacoby, S. M. *Employing Bureaucracy: Managers, Unions, and Transformation of Work in American Industry*, 1900-1945, New York: Columbia University Press, 1985. [S. M. ジャコービィ／荒又重雄他訳 (1990)『雇用官僚制』北海道大学図書刊行会]

Jarvis, Peter. "Malcolm Knowles (1913-97): an appreciation," *International Journal of Lifelong Education*, 17 (2), 1998, pp. 70-71. DOI: 10.1080/026013798017020270-71.

――――― *Adult Education and Lifelong Learning: Theory and Practice*, 4th Edition, New York: Routledge, 2010. [ピーター・ジャービス／渡邊洋子・犬塚典子監訳, P. ジャービス研究会訳『成人教育・生涯学習ハンドブック――理論と実践』明石書店, 2020年]

Jensen, Gale E., Liveright, Alexander A., and Hallenbeck, Wilbur C. (eds.). *Adult Education: Outlines of an Emerging Field of University Study*, Washington, D. C.: Adult Education Association of the U. S. A., 1964.

Knowles, Malcolm S. *Informal Adult Education: A Guide for Administrators, Leaders, and Teachers*, New York: Association Press, 1950.

――――― "How the Adult Education Association Works," *Adult Leadership* Vol. 2 (11), April 1954, p. 5.

――――― "Adult Education in the United States," *Adult Education*, Vol. 5 (2), 1955, pp. 67-76.

――――― "Philosophical Issues That Confront Adult Educators," *Adult Education*, Vol. 7 (4), 1957, pp. 234-280.

――――― "An Overview and History of the Field: Working Paper Prepared by the AEA Consultative Committee on Direction -Finding," *Adult Education*, Vol. 7 (4), 1957, pp. 219-230.

――――― "Direction-Finding Processes in the AEA," *Adult Education*, Vol. 8 (1), 1957, pp. 37-38.

――――― "The Development of a Co-ordinated Adult Educational Movement in the

United States," unpublished doctoral dissertation, Department of Education, University of Chicago, 1960.

────── *The Adult Education Movement in the United States*, New York: Holt, Rinehart and Winston, Inc, 1962. [マルカム・ノールズ／岸本幸次郎訳『アメリカの社会教育──歴史的展開と現代の動向』全日本社会教育連合会, 1975年]

────── *Higher Adult education in the United States: The Current Picture, Trends, and Issues*, Washington: American Council on Education, 1969.

────── *The Modern Practice of Adult Education: Andragogy versus Pedagogy*, Wilton, Conn.: Association Press, 1970.

────── *Self-Directed Learning: A Guide for Learners and Teachers*, New York: Cambridge,, The Adult Education Company, 1975. [マルカム・ノールズ／渡邊洋子・京都大学 SDL 研究会訳『学習者と教育者のための自己主導型学習ガイド』明石書店, 2005年]

────── *The Modern Practice of Adult Education: from Andragogy to Pedagogy*, New York: Association Press, 1980. [マルカム・ノールズ／堀薫夫・三輪建二監訳『成人教育の現代的実践──ペダゴジーからアンドラゴジーへ』鳳書房, 2002年]

────── *The Making of an Adult Educator: An Autobiographical Journey*, San Francisco: Jossey-Bass Inc, 1989.

────── *The Adult Learner: A Neglected Species*, Houston; Tokyo: Gulf Publishing Company, 1990. [マルカム・ノールズ／堀薫夫・三輪建二監訳『成人学習者とは何か──見過ごされてきた人たち』鳳書房, 2013年]

Knowles, Malcolm S. (eds.). *Handbook of adult education in the United States*, Chicago, Ill.: Adult Education Association of the U. S. A., 1960.

Knowles, Malcolm S. and Associates. *Andragogy in Action*, San Francisco: Jossey-Bass Inc, 1984.

Lindeman, Eduard C. *The Meaning of Adult Education*, New York: New Republic, Inc., 1926. [エテュアード・リンデマン／堀薫夫訳『成人教育の意味』学文社, 1996年]

Liveright, Alexander A. "Growing Pains in Adult Education," *Adult Education*, Vol. 8 (2), 1958, pp. 67-71.

Lynn, Kenneth S. "The Professions," *Daedalus*, Vol. 92, No. 4, Fall, 1963, pp. 649-654.

Man, Charles. R. "Education for more than the Job", *Journal of Adult Education*, Vol. 1, 1929, p. 56.

McKay, Olive and Orlie, A. H. "Issues confronting AEA: a report from the Committee on Social Philosophy and Direction-Finding," *Adult Education*, Vol. 7 (2), 1957, pp. 99-103.

Merriam, Sharan. "Philosophical perspectives on adult education: a critical review of the literature," *Adult Education*, Vol. 27（4）, 1977, pp. 195-208.

―――― *The Profession and Practice of Adult Education: an Introduction*, San Francisco: Jossey-Bass inc., 1997.

Mezirow, Jack D. "Shall AEA Lead or Follow?" in Out of in-Basket, *Adult Education*, Vol. 4（2）, 1952, pp. 211-212.

―――― *Transformative Dimensions of Adult Learning*, San Francisco: Jossey-Bass, 1991.［ジャック・メジロー／金澤睦・三輪建二監訳『おとなの学びと変容――変容的学習とは何か』鳳書房, 2012年］

Morton, John R. *University Extension in the United States*, Birmingham, Ala: University of Alabama Press, 1953.

Neumann, W. "Educational Responses to the Concern for Proficiency," In Grant, G. and Associates, *On competence: A Critical Analysis of Competence=based Reforms in Higher Education*, San Francisco: Jossey-Bass, 1979, pp. 66-94.

Reiss Jr., Albert J. "Occupational Mobility of Professional Workers," *American Sociological Review*, Vol. 20（6）, 1955, pp. 693-700.

Rose, Amy D. "Beyond Classroom Walls: The Carnegie Corporation and the Founding of the American Association for Adult Education" *Adult Education Quarterly*, Vol. 39（3）, 1989, pp. 140-151.

―――― "History of Adult and Continuing Education," In Rocco, Tonette S., M Cecil Smith, Cecil M., Mizzi, Robert C., Merriweather, Lisa R., and Hawley, Joshua D., *The Handbook of Adult and Continuing Education 2020 Edition*, Sterling, Virginia: Stylus Publishing, inc., 2020, pp. 22-37.

Rose, Amy D. and Hansman, Catherine A. "Consolidating the Profession? The Professoriate in the 1950s and 1960s," In Zacharakis, J. and Collins, R. A.（eds.）, *Proceedings of the 56th Annual Adult Education Research Conference*, Manhattan, KS 2015, pp. 415-418.

Schön, Donald A. *The Reflective Practitioner: How Professionals Think in Action*, New York: Basic Books Inc., 1983.［ドナルド・A. ショーン／柳沢昌一・三輪建二監訳『省察的実践者とは何か――プロフェッショナルの行為と思考』鳳書房, 2007年］

―――― *Educating the Reflective Practitioner: Toward a New Design for Teaching and Learning in the Professions*, New Jersey: John Wiley & Sons, Inc. 1987.［ドナルド・A. ショーン／柳沢昌一・村田晶子監訳『省察的実践者の教育――プロフェッショナル・スクールの実践と理論』鳳書房, 2017年］

Steinmetz, C. S. "The History of Training," In Craig, R. L.（ed.）, *Training and Develop-*

ment Handbook, New York: McGraw-Hill, 1976.

Stinnett, Timothy M. *The Profession of Teaching*, New York: The Center for Applied Research in Education, Inc., 1964.

Stubblefield, Harold W. "Making the most of professional reading," In Brockett, R. G. (ed.), Professional development for educators of adults, *New Directions for Adult and Continuing Education*, No. 51, San Francisco: Jossey-Bass, 1991.

Stubblefield, Harold W., and Keane, Patrick. *Adult Education in the American Experience: from the Colonial Period to the Present*, San Francisco: Jossey-Bass Publishers, 1994. [H. W. スタブルフィールド, P. キーン／小池源吾・藤村好美監訳『アメリカ成人教育史』明石書店, 2007年]

Svenson, Elwin V. "A review of professional preparation programs," *Adult Education*, Vol. 6 (3), 1956, pp. 162-166.

Thurman White, "Some common interests of adult education leaders," *Adult Education*, Vol. 6 (3), Spring 1956, pp. 155-162.

Tompkins, Miriam D. "Professional preparation for Public Library Adult Education," In Ely, M. L. (ed.), *Handbook of Adult Education in the United States*, New York: Institute of Adult Education, Teachers College, Columbia University, 1948, pp. 250-252.

Trachtenberg, A. *The Incorporation of America: Culture and Society in the Gilded Age*, New York: Hill and Wang, 1982.

US Department of Commerce, Bureau of the Census. Employment Status, Weeks Worked, Occupation, And Industry for the population of the United States: 1960, *1960 Census of Population: Supplementary Reports, PC (S1)-17*, 1962. Retrieved from https://www2.census.gov/library/publications/decennial/1960/pc-s1-supplementary-reports/pc-s1-17.pdf

Verner, Coolie., and Hallenbeck, Wilbur C. "A Challenger to the Adult Education Association," *Adult Education*, Vol. 2 (4), 1952, pp. 135-139.

Wilensky, Harold L. "The Professionalization of Everyone?", *American Journal of Sociology*, Vol. 70, 1964, pp. 137-158.

Wilson, Thomas W. "The study of administration," *Political Science Quarterly*, II , 1887, pp. 197-222.

Wittlin, Alma S. "The Teacher," *Daedalus*, Vol. 92 (4), 1963, p. 47.

引用・参考文献 (邦文)

赤尾勝己「アンドラゴジーの展開」日本社会教育学会編『講座 現代社会教育の理論Ⅲ 成人

の学習と生涯学習の組織化』東洋館出版社，2004年.

安藤真聡「モーティマー・J・アドラーの成人教育論」『日本社会教育学会紀要』43号，2007年，11-20頁.

池田秀男「社会教育の理論構造―― M. ノールズのアンドラゴジィ・モデルの研究」『日本社会教育学会紀要』No. 15, 1979年，56-63頁.

井上豊久「F. ペゲラーのアンドラゴギークの研究」『日本社会教育学会紀要』No. 26, 1990年，32-43頁.

――――「M. S. ノールズの SDL の研究」『福岡教育大学紀要』第48号，第4分冊，1999年，9-21頁.

岩崎久美子「『学び直し』至る施策の変遷」『日本労働研究雑誌』No. 721, 2020年，4-14頁.

大串隆吉「第8章 労働者の権利と社会教育」『講座 現代社会教育の理論 II 現代的人権と社会教育の価値』東洋館出版社，2004年，152-165頁.

岡田泰男・永田啓恭編『概説アメリカ経済史』有斐閣〔有斐閣選書〕，1983年.

郭恵芳「マルカム・ノールズの成人教育論の生成過程についての一考察」お茶の水女子大学社会教育研究会編『人間の発達と社会教育学の課題』学文社，1999年.

木全力夫「M. S. ノールズのアンドラゴジー構想からみた共同学習論の課題」『日本社会教育学会紀要』No. 28，1992年，6-10頁.

倉内史郎編『日本の社会教育 第14集 労働者教育の展望』東洋館出版社，1970年.

五島敦子「第二次大戦後アメリカの大学における成人学生の受容過程」『社会教育学研究』50号（1），2014年，31-39頁.

佐久間亜紀『アメリカ教師教育史――教職の女性化と専門職化の相克』東京大学出版会，2017年.

志々田まなみ「アメリカ成人教育協会の組織形成の理念―― M. A. カートライトの構想を中心に」『日本社会教育学会紀要』No. 40, 2004年，61-70頁.

――――「アメリカ合衆国における Adult education 概念の形成過程」『日本社会教育学会紀要』No. 38, 2007年，79-88頁.

渋江かさね『成人教育者の能力開発―― P. クラントンの理論と実践』鳳書房，2012年.

社会教育・生涯学習辞典編集委員会編著『社会教育・生涯学習辞典』朝倉書店，2012年.

杉村芳美「成熟社会で〈働く〉こと」猪木武徳編『〈働く〉はこれから――成熟社会の労働を考える』岩波書店，2014年.

常葉 - 布施美穂「変容学習論―― J. メジローの理論をめぐって」赤尾勝己編『生涯学習論を学ぶ人のために』世界思想社，2004年.

中野耕太郎『20世紀アメリカの夢――世紀転換期から1970年代 シリーズアメリカ合衆国史③』岩波書店〔岩波新書〕，2019年.

永井健夫「解放の理論としてのアンドラゴジーの展開――アメリカのアンドラゴジー論にお

けるMezirrowの位置」『日本社会教育学会紀要』No. 31, 1995年，125-132頁.

―――「成人学習論としての省察的学論の意義について」日本社会教育学会編『日本の社会教育 第48集 成人の学習』東洋館出版社，2004年，32-44頁.

―――「省察的実践論の可能性」日本社会教育学会編『成人の学習と生涯学習の組織化』東洋館出版社，2004年，93-106頁.

廣森直子「労働の場における排除と非正規専門職女性の力量形成の課題――図書館司書を事例に」日本社会教育学会編『日本の社会教育 第57集 労働の場のエンパワメント』，東洋館出版社，2013年，106-117頁.

藤村好美「社会変革の成人教育に関する一考察――その萌芽としてのリンデマンの"Social Education"論を中心に」『日本社会教育学会紀要』No. 41, 2005年，51-60頁.

堀薫夫「エデュアード・リンデマンの成人教育学――アメリカ・アンドラゴジー論のルーツをさぐる」『日本社会教育学会紀要』No. 27, 1991年，15-24頁.

―――「アンドラゴジーと人的能力開発論」日本社会教育学会編『日本の社会教育 第48集 成人の学習』東洋館出版社，2004年，19-31頁.

―――『教育老年学』放送大学教育振興会，2022年.

堀本麻由子「人材育成に対する社会教育的アプローチの再検討――女性管理職研修を題材として」日本社会教育学会編『日本の社会教育65集 ワークライフバランス時代における社会教育』東洋館出版社，2021年，99-110頁.

松原信継『アメリカにおける教育官僚制の発展と克服に関する研究――歴史的・制度的観点から』風間書房，2012年.

メリアム，シャラン＆カファレラ，ローズマリー／立田慶裕・三輪建二監訳『成人期の学習――理論と実践』鳳書房，2005年.［Merriam, Sharan B. and Caffarella, Rosemary S. *Learning in Adulthood: A Comprehensive Guide,* 2nd ed., San Francisco: John Wiley & Sons, Inc., 1999.］

メリアム，シャラン／立田慶裕他訳『成人学習理論の新しい動向――脳や身体による学習からグローバリゼーションまで』福村出版，2010年.［Merriam, Sharan B., *Third Update on Adult Learning Theory: New Directions for Adult and Continuing Education,* No. 119, Wiley Periodicals, Inc., A Wiley Company, 2008.］

山田礼子『プロフェッショナル・スクール――アメリカの専門職養成』玉川大学出版部，1998年.

吉本圭一「教育と職業の界をつなぐ学位・資格枠組み」『職業教育学研究』第50巻2号，2020年，1-18頁.

索　引

アルファベット

Adult Education　59, 60, 71, 80, 89, 91, 93,
　125, 136, 155-157, 163, 165
Adult Education Journal　32, 34
Adult Leadership（AL 誌）　60, 69, 77, 80, 89,
　95, 100, 102, 107, 111, 115, 117, 133, 136, 147,
　156, 193, 197
AFL-CIO　23
Ed. D.（Doctor of Education）　52
*Handbook of Adult Education in the United
　States*　60, 61
Journal of Adult Education　32
Workers Bookshelf（労働者の本棚）　32
YMCA　4, 58, 72, 164, 177

ア　行

アマチュア　99, 107, 110, 111, 113-115, 128,
　133, 149, 183, 194, 199
――の成人教育者（lay adult educators）
　128
アメリカ教育協会成人教育部　30, 69
アメリカ成人教育協会（American Association
　for Adult Education: AAAE）　2, 19, 30,
　32, 34, 37, 56, 57, 69-72, 123, 174, 191, 195
アメリカ成人継続教育協会（American
　Association for Adult and Continuing
　Education）　31, 61, 157
アメリカ大学協会　51
アメリカ図書館協会（American Library
　Association）　21, 22, 71
アメリカナイゼーション教育　21, 27
アメリカ労働者教育協会　28
アメリカ労働総同盟（American Federation
　Labor: AFL）　28
アレン，チャールズ（Allen, Charles R.）
　25
アンドラゴジー　1, 114, 178, 182, 198
――論　5, 115, 175, 177, 195

イブニング・カレッジ　26
ウィレンスキー，ハロルド（Wilensky, Harold
　L.）　45
エリアス，ジョン（Elias, John）　36, 37
援助する（facilitating）　117, 118, 194

カ　行

科学的手法　36, 97
学習支援者（a facilitator of learning）　165
学習支援論　8
学習の自由　170
　成人の――　180, 181, 183, 195, 198
学校教師　53
合衆国教育局（U. S. Office of Education）
　26
合衆国成人教育協会（Adult Education
　Association of the U. S. A.: AEA）　1,
　34, 59, 61, 62, 69, 71, 73-77, 80, 83, 84, 89, 99,
　100, 104, 113, 116, 117, 121, 123, 128, 136,
　138, 140, 142, 147, 148, 150, 155, 156, 163,
　165, 169, 172, 174, 192, 195, 197-199
　――の事務局長　72, 100, 139, 156, 163, 168,
　174, 177, 180, 182, 183, 195
カートライト，モース（Cartwright, Morse
　Adams）　32, 71, 169
カーネギー財団　21, 30-32, 69-71, 73, 122
企業内教育　7, 176, 199
教育的コミュニティ（educative community）
　179, 180, 183, 196, 198, 200
協同拡張事業　25
教養教育　4, 19, 176
教養成人教育（liberal adult education）　76
キーン，パトリック（Keane, Patrick）　4, 19,
　24, 29, 61, 172
グラッタン，C. ハートリー（Grattan, Clinton
　Hartley）　3, 19
グループ・ダイナミクス　72, 95, 96, 104, 110
グループ討論　25
グレイト・ブックス運動　6

訓練　24
継続教育　198
継続専門職教育　5
ケッペル，フレデリック（Keppel, Frederic）
　　31
ケロッグ（Kellogg）財団　143
研修（training）　25
高等教育　158
コミュニティ　72, 73
　　——・カレッジ　29
コミュニティ教育　36
雇用促進局（Works Projects Administration:
　　WPA）　164
コロンビア大学応用社会調査研究所　122,
　　125, 127, 136, 137
コロンビア大学ティーチャーズ・カレッジ
　　92, 178

サ　行

サラ・ローレンス・カレッジ会議　73
産業教育　24
産業別組合会議　28
シカゴ大学大学院　163, 164
自己決定学習理論　6
自己決定できること　171
実践の科学　158, 181
シティズンシップ　110, 132
指導的役割　98, 132, 136, 137, 149, 158, 162
市民教育　21
社会教育論　7
社会通信教育　177
社会変革思想　6
ジャービス，ピーター（Jarvis, Peter）　34
「自由な人（free man）」　171
熟議　35
生涯学習　163
　　——概念　128
状況的学習概念　37
省察的実践（reflective practice）　8
小集団学習　25
職業教育　1, 19, 21, 175, 176, 196, 198, 199
職業訓練　28, 29

職業指導　176
職長訓練　25
女性教育　21
ショーン，ドナルド（Schön, Donald Alan）
　　7, 47
人材育成（human resource development）
　　175
進歩主義成人教育　20
　　——者　36
スタブルフィールド，ハロルド（Stubblefield,
　　Harold W.）　4, 19, 24, 29, 61, 172
スミス・ヒューズ職業教育法　21
成人学習　147
　　——者　171
成人学習理論　6
成人教育　1, 19, 35, 55, 62, 83, 89, 109, 110,
　　114, 117, 123, 131, 135, 136, 138-141, 143
　　-145, 148, 150, 155, 163, 167, 171, 175, 177,
　　195, 197, 198
　　——運動　20, 37, 70, 72, 74, 77, 80, 83, 90,
　　98, 108, 110, 111, 113, 116, 124, 139, 140,
　　147, 148, 168, 170, 180
　　——概念　131
　　——機関　20, 174, 175-177
　　——の専門職化　146-148
　　——の専門性　179
　　——の方向性探索プロセス（Direction
　　Finding Process）　121, 122, 136, 148,
　　194
　　——のリーダーシップ　149
成人教育者　3, 58, 60, 73, 77, 80, 82-84, 89, 98
　　-101, 104, 106, 108, 113-118, 131, 133-136,
　　138, 139, 142, 145, 146, 148, 149, 155, 160
　　-162, 167, 168, 171, 178, 179, 181, 183, 191
　　-198
成人教育者（adult educator, adult educators）
　　58, 123, 124, 144
成人教育者（educators of adults）　60, 61,
　　73, 84, 124, 158, 159, 200
成人教育者（指導者）　136
成人教育者像　180
成人教育像　36, 60, 180, 183, 193, 196

成人教育大学教授委員会（Commission of Professors of Adult Education）　61

成人指導者　60, 100, 104, 133, 159

成人を対象とする教育（education of adults）　55

セルベロ，ロナルド（Cervero, Ronald M.）　5, 53, 55, 57

全国組織　197

全国大学拡張協会　71, 73

全米教育協会（National Education Association: NEA）　22, 27, 30

──成人教育部（NEA 成人教育部）　33, 34, 70-72, 125, 174, 191, 195

全米雇用管理者協会　25

全米職長協会　25

専門家（specialist）　36, 111, 161

専門主義　4, 20, 35

専門職化（professionalization）　4, 43, 50, 51, 53, 55-57, 140, 143, 145, 147, 148, 192

──のジレンマ　59

専門職協会　22, 56

専門職業人（professional）　3, 21, 33, 43, 44, 47, 49, 52, 55, 58, 77, 99, 107, 110, 113, 114, 128, 133, 141, 145, 147, 149, 162, 183, 192, 194, 199

──教育　60, 147, 157, 158, 161-163, 178, 179, 181

──養成（professional development）　5, 53, 56, 60, 76, 83, 142, 143, 192, 194, 199

専門職大学院　52

専門職団体　2, 4, 82, 142, 176

専門職養成論　7

専門性　116

専門的職業　2-4, 43, 44, 46, 47, 49-51, 53, 55 -57, 60, 81, 82, 84, 116, 139-144, 148, 150, 178, 192, 193, 195, 197

──概念　57, 59, 61

準──　45-47

組織間の連携　84

ソーシャルワーカー　45, 53, 56, 143, 179

タ・ナ行

大学院教育　53, 57, 61

大学拡張　20, 26, 32

──事業　4, 58

──部　6

ダナ，ジョン・コットン（Dana, John Cotton）　122

地域づくり（community development）　76

調整する（コーディネートする）能力　181, 183

通信教育　25

ディスカッション　35, 36

デューイ，ジョン（Dewey, John）　4, 34, 35, 191

討論　27

読者投稿欄　105, 113, 114

図書館司書　21, 53, 58, 143, 149

図書館職員　136

ナショナル・トレーニング・ラボラトリー　70

ニード・ミーティング（need-meeting）　27

農業改良普及事業　174, 177

ノールズ，マルカム（Knowles, Malcolm Shepherd）　1, 3, 6, 7, 19, 24, 28, 60, 72, 74, 77, 82, 89-91, 94, 95, 98, 100, 101, 104, 105, 115, 121, 123, 125, 126, 129, 137, 139, 155, 156, 163-165, 167, 168, 170-172, 175 -182, 193-196, 198, 200

ハ・マ行

博物館職員　136

「話し合おう」　105, 106

ハレンベック，ウィルバー（Hallenbeck, Wilbur C.）　100

ビアード，チャールズ（Beard, Charles A.）　122

フォード財団　72, 73, 75, 77, 90, 149

フォルケホイスコーレ　20

復員兵援護法（the Serviceman's Readjustment Act of 1944: the G. I. Bill of Rights）　27

ブラッドフォード，リーランド（Bradford,
　Leland）　70, 100
プリチェット，ヘンリー（Pritchett, Henry）
　30
フール，シリル（Houle, Cyril Orvin）　3, 26,
　56, 60, 61, 72, 126, 129, 155-159, 162-164,
　181, 195, 196
ブルンナー，エドゥマンド（Brunner, Ed-
　mund deS.）　125, 127, 136, 137, 143, 147,
　150, 195
フレクスナー，エブラハム（Flexner, Abra-
　ham）　44, 53
ベッカー，ハワード（Becker, Howard S.）
　59
変容学習論　5, 7
ホートン，マイルズ（Horton, Myles Falls）
　6
ボランティア　58, 75, 136, 149, 161
民衆教育思想　6

民主主義　102, 138, 170
メジロー，ジャック（Mezirow, Jack D.）　5,
　7, 92-94
メリアム，シャラン（Merriam, Sharan）　5,
　6, 35-37, 54-57

ヤ・ラ行

夜間学校　20, 134, 136
夜間高校　4, 58
リーダー　10, 50, 90, 96, 98-100, 106, 111, 114,
　117, 131, 137, 145, 159, 160, 162
リーダーシップ（指導的役割）　99, 112, 122,
　131, 135, 136, 149, 159, 163, 181, 194
リンデマン，エデュアード（Lindeman,
　Eduard C.）　4, 19, 27, 34-37, 122, 140,
　164, 169, 175, 180, 191, 195, 196
労働組合　4, 58
労働者教育（labor education）　26, 28, 29, 36,
　76, 176

《著者紹介》

堀本　麻由子（ほりもと　まゆこ）

東洋大学文学部教育学科　准教授，博士（教育学）
専門：成人教育学，生涯学習論，専門職養成
主要著書：*Japanese Women in Leadership*（共編著，Palgrave Macmillan, 2021），『ワークライフバランス時代における社会教育』（共著，東洋館出版, 2021年），ハリー・C. ボイト『民主主義を創り出す――パブリック・アチーブメントの教育』（共訳，東海大学出版部，2020年），マルカム・ノールズ『成人学習者とは何か――見過ごされてきた人たち』（共訳，鳳書房，2013年）ほか.

アメリカの成人教育
――求められた「成人教育者像」とは何か――

2024年9月10日　初版第1刷発行	＊定価はカバーに表示してあります

著　者	堀　本　麻由子ⓒ	
発行者	萩　原　淳　平	
印刷者	江　戸　孝　典	

発行所　株式会社　晃　洋　書　房

〒615-0026　京都市右京区西院北矢掛町7番地
電話　075（312）0788番代
振替口座　01040-6-32280

装丁　安藤紫野　　　　　印刷・製本　共同印刷工業㈱

ISBN978-4-7710-3867-7

JCOPY 〈(社)出版者著作権管理機構　委託出版物〉

本書の無断複写は著作権法上での例外を除き禁じられています.
複写される場合は，そのつど事前に，(社)出版者著作権管理機構
（電話 03-5244-5088, FAX 03-5244-5089, e-mail: info@jcopy.or.jp）
の許諾を得てください.